广东省哲学社会科学"十三五"规划 2020 年度学科共建项目"中国共产党在北部湾地区的创建与发展研究（1920—1936）"阶段性成果

黄学增年谱

陈国威　许冰◎著

新华出版社

图书在版编目（CIP）数据

黄学增年谱 / 陈国威, 许冰著.
-- 北京：新华出版社, 2021.5
ISBN 978-7-5166-5844-4

Ⅰ.①黄…　Ⅱ.①陈…　②许…　Ⅲ.①黄学增（1900-1929）-传记
Ⅳ.①K827=6

中国版本图书馆CIP数据核字(2021)第086724号

黄学增年谱

作　　者：陈国威　许　冰	
责任编辑：徐文贤	封面设计：刘宝龙

出版发行：新华出版社
地　　址：北京石景山区京原路8号　　邮　　编：100040
网　　址：http://www.xinhuapub.com
经　　销：新华书店、新华出版社天猫旗舰店、京东旗舰店及各大网店
购书热线：010 - 63077122　　中国新闻书店购书热线：010 - 63072012
照　　排：六合方圆
印　　刷：天津文林印务有限公司
成品尺寸：170mm×240mm
印　　张：21.5　　　　　　　　　　字　　数：350千字
版　　次：2021年6月第一版　　　　印　　次：2021年6月第一次印刷
书　　号：ISBN 978-7-5166-5844-4
定　　价：88.00元

版权专有，侵权必究。如有质量问题，请与出版社联系调换：010-63077124

前 言

黄学增是大革命时期广东省农民运动领袖、深圳地区党组织创始人。近年来，在宝安区委区政府高度重视下，宝安区委党校深入挖掘宝安红色资源，开展宝安革命历史课题研究，取得一系列成果，2020年出版《黄学增评传》，进一步审视、评估黄学增在中国革命史中的重要性和地位，宝安党史在广东党史、南方地区党史中的地位。为深化宝安党史研究，今年宝安区委党校立项《黄学增年谱》课题，在搜集大量革命史料的基础上，组织出版《黄学增年谱》。

本书以编年体的方式，记述了黄学增从出生到牺牲的29年间的生平和革命足迹，反映了他的思想和工作方法，记录了那个时代的历史风云和中国革命的历程。全书分为年谱、文集、附录及图片四个部分，在内容上以档案材料为主要依据，注重史料的出处记载注释，保证其真实性和可靠性。在写作风格方面，该书遵循传统的年谱写作方式，即是某年、几岁、然后是某月。对无法考证具体时间的，就用此年、是年等。

研究宝安党史，深挖红色资源、传承红色基因、弘扬红色精神，是党校人的己任。

宝安区委党校党史系列丛书编委会

《黄学增年谱》编委会

主 任：梁 珂

副主任：胡雨青　黄小荣　张 丽

成 员：刘 林　王振江　刘 敏

(序言)
追溯热血年代　谱写红色记忆

陈弘君

习近平总书记说："我们一定要牢记革命先辈为中国革命事业付出的鲜血和生命，牢记新中国来之不易。"中国共产党一贯高度重视党的历史，重视对党的历史的研究，重视对历史经验的借鉴和运用，其目的，就是要使党员领导干部牢记党的历史，守住伟大事业，世世代代传承下去。

写史，历史人物自然是一个绕不开的话题。在中共党史研究中，中共党史人物研究是其重要的课题，也一直是党史研究的热点。系统性地开展中共党史人物的研究，有助于了解中国共产党人的初心，有助于了解我们共产党人领导中国人民推翻三座大山、建立新中国的辉煌历程，有助于了解革命先辈不畏牺牲、坚守理想的革命气节。

遗憾的是，由于史料欠缺等诸多原因，一大批在党的历史中作出巨大贡献的历史人物，人们对他们知之甚少，党史学界对他们详细研究也极其不够。这对我们完整地了解中国共产党的历史是有缺憾的。只有将党史上诸多历史人物的历史搜集、组合出来，才能全面、客观、完整地展现出我们党的光辉历史，才能真正了解革命先驱们对革命胜利所做的中流砥柱的贡献，才能正确地发挥历史研究的功能。

黄学增，广东省遂溪县敦文村人，广东著名的农民运动领袖。广东早期中共党员，中共广东南路（现北部湾等地）和宝安地区（现深圳地区）等地党组织创始人、马克思主义思想传播者，广东西江、琼崖等地区武装斗争的组织者、领导人；是广东省立宣讲员养成所（陈独秀创办）、广州农讲所第一届学员；黄学增同时也是广东南路地区、深圳地区等地农民运动的组织者、领导人,在毛泽东年谱、刘少奇年谱都有其信息记载。他先后担任过中国国民党中央农民部特派员、中共深圳地区党组织创始人、广东省农民协会执行委员兼秘书、中共广东区委农民运动委员会委员、广东省农民协会南路办事处主任等职务,与彭湃、阮啸仙、周其鉴等一起领导广东区的农民运动。"四一二"政变后,他相继担任过中共西江特委书记、中共广东省省委委员、中共琼崖特委书记、广东省委巡视员、中共广东省委候补常委等职务。1929年7月,因叛徒出卖,黄学增在海口被捕,英勇就义,牺牲时年仅29岁。

黄学增是广东最早的32名中共党员中的一员,和彭湃、阮啸仙、周其鉴并称广东四大农民运动领袖,与中国共产党的诸多创办者在血雨腥风的革命生涯中结下了深厚的革命友谊。1960年,周恩来总理到黄学增烈士的故乡湛江视察,专门询问起黄学增及其后人的情况,并安排专款修建了黄学增故居和纪念亭。他们的革命友谊是在轰轰烈烈的大革命时期结下的。正是周恩来、黄学增等大批革命者在广东的一系列革命活动,才推动了广东成为革命的中心、革命策源地。可以讲,黄学增是马克思主义思想的播火者,是第一次国共合作的力行者,是农民运动的推动者。他的一生非常短暂,却是革命的一生、为人民服务的一生!他的光辉历史是中国共产党浴血奋斗历史的一部分!是中国共产党人坚守理想信念、不怕牺牲、血战到底的光辉典范,他的事迹和精神永远值得我们学习和传承!

丹心留史迹,直笔著信史。研究历史,必须坚持史实、史论、史识三要素的统一。革命史的研究更要坚持马克思主义唯物史观,既要掌握充分的史料史实,具备较好的历史研究素养,还得下一番艰苦细致的考察研究功夫。本书以编年体的方式,记述了黄学增从出生到牺牲的29年间的生平和革命足迹,反映了他的思想、理论、决策和工作方法,那个时代的历史风云和中国革命的历程。本书包括年谱、黄学增文集、附录及图片四个部分,以档案材料为主要依据,史料翔实,按时间编排清晰易读,而且能够考证到的都用史料来标明,单证或孤本的也经多方考证进行比较，注重史料的出处记载注释，使之增加了作为信史的真实性和可靠性。

今年适逢中国共产党成立一百周年，全党上下全面开展党史教育活动。值此之际，《黄学增年谱》出版了。这是学党史，悟思想，办实事，开新局的一项具体体现。作者是一个勤奋的人，2020年七一前，出版了《黄学增评传》，时隔一年，又潜心勾隐，出版《黄学增年谱》，让广大党员可以更多地了解黄学增等老一代共产党人的初心与革命斗争史，用党的历史实践和经验来丰富自己的头脑，提高在新时代驾驭全局和处理各种复杂事务的本领；用党的优良传统作风陶冶自己，提高拒腐防变的能力。

毫无疑问，对中共党史人物的研究，需要利用史料作一个整体的、系统的、详细的发掘和研究，发幽显隐，提要勾玄，匡误正谬，对历史人物的历史进行寻根溯源、严谨考证，这才是党史学习研究的正确方法。"了解历史，才能看得远；永葆初心，才能走得远。"我相信，《黄学增年谱》的出版，一定能够让更多的人通过黄学增烈士这一英雄的个体形象，进一步了解革命先辈们的初心与使命，更深刻地理解和感受到中国共产党人不怕牺牲、百折不挠去争取胜利的革命精神，坚定实现中华民族百年复兴伟大梦想的信心！

2021 年 4 月 15 日　于广州

（作者系全国党史部门党史研究领军人物、中共广东省委党史研究室原巡视员）

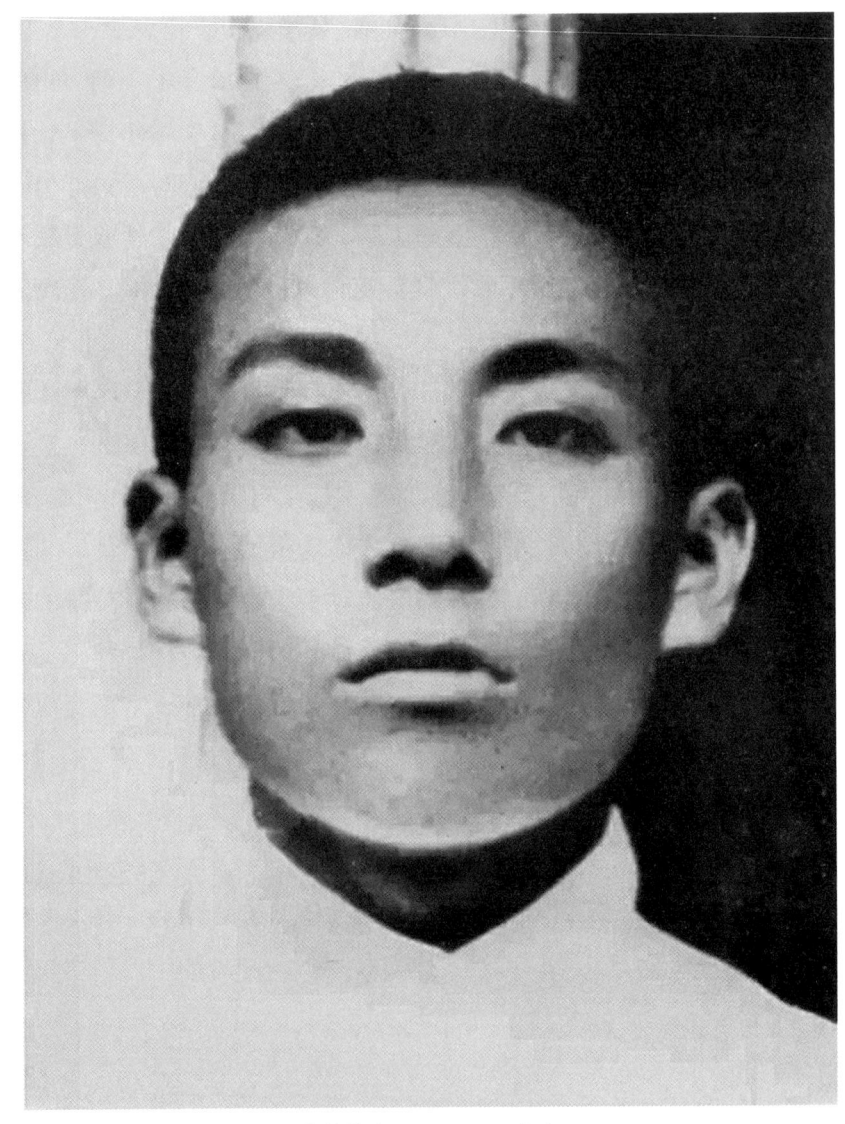

黄学增(1900—1929年)

广东省立宣讲员养成所同学录封面

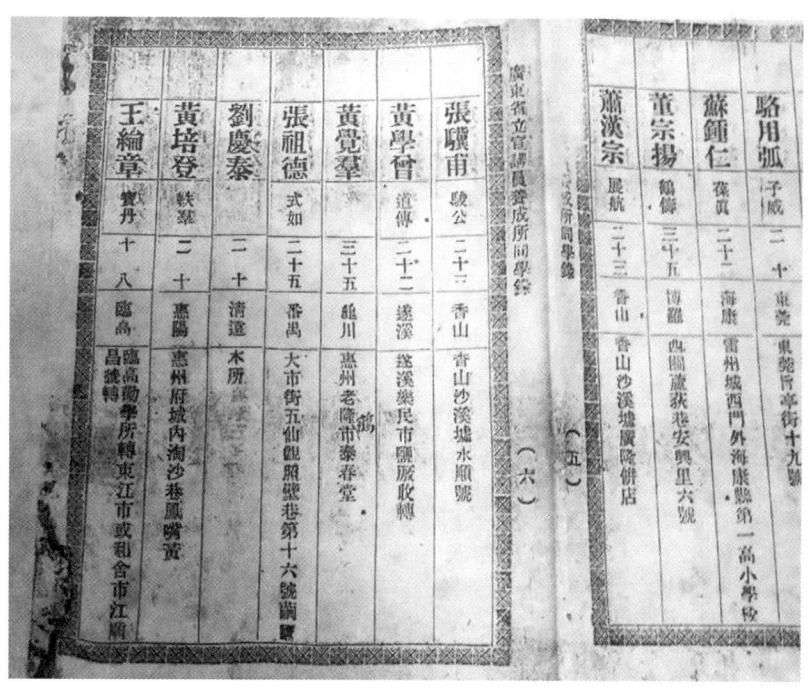

图为宣讲员养成所同学录内页,上面写有黄学增的名字(来源:广东省立宣讲员养成所展览馆)

雷州中学（师范）毕业同学录封面

黄学增烈士纪念亭，1962年落成

广东省立宣讲员养成所旧址（修缮前）

广东省立宣讲员养成所旧址（修缮后，2020年摄）

大革命时期宝安县农会活动合照

广东省农民协会执委在开会,右二为彭湃,左一为阮啸仙,左二为黄学增

1926年5月,广东省农民协会第二届执行委员合影

1926年5月,广东省第二次农民代表大会部分执行委员与代表合影

廣州民國日報增刊　乙丑年三月廿三日

周自得演說詞

資任甚大。而國民黨與中國國民黨更有發生嚴密關係之必要。國人君注意。

漢治萍工代表演說詞

今天中山追悼大會。我代表漢治萍工人全體說話。中國國民尤其是工人。受帝國主義壓迫。中山先生領導我們向帝國主義進攻。帝國主義倒了。從今天始我們要更加勤奮起來去完成此革命事業。中山先生雖死。但在廣州開會。現在廣州開會。卻在廣州開會。現在廣州開會。我們農民要一致團結起來。擁護為民族革命而奮鬥的國民黨。

農會代表黃學曾演說詞

參加此革命大運動並希望各界一致團結。聯合全國勞工國的國民。

今日中山先生雖死。我家領袖中山先生為國民。先生雖死了。我們受工人打不平而死的。我們受一必聯合來打造個不平。繼續先生之志。民族革命。

工界代表馮菊坡演說詞

我們聽得飢寒天寶國。希望他給我們幸福。是要萬做不到的。我們要得到幸福。非要從大元帥的主義去奮鬥不可。使中華民國獨立。以完成革命事業。

1925年4月，黄学增代表农界在孙中山追悼会上致词。图为当年《广州民国日报》的报道

▼東寶兩縣農民聯歡大會紀盛

東莞寶安兩縣之有農民運動、開始於東莞梅塘一鄉遠勳者、初感蒙如呼、打倒英國帝國主義、打倒一切帝國主義打倒陳烱明軍閥、打倒一切貪官污吏、打倒唐繼堯等閥、打倒一切為富不仁者、打倒一切劣紳土豪、擁護革命政府、擁護國民黨、擁護孫中山先生遺囑完成國民革命、擁護孫中山先生精神不死、解放中華民族、解放全世界弱小民族、勞動階級解放、實行農民自治、實行農民大聯合、全世界勞動者聯合起來呵、孫中山先生精神不死、先以大會、上午十一時開會、首由大會主席、五八都政主席、次致詞、表貼農民運動死難先烈同志遺像、革命歌、再次由黃學曾付誼乃武致立唱、東寶兩縣農民大聯歡會大會辭、蔡少平繼起演說、次第全體起立歡呼如雷、至下午三時茶會而散。

平一人、開會達一年、至東莞方面計劃正式成立、至四月廿日成立、縣協會亦於四月廿六日成立、區至四在籌備者有多處、寶安方面往往組織永衡者有多處、遠北四鄉、有南頭西鄉一帶、東路有深圳一帶、縣協會亦於四月廿六日成立、四月廿七日、兩縣農民以地理及歷史上關係密切、且受英國帝國主義包圍及各軍閥壓迫、不可不有一種大規模的聯合、以求解放、特在寶邊鄉開「東寶兩縣農民聯歡大會」、計是日到會者七十餘鄉、代表千餘、來賓農民自衛軍數百、沿途相攜過來、有鄉贊不能到、農民部派有特派員黃學曾龍乃武參加、會場滿貼、東寶兩縣農民聯合起來呵、全世界勞動者聯合起來呵、東寶兩縣農民大聯歡萬歲、東寶農民革命歌、鄧一舟唱四先探母、(京劇全體歡)鄧一舟唱四先探母、(龍舟歌)

1925年4月，《广州民国日报》对东莞宝安两地农民联欢大会的报道。会上，黄学增发表演说

農工消息

◎寶安梁張儆殺農民詳情（一）

農民部特派員黃學增調查寶安縣農民協會被襲縣長張卹役撫殘群情、報告農民部、其報告如左

（一）戰爭之狀況、常備隊四十七人、分駐洲一河為間、黃岡在河之北名為河北、（包各鄉地方）黃岡在河之南名為河南、（包各鄉地方）黃岡是打倒帝國啓秀軍隊之後而祖織一此農東是封剿……

九月廿四日縣長梁樹能給軍隊到沙井紮隊之信、開張我東團長奉將校長命令間潰可來、顏聯參隊之信、哨張我東團長奉將校長命令、知東團長……

（二）軍隊來攻之情形、軍隊一到沙井紮隊後縣長管、而劣神土豪隊伯潔、陳植庭、文昌幸、文淑仲、文澤臣、文冠臣、文桅軒、江界思等、即聯關鈞聯隊鄉處駐黃岡而來、是日下午三時許即連駐沙井、一連駐衝邊、排糧長營長迎嵩家盤、駐滿沙井、又一……

◎逆軍摧殘工會紫金農民

廣東農民協會現接紫金農會來函（略報告云）紫金縣前刘秦榆借槍工會工人一案、日前港屬工委員會、介結糾察隊長黃金聚、率隊鎮懲槍劫、只拘張擬隊員等廿三名押解返縣、旋備文解逐省港能工委員會審……

◎拘捕駁載工會滋事人

（奧沙井街接近）農會員來信報告事、刚晚已買根柴、明目一早食飯、街邊方團軍隊、即被派永安方面、在雲州沙頭方面知何處去、長果關聯攻軍隊備、以為要各鄉、面緒長亦擬游擊隊散駐各山崗以控押附近各鄉、面緒長亦擬游擊隊隊長會祺、歐兵六名、於早七時往黃岡、（未完）

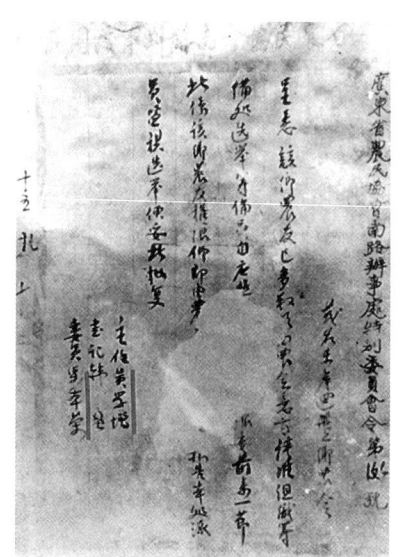 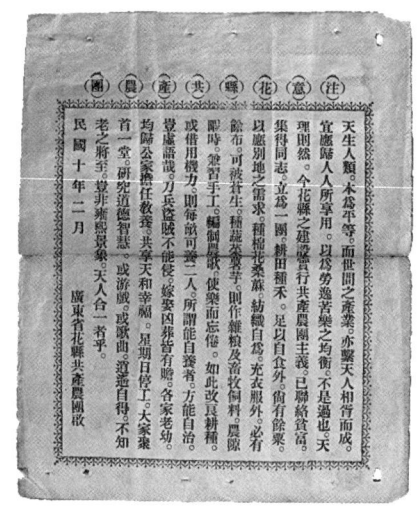

1926年广东农民协会南路办事处文件,黄学增时任办事处主任

黄学增带回家乡的1921年2月花县共产农团宣传单,现藏于广州农讲所纪念馆

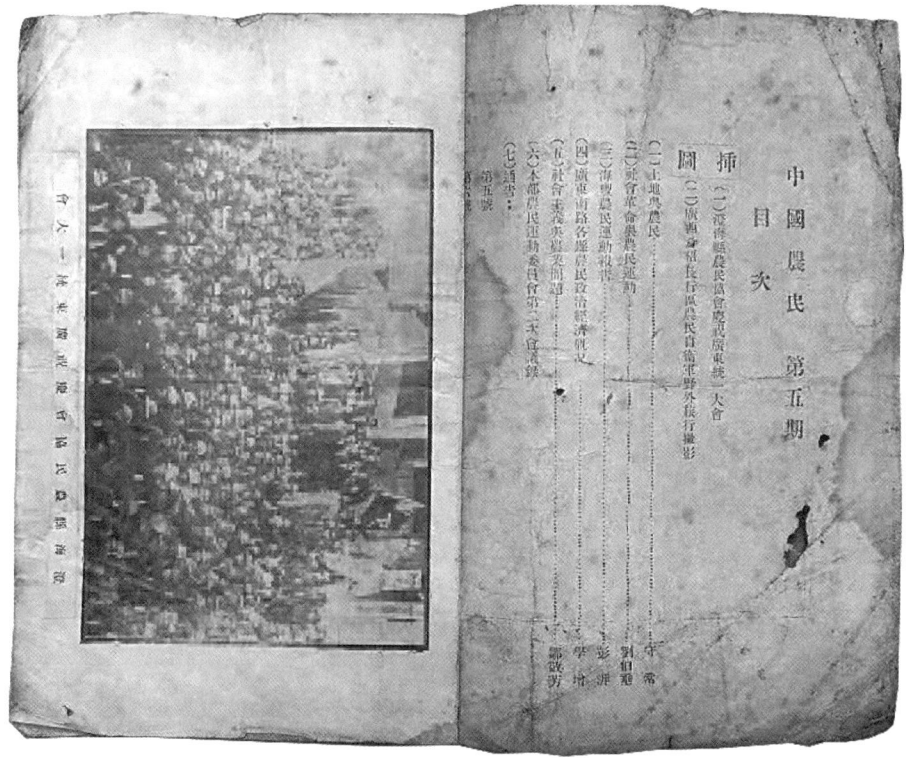

黄学增在《中国农民》第五期发表调查报告——《广东南路各县农民政治经济概况》(部分)

1924年11月，由于从事的农民运动成绩优秀，黄学增受到当时国民党中央农民部的表彰

在1926年1月召开的中国国民党第二次代表大会上，黄学增与董必武等人同为大会提案审查委员会委员

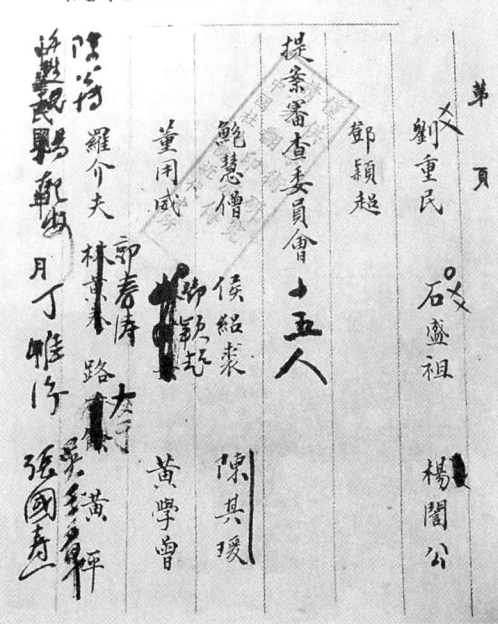

1928年黄学增等人率领琼崖军民利用荔枝炮等武器英勇抗击敌人，图为荔枝炮复制品（曾展出于中国军事博物馆）

1930年广东省委文件（影印件之一）

图为1930年广东省委文件，其中写有"纪念……南路农民领袖黄学增同志"

犁頭週報

廣州農民運動之新形勢（紅槍會）(上)
農民協會與土匪
油鹽二角「合于之大意是發汗重」
通訊　吳川遇險情形
農民俱樂部
贊助儂歌
聯群歌　周道

民國十五年七月廿一日出版

第十一期
（中華郵政特准掛號認為新聞紙類）

廣東省農民協會印行

犁頭週報　第十一期

吳川遇險情形

綺園同志：

六月廿五日，我剛從廣州到梅菉，因為雷州面方黨務及農運工作，須我去指導，故于十七日由梅菉起程赴雷州，經過廣州灣路程較近且易行。但廣州灣法帝國主義及其走狗一般反革命派，臨行恨我，每想伺而食之！不得已，是日從梅菉繞道吳川，決定從吳川之黃坡、龍頭嶺，企坎，直趨龍頭嶺，附近大路上時，約下午三點鐘，即被土匪二名，年約廿餘歲，手持獵槍，一匪且多持曲尺一枝，向我行劫，搶我全部，以為我是機關中人，而且是吳川第四區人，要將我檢驗！

中人也好，衙門中人也好，黨中人也好，農民協會中人也好，凡遇着都是要殺，因為軍隊、黨部、農民協會更是與土匪勢不兩立。至于吳川人，日來在路上被土匪殺死的不分老幼男女已有許多人，因為凡是吳川第四區人，都遭土匪殺勿論，直接與土匪衝突。故遭土匪如此痛恨。當時被搶，除我之外，尚有二名挑夫，黨部及農民協會許多宣傳品信文件等類及少行李，亦被擄去。我一路跟着土匪行，便一路想許多物件都足以証明我是機關中人，不得不計，我想如果承認是機關中人當然是不得了，許多物件都足以証明我是機關中人，差幸該匪不識字，雖懷疑我是機關中人，卻被我瞞過。我

廿三

犁頭週報　第十一期

不承認自己是機關中人，詭稱是學界。初我向想體稱是學生，但再想一想，如是詭稱是學生，該匪俯詰些義氣，一時不致死，必被搜禮到匪巢。終歸于死，或者倖仆不死，最低限亦須飽缺品隨。因此，詭稱是當教員。並說明我不是學校常識員，與夫當教員之苦楚。在逢溪城之小學校為教員。因此，詭稱是學界。我想是吳川人是遙溪人，與夫行之理。(二)我如果是吳川人必到此路有你們大罵。他才放過。詭匪甘與吳川話，並非吳川話！

(一)我如果是遂溪人，于我遂溪城非常壯年。路行一路他譏笑，于是擡到大酒地方即停止。喝令挑夫打捌箭籠等件，搜匪挑出各項印信文件，鈔章，紀念章……當時，詭匪譏笑，以上各物均是學校內的用品。但是我四籠物，與我的咕片，衣服及國民黨第二次全國代表大會紀念章一枚，省農會第二次全省農民代表大會紀念章一枚，中央黨部職員證章一枚，卻致我身上現洋銀一元六毫衣服一套，並遂溪縣沿途檢洋錢銀一元六毫衣服一套，並遂溪縣沿途拾洋錢銀二元予挑夫作鬥勞費。

此層險個既過，我即從容到龍頭嶺，于龍頭嶺走匪巢，至是得脫。走至龍頭嶺區區十里，心胸非常肯定，才哼險個越過。醫兵八名保衛臨行名，我即當定走匪巢走至，此事我為自己力量趁利赴雷州，匪迫鷲吳川民團一切革命派之超殺，大小小機匪極其惡劣紳不起，故此慘案，一個匪區憤恨，匪拼其所為越殺勇於，至夫獨股。此真吳川農民運動九一九二五、六、廿八、于雷州黃學增

廿四

黄学增的书信《吴川历险情形》在1926年7月21日《犁头周刊》上刊登，此为当时报样复印件

周总理关怀湛江人民　湛江人民崇敬周总理

1977年1月8日周恩来总理逝世一周年，《湛江报》刊登的回忆文章，提及1960年2月，周恩来总理视察湛江期间，曾忆及革命先烈黄学增

黄学增妻子苏莲的相片

（广东省遂溪县博物馆供图）

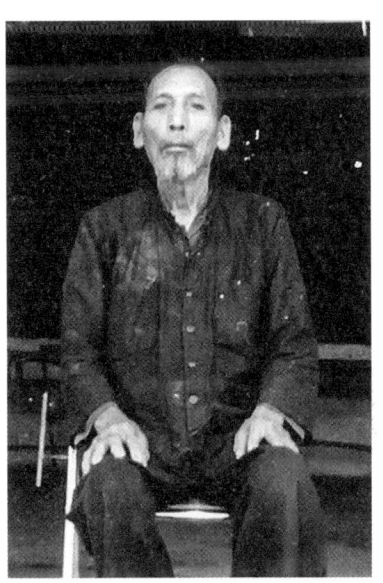

黄学增胞弟黄学思（黄海供图）

作者陈国威（右）、许冰（中）在广东省遂溪县敦文村黄学增事迹陈列馆，采访黄学增的侄子黄成仕（左）

碧海丹心黄学增

1=E 4/4

作词：许 冰
作曲：韩海冰

深情地

3 3 3 4 5 — | 1 1 2 3. 5 — | 2 2 2 3 4 3 4 5 |
南海波涛声， 羊城风雷涌， 青年同志撒播革命
南路险途中， 催征马蹄疾。 铁流滚滚冲破西江

5 2. 2 — | 3 4 5 6 — | 5 4 4 3 4 6 6 |
火种， 湾区斗志昂， 宝安党旗红，
汹涌， 为国赴义勇， 三十一载后，

7 7 7 1 2 5 3 2 | 1 — — — | 4. 1 — | 7 5 3 6 — |
天涯忠魂红旗 颂。 啊 黄学增，
总理挂念问亲 人。 啊 黄学增，

4 1 4 5 6 6 6 7 5 | 5 2 — — — | 5 3 5 5 1 — | 5 5 3 1. |
                                                    7 7 7 5 6 3.
铮铮铁骨人民英雄， 你的初心， 我的使命，
铮铮铁骨人民英雄， 你的初心， 我的使命，

4 4 4 1 2 2 3 | 5 — — — | 3 3 5 5 1 — |
2 2 2 3 2 6 7   2 5   5 1 1
不忘往昔岁月峥嵘 你的初心，
不忘往昔岁月峥嵘， 你的初心，

5 5 3 1. | 2 1 2 3 5 | 3 1 — — — :||
7 7 3 6.   4 3   5   2 2 3.
我的 使命， 碧海丹心永远向前 冲。
我的 使命， 碧海丹心永远向前 冲。
                                                                D.S.

结束句
1 1 1 2 3 2 0 | 5 5 — — | 5 1 — — — | 1 — — 0 ||
4 3 4 5   5 2   1   1
碧海丹心永远 向前 冲。

歌曲《碧海丹心黄学增》

黄学增年谱

1900 年　1 岁	3
童年时期	6
1911 年　11 岁	7
1912 年　12 岁	8
1913 年　13 岁	9
1914 年　14 岁	10
1915 年　15 岁	11
1916 年　16 岁	12
1917 年　17 岁	14
1918 年　18 岁	15
1919 年　19 岁	16
1920 年　20 岁	18

1921年	21岁	19
1922年	22岁	23
1923年	23岁	26
1924年	24岁	32
1925年	25岁	46
1926年	26岁	88
1927年	27岁	125
1928年	28岁	139
1929年	29岁	159

附录（一）
黄学增文集

竞争说	171
请愿书	172
党员黄学曾等呈为请求严办被拿恶探陈怀琦假名陈磊夫等情	174
雷州青年同志社代电	176
宝安梁张惨杀农民详情	177
南路办事处最近进行计划	184
广东省农民协会南路办事处通令、文件存稿（节录）	185
吴川遇险情形	194
广东南路各县农民政治经济概况	196
南路办事处会务报告	238
为电白农民求救	243
仲恺先生死了吗？	245

读宫俊先生国民党和共产党的关系以后……247
宫俊《国民党和共产党的关系》……249
中共宝安县委给省委报告——各区暴动斗争情况……250
广东省农民协会檄文……253
广东省农民协会紧急传单——为重兴农会事……254
中共广东省委巡视员黄学增给省委的报告……255
五卅运动后广东农民运动的状况……261
现时政治斗争中之我们（摘录）……264
省港罢工时代之广州四郊农民……266
盲动呢？不动呢？公开呢？秘密呢？……268
阅了农民问题决议案以后……272

附录（二）
回忆文章

访问黄学思记录……279
回忆黄学增同志点滴……280
回忆广东的五四运动与共产主义小组的建立（节录）……282
访问谭天度记录……283
大革命时期的广州青年组织"民权社"（节录）……284
访问林丛郁（林增华）记录（节录）……285
访问陈信材同志的记录稿（节录）……287
大革命时期南路人民革命斗争情况（节录）……288
大革命时期海康农民运动草录（节录）……289
梅菉市一九二六年大革命材料（节录）……290

黄学增二三事（节录） ………………………………………… 291
对过去南路斗争的总结（节录） ……………………………… 293
大革命时期广宁农民运动后期几个实况（节录） …………… 294
访问孔令鉴谈话记录（节录） ………………………………… 295
广宁县各个革命时期斗争历史（节录） ……………………… 297
螺岗暴动前后回忆 ……………………………………………… 298
谢森回忆黄学增（节录） ……………………………………… 301
花县农民斗争纪实（节录） …………………………………… 302
广东花县九湖乡革命史（节录） ……………………………… 303
访问郭儒灏记录 ………………………………………………… 304
访问黄国栋记录 ………………………………………………… 307
访问韩托夫记录 ………………………………………………… 309
海南革命斗争亲历记（节录） ………………………………… 310

参考文献 …………………………………………………………… 311
后　　记 …………………………………………………………… 315

黄学增年谱

1900年 1岁

10月14日 出生于广东省遂溪县第六区敦文乡（今遂溪县乐民镇敦文村）。

黄学增，乳名妃贵，别号道傅，曾用名黄学曾——此名主要在1927年前使用比较多。按，"妃"在雷州方言中为"阿"字之意，敦文村一直为操雷州方言的村落。妃贵即阿贵的意思。

对于黄学增的出生时间，目前有多种说法。在广州农讲所档案里，有人回忆是出生于1901年，无月日注明。[1]在广东遂溪档案馆里，有一份雷北县时期的黄学增简介，其出生年月为1899年□月，但简介里面的内容涂改比较多，似乎把握不住。[2]此出生时间与1921年《广东省立宣讲员养成所同学录》，黄学增年龄注曰22岁相同。[3]另外，敦文村相关族老回忆到黄学增出生时，恰好是敦文村黄氏宗祠奠基之日；敦文村黄氏宗祠奠基时间是清光绪二十六年八月十八日（即公历1900年9月11日），目前墩文村1986年所修的黄氏族谱亦记载黄学增出生时间八月十八日（9月11日）已时。另有学者根据黄学增胞弟黄学思的回忆，认为黄学增出生于公历1900年9月14日。

在这里，我们也是根据黄学思的回忆："学曾生于庚子年闰8月21日。"[4]上述学者忽视了闰月的情况。查万年历，不难发现1900年的闰八月二十一日，即1900年10月14日。

---

[1] "广东遂溪县档案馆、党史办，茂名市府文教办关于黄学增的传略、函"，毛泽东同志主办农民运动讲习所旧址纪念馆档案室，案卷号：6。按，无全宗号。
[2] "关于黄学增同志的简历、诗抄和旧居纪念亭修建为省级重点文物保护单位的报告"，广东遂溪档案馆。
[3] 见贺步云整理：《广东省立宣讲员养成所同学录》，紫金县政协文史委员会编《紫金文史》第10辑，政协紫金文史委员会，1992年，第52—53页。
[4] 黄学思的回忆，见中共湛江市委党史研究室编：《黄学增研究史料》，广东人民出版社，1997年，第171页。下面该书简称《黄学增研究史料》。另，本书有关黄学思的回忆，若不特别注明者，皆来源此。

黄学增家庭、亲属及家境情况大致如下。

家世：敦文村黄氏族谱，黄学增父亲黄如英是"如"字辈——该本族谱截至该世，黄学增这一世没有记录。至于黄氏族群何时搬迁至此，目前还不明确。现代的地名志记曰："敦文村：又名墩文。在遂溪县遂城镇西南62公里，西临北部湾。……明初建村，取敦厚文明之意。1960年测绘地图时写作'墩文'"。[1]查阅清代康熙期撰修的《遂溪县志》，里面并没有发现相关敦文村的记载。在北部湾这一片临海区域里，康熙朝《遂溪县志》卷之一"乡都"有调神港、博格港、抱泉港等记载（皆在县城西南一百多里范围左右），另有第八都乐民千户所记载；乐民千户所周围则有对乐烟墩（距离所十里）、北灶烟墩（距离所一十二里）、草潭烟墩（距离所三十五里）。至清代道光朝《遂溪县志》卷之四"乡社"发现有敦文村的记载："县西南一百五十里，林姓世居。"[2]因而，大致可以肯定，敦文村黄氏搬迁至此的时间应在清朝康熙朝之后的事。根据1986年修的敦文村《黄氏族谱》，"如"字辈上面是"辉"字辈，再上面是"元"字辈。根据该谱本的记载，敦文黄氏从外地迁徙来到此后，主要是从事农耕与渔耕，如"元"字辈的"元临往海南"；"元师……与次弟元本採海，偶遇大风溺于海中，后寻到尸首，葬于后湾"；"元本……溺海而亡，寻不到尸首"；"如"字辈的"如溪往海南"。但宗族里可能也有读书人，如"辉"字辈里的"辉毓业儒"；"辉翰业儒"；"辉廷业儒"。

有关黄学增祖父、父亲的记载几乎是空白的，只是知道其名而已。祖父为黄辉方，[3]父亲名曰黄如英，其去世大致是在1929年。黄学思回

---

[1] 湛江地方志编纂委员会编：《湛江市地名志》，广东省地图出版社，1989年，第158页。
[2] 《广东历代方志集成》，清道光朝《遂溪县志》，扫描本，卷之四"乡社"，岭南美术出版社，2009年，第199页。
[3] 黄辉方育有如爱、如玉、如连、如英四兄弟；如英为黄学增的父亲。按，黄如连育有黄学武（斜阳岛烈士）、黄学伦（由黄学增指引到广州，入读黄埔军校三期；抗战时在衡阳保卫战役牺牲。）

忆说道:"1929年,学曾在海南岛牺牲,父亲知道了这个消息,很痛苦,想念儿子,加上清党队追查得紧,发了病,在旧历年底前去世了。"

黄学增的母亲饶氏——黄学思回忆其姓氏不明,敦文村邑人则说其姓饶,仍遂溪河头镇英亮村人;英亮村离敦文村大约二十多公里。邑人认为饶氏"死时46岁"。

黄学增共有兄弟四人——学颜、学曾、学思、学孟以及一位姐姐。黄学增兄弟四人之名,是村落私塾老师按古代"四贤人"之意给他们取学名的。学颜、学孟都比较早逝。根据黄学思的回忆:"大哥学颜也替人担鱼花,有一次因为热天中暑,死去了。四弟学孟也死得早,死时才23岁。"据后人回忆,1922年黄学增利用回乡处理大哥学颜后事时,在家乡招集青年,成立雷州半岛第一个传播马克思主义思想的乡村社团——雷州青年同志社。黄学增的姐姐是嫁往附近村庄,家境不好,详细情况不详。黄学思一直生活到1990年;据传,1925年、1926年曾与黄学增到过广州,参与过遂溪农军起义。1929年黄学增牺牲后,奉父之命,主要生活在敦文村,以务农为主;1960年周恩来总理关怀黄学增后人;黄学思曾担任过广东湛江市政协委员。

关于黄学增的家境情况,根据黄学思的回忆,当其时黄家有水田4亩,旱坡地3亩。父亲黄如英以务农为主,日常则替人宰猪、担鱼花(即鱼苗),做些副业,尽量维持家景。黄如英甚至"也做做'道公佬'找点零用。"因为不是专职的道士,看来做做"道公佬"也只是赚一些辛苦钱而已。黄学思回忆说:"一般年景,家里不用借债,有茅屋1座,前后各3间,左右各1间,这茅屋在1927年秋天被国民党清党队来烧掉了。"茅草屋仍雷州半岛常见的民居之一。

童年时期

1900年庚子年,中国发生八国联军侵华,慈禧太后挟光绪西逃。

黄学增童年主要生活在敦文村,与外面的世界几乎没有接触。黄学思的回忆:小时候,黄学增"辅助家庭劳动,割柴草,拾禾穗、捡番薯,替人养鸭,挣点零钱帮补家庭。"

另外遂溪一份比较早期的调查资料说道:"黄学增原名学珍,读书后才改名,是遂溪县乐民墩文村一个贫苦农民黄如英的儿子,家贫有兄弟4人,他是老二,没有机会上学,从小就参加农业生产,产养鸭能手,每天除养300多只鸭外,还抽空割牛草抬粪。他聪明又勤劳,每次放鸭出外和回来时,只看那群鸭子走过,就能统计全数,从不失漏,和他一起养鸭的人都很佩服他,赞他是韩信点兵。他不但聪明和热爱劳动,尤其敬老爱幼具有锄强扶弱的良好品质。凡见长辈一定问好,从不和别人争吵。只有一次是游泳时,两个大孩子欺负一个小的,劝不了他,才帮小的进行抵抗,迫使那两个孩子改变了态度。"[1]

1910年,孙中山的胞兄孙眉(字德彰,号寿屏)受同盟会总部之命,化名(包括黄镇东、刘汉生等名)前来广州湾发展同盟会员、设立同盟会机关,计划筹备高雷起义。

---

[1] "关于黄学增同志的简历、诗抄和旧居纪念亭修建为省级重点文物保护单位的报告",广东遂溪档案馆。

1911 年　11 岁

7月15日　孙中山的胞兄孙眉给其儿子孙昌（字建谋）写家信。信中提道："高属革命风潮，日进千丈。各府州县清官不敢出来干涉。父在此地办事平安"。

孙眉的家信："字示男建谋知之：父有信你二叔，筹舟资费打法（按，'法'即'发'）你等一齐回来。父在广州湾运动高雷两府人民，数月经营，今得两府民智大开，高州六县人民入会者源源不断。旧年（按，即"去年"之意，1910年）十一月，父到湾时，觅得地方一所，创立机关，外面开一药房，名叫祐生药房，此地方面，并无西医及西药房。今民智开通，用西药者大不乏人，今虽有药房，亦无西医，故望你速即与二叔商量筹舟资，速回来料理药房事务，极之合宜。高属革命风潮，日进千丈。各府州县清官不敢出来干涉。父在此地办事平安，见字不用介怀。父德彰字，辛亥（按，即1911年）七月十五日湾付"。[1]

8月　武昌起义爆发。是月，孙眉离开广州湾到广州。

---

[1] 2015年2月期间此信曾在中山市孙中山纪念馆二楼展厅及中山市商业文化博物馆的图片展《兄弟同心——孙眉与孙中山》中展出。注明信件由孙眉曾长孙孙必胜提供。另，孙昌后在护法运动中为国捐躯。

1912年　12岁

1月1日　中华民国宣告成立，孙中山在南京就任中华民国临时大总统。

是年　黄学增入读村里的私塾。

据说，黄学增入读私塾时的老师名为杨成章，是邻近的六旺村人，六旺村在新中国成立后改名叫下乡仔村。在私塾时，黄学增所读的是《三字经》和《四书》，是时，为黄学增识字之始。父亲黄如英虽务农，但因间或做"道公"，略懂一二文采。这也可能是黄如英同意黄学增入读私塾的原因之一，毕竟读书是需要花钱的。

按，早期遂溪县收集黄学增的资料时，认为他入私塾的时间是13岁："13岁他父送他入私塾读书，他非常用功，白天黑夜都温习功课，所以一年内除读完四书外，还读了很多课外书。那时学童们在晚上照例玩耍，在他的影响下，大部分同学也跟他一起黑夜用功了。年纪最细的是他，功课却是最好的，老师有事外出也托他代教同学。……他向来不讲究吃和穿，但很爱清洁。他常和同学说，衣服不怕烂是怕脏。"[1]

是年2月　清廷颁布了皇帝退位诏书，清帝退位，宣告统治中国260多年的清王朝的结束。

是年　新成立不久的民国政府教育部正式公布了民国学制系统的结构框架。"壬子学制"中规定："小学校四年毕业，为义务教育。毕业后得入高等小学校或实业学校；高等小学校三年毕业，毕业后得入中学校或师范学校或实业学校。"[2]

---

[1] "关于黄学增同志的简历、诗抄和旧居纪念亭修建为省级重点文物保护单位的报告"，广东遂溪档案馆。

[2] 朱有瓛：《中国近代学制史料（第三辑上）》，华东师范大学出版社，1990年，第26-27页。

1913 年　13 岁

3 月　广东高明人谭鸣谦（即谭平山）前来雷州中学校任教。
是年　黄学增于村内私塾求学。间或帮助家里做家务，包括养鸭等。

1914年　14岁

是年　在进敦文村的私塾入读两年后，完成私塾教育阶段。

遂溪档案馆一份早期后人写的介绍中说道："（私塾期）平时他很注意锻炼躯体，常说要做立大志做大事，还得要有强健体魄。他最爱游泳，小时就是优秀游泳手。墩文村位于雷州半岛西岸一个背山面海的村庄，他常跟着农民下海游泳，迎着汹涌的波涛，经常游20—30公里。

入学第二年他就念完了《四书》《诗经》《易经》和《资治通鉴》。很多鉴批他都背得出来。"[1]

---

[1] "关于黄学增同志的简历、诗抄和旧居纪念亭修建为省级重点文物保护单位的报告"，广东遂溪档案馆。

1915 年　15 岁

9 月　陈独秀在上海创办《青年杂志》（后易名《新青年》）。它被公认是宣扬新思想、新文化的主要阵地。

是年　黄学增转入乐民高等小学（即后来的县立第五小学）求学。乐民是当地一个比较大的集镇。

按，新中国成立后收集黄学增材料中说道：他"后来去乐民圩高小，还未毕业也就去海康考进海十中（雷师前身）。"[1]

黄学增在乐民高等小学时曾留下一文《竞争说》流传至今："人当竞争时代，断不可无竞争心。无竞争心不能立于竞争世界，竞争乃当今之要务也。学问以竞争而精，实业以竞争而兴，国家以竞争而文明。世界愈竞争，愈发达；愈发达，愈竞争。人无竞争，诚不能立于竞争世界，能竞争，乃可以言富强。"[2]

---

[1] "关于黄学增同志的简历、诗抄和旧居纪念亭修建为省级重点文物保护单位的报告"，广东遂溪档案馆。
[2] 《黄学增研究史料》，第 245 页。据敦文村的村民回忆，1963 年文章的纸质版仍然存在，但由于不珍惜，其后不知所踪。目前所见是敦文村村民黄成栋回忆提供。

1916年　16岁

是年　继续在乐民高等小学攻读。同学据言有陈荣位等人,后来这些同学与黄学增同到广州从事革命活动。

是年秋　在乐民高等小学苦读后,在1916年秋黄学增考入雷州半岛最高中学堂——雷州中学校。根据相关文献的记载,当时雷州中学校招收学生的条件是:"不论生童,惟须年在十六岁以上二十岁以下,曾读过经史,体质壮实,文理明通,身家清白,并无习气疾病嗜好等弊,方为合格。"[1]

创立于1903年的雷州中学校,是当时雷州半岛最著名的学校。如民国成立后的学校第一任校长周烈亚(号耀墀,遂溪人),广东高等师范毕业,曾任广东临时省议会代议士。后在1917年前往北大求学。北大期间,周氏与傅斯年、顾颉刚等人同一间宿舍。罗家伦在狄君武遗作序言中曰:"狄君武先生与我相识远在民国六年北京大学西斋四号房间。这号房间里共住四人,为傅孟真、顾颉刚、周烈亚、狄君武。我因为同孟真颉刚都对文学革命运动有很大的兴趣,故尝到四号商讨编撰和出版《新潮》问题。君武此时虽在哲学系,却爱好'选学'……烈亚则治佛学,后来做到西湖某大丛林的住持。'道并行而不相悖'"。[2]而周烈亚执掌雷州中学校的1913年,后期中共广东党组织创建者之一的谭平山在该校任教授几何、代数与图画的教职。新的思想、新的思潮至少在1913年已传入雷州中学校。诚如谭平山于该年给《雷州中学师范毕业同学录》所写的序言曰[3]:

雷阳素称海滨邹鲁之邦,予以不学,滥中学师范算学一席,才四越月,而诸生毕业。有同学录之刊请序于予,予维古者敬业乐群,论学取友,

---

[1] 湛江师院史研究课题组编:《湛江师范学院史稿》(未刊本),2004年12月,第61页。
[2] 沈云龙主编,狄膺著:《狄君武先生遗稿》,(台北)文海出版社有限公司,罗家伦前言。
[3] 见雷州市档案馆。

而仲尼之徒数盈三千；墨之巨子，偏于宋鲁，虽代远年湮，而蛛丝马迹尚得追见。昔日英才涵濡春风之盛，犄欤休哉。今凡百君子悉岭南粤峤之英，时彦觥觥，多士济济，昕昳切磋几十载，风雨联床逾五稔，日月不居，徂年如流，学业垂成，行将话别，同学录之辑，乌可以已乎？虽然礼隆乐群之义，诗歌伐木之章，岂曰树派标旌以矜庸人耳目哉。将以声应气，求砥行砺，德櫽社会之模型，隳末学之绳墨也。盖孤陋寡闻不足论学，而独学无友将同无学诸子聚首一堂。递更寒暑而尤于敬业乐群、论学取友之义。兢兢焉，勖勖焉，钻研弗懈斯，录之辑知，非徒如常径恒蹊，重合悲离，藉烦鳞羽巳耳，盖将有以也。夫思易其备者，须有其具苦盛暑之郁燠，宜储絺绤忧隆寒之凄怆当袭狐。今诸子潜心奥业道蓄，厥躬行芳而志洁，学邃而志醇，或博学教育中坚，或擂斯世之木铎。虽殊途而同归，实百虑而一致，何啻披絺绤而拥狐貉，何伤乎？盛暑隆寒也。吾知必将卢牟六合，陶镕群贤，擎欧美之精华，襮东亚之异彩，他日按是编而稽曰某也贤，某也贤，油然邀遡乎。今日聚首一堂之盛而无愧乎海滨邹鲁之称也。

民国二年七月高明谭鸣谦序于雷阳。

同年谭平山从雷州中学校调到阳江中学校。其后在1917年谭平山前往北京大学求学。

早期一份简介介绍黄学增在雷州读书期间，学校校长名曰罗应荣，广州人，中国共产党党员。[1]

---

[1] "广东遂溪县档案馆、党史办，茂名市府文教办关于黄学增的传略、函"，毛泽东同志主办农民运动讲习所旧址纪念馆档案室，案卷号：6。按，无全宗号。

1917年　17岁

是年　求学于雷州中学校。后因家贫，辍学回家。

20世纪70年代一份简介曰："读了一年（雷州中学校），因家庭困难只好停学回家。"[1]另有一份简介也是认为黄学增在雷州中学校读书的时间是一年："一年后，家里无法维持而退学回家生产。"[2]

---

[1] "关于黄学增同志的简历、诗抄和旧居纪念亭修建为省级重点文物保护单位的报告"，广东遂溪档案馆。

[2] "广东遂溪县档案馆、党史办，茂名市府文教办关于黄学增的传略、函"，毛泽东同志主办农民运动讲习所旧址纪念馆档案室，案卷号：6。按，无全宗号。

1918 年　18 岁

是年　据敦文邑人追忆，读书期间的黄学增，因为家庭的原因，奉父母之命，返回敦文村结婚。妻子名曰苏莲，是敦文村邻近村庄——边角村一位村民的养女。苏莲原籍是遂溪北坡乡大潭村——现归属遂溪港门镇管辖，该村亦离敦文村不远；因家贫苏莲自小就过继给乐民东边角村一农民抚养，没有文化。

另有一种说法是，黄学增的父母很早就给黄学增订了亲，直到苏莲14岁，才正式进到黄家，嫁给了18岁的黄学增。

新中国成立后，饱受磨难、曾经改嫁的苏莲在党和政府的关怀下，入住遂溪革命养老院（院址在遂溪界炮镇），在1976年因病逝于养老院内。[1]

---

[1] "关于黄学增同志的简历、诗抄和旧居纪念亭修建为省级重点文物保护单位的报告"，广东遂溪档案馆。

1919年　19岁

5月4日　五四运动爆发。北京13所大专学校学生3000多人，在天安门前集会示威游行，要求拒绝在巴黎和平会议牺牲中国利益的和约上签字，要求惩办北洋军阀政府亲日派官僚曹汝霖、章宗祥、陆宗舆。北洋军阀政府出动军警，逮捕示威群众32人。5日北京学生总罢课，并通电全国，各地学生纷纷罢课响应。7日前后，北京学生反帝爱国运动的消息传到广东，广州等地纷纷响应，举行集会和示威游行，强烈抗议帝国主义的侵略行径和北洋军阀的卖国罪行，声援北京学生的爱国运动。

秋　入读广东省第一甲种工业学校。

有文献认为黄学增入读甲工的时间是1920年夏。"学增因贫困停学回家消息一传开，乐民方园百多里的父老都为他惋惜。有的说有学增聪明，没有他这样勤劳品德好；有的说学增将来一定会成为一个了不起的人；大家都表示要资助他去广州求学。他父兄见有父老支持，也决定全家节衣缩食供他去广州求学。

1920年夏天黄学增□志考进广州工业学校。他当时非常高兴，认为可达到他的志愿，学好工业知识，将来把中国建成工业国，不再受帝国主义欺侮了，人民也再不窘困了。"[1] 而根据谭天度（1893年4月—1999年5月30日）的回忆："陈（独秀）的名气很大，到广东后，广州的一些进步青年、学生如阮啸仙、刘尔崧、周其鉴、黄学增等人，常常来找陈独秀。我当时在广州市区教书……因我与谭平山、谭植棠关系密切，故有机会看到他们在陈的住处同陈讨论问题。阮（啸仙）、黄（学增）等人都是步行从市郊来的，很可能同是甲工学生。"[2] 按，甲工当时校址在广州市郊增埗，离市区十余里。而查阅1918年印刷的《广东甲种工业学校章程》

---

[1] "关于黄学增同志的简历、诗抄和旧居纪念亭修建为省级重点文物保护单位的报告"，广东遂溪档案馆。
[2]《黄学增研究史料》，第178页。

附表一里有记"应选送学生二名二十四县"中有海康;而在"应选送学生一名五十四县"中有遂溪、廉江、吴川、徐闻、信宜等南路之县。[1] "招考的学生为旧制中学毕业或具有同等学力,多数是贫穷子弟。当时学生群众中有句很流行的说话:有钱子弟读法政、医专,贫穷子弟读甲工、高师。"[2]

目前见到一本名单不齐全《省立第一甲种工业学校教职员同学录》[3]里面没有黄学增的姓名。但有不少遂溪籍的学员:黄荣、陈祥临、梁维楹、韩盈、金常理。而目前所见到普遍使用的黄学增大头相片,其来源之处,就是在黄荣家里发现的五人合照中剪出来的。黄荣的家人亦说这张五人相片是五人合照,里面有黄学增、韩盈等人。韩盈,中共遂溪党支部第一任书记。在2019年前相关党史部门编撰文献中一直记录韩盈是读广州铁路专科学校。根据此本甲工教职员同学录的记载,1922年黄荣(遂溪籍,时年25岁)就读于甲工染织本科三年级,同班同学有周其鉴(广宁籍,时年25岁)、罗国杰(广宁籍,时年23岁)、赖炎光(紫金籍,时年22岁)、丘鉴志(乐昌籍,时年22岁)等人;韩盈(遂溪籍,时年19岁)就读于应用化学预科。而"甲工""四大金刚"中,阮啸仙(河源籍,时年24岁)为机械本科三年级;刘尔崧(紫金籍,时年24岁)与阮啸仙同班,也是机械本科三年级;张善铭(大埔籍,时年22岁)是应用化学三年级;周其鉴(广宁籍)。

---

[1] 《广东甲种工业学校章程》,1918年印,现藏广东省立中山图书馆。当然,并非一定会根据章程来处理学生来源,如同学录中机械本科一年级生车廷信,籍贯是来自朝鲜的。

[2] 余勉群、罗百先:《广东省立第一甲种工业学校》,中国人民政治协商会议全国委员会文史数据委员会编:《文史资料存稿选编》第24册,中国文史出版社,2002年,第610页。

[3] 按,包括缺所有专业二年级学生名录,以及"由于当时大家都对高校长很有意见,对他一些做法还表示愤慨,故连他名字及支持他的学生名单都没有收录在此本《同学录》之内"。——李若晴:《1921年甲工学潮中的高剑父与陈炯明》,《文艺研究》2018年第7期,第147页注47。另,感谢广州美术学院李若晴教授惠赠此本《省立第一甲种工业学校教职员同学录》。

1920 年　20 岁

是年　仍就读于甲工。

8 月　上海的共产党早期组织在上海法租界老渔阳里 2 号《新青年》编辑部正式成立，陈独秀是书记。这是中国的第一个共产党组织。

8 月　上海的共产党早期组织领导建立了社会主义青年团。

8 月　谭平山等人开始在广州组建广州社会主义青年团；11 月此组织与无政府主义者的组织互助团合并，召开了广州社会主义青年团大会，制订了团的章程。后因内部成员信仰主张不一致，矛盾加剧，于 1921 年 4 月间自行解散。[1]

9 月　俄共（布）党员斯托扬诺维奇和别斯林到达广州，准备建立共产党组织。由于两人在广州是与无政府主义者区声白联系组建"共产党的组织"，包括谭平山在内拒绝加入此组织。

10 月 19 日　《广东群报》正式刊行。

《广东群报》由谭平山、陈公博、谭植棠等人创办，办公地址在广州高第街素波巷内。该报宗旨有二，即："一、不谈现在无聊政治，专为宣传新文化的机关；二不受任何政党援助，保持自动出版物的精神。"在广州共产党组织成立后，随即成为该党组织的机关报。

12 月 29 日　陈独秀抵达广州。当时陈独秀是应广东省省长陈炯明的要求，前来广州出任广东教育委员会主任一职。

是年　高仑（即高剑父）受陈炯明之命，担任广东省立第一甲种工业学校校长。[2]

---

[1] 中共广东省委组织部、中共广东省委党史研究室、广东省档案馆：《中国共产党广东省组织史资料》（上册），中共党史出版社，1994 年，第 53—54 页。

[2] 《阮啸仙文集》编辑组编：《阮啸仙文集》，广东人民出版社，1984 年，第 11 页。

1921 年　21 岁

1 月 27 日　陈独秀即到"甲工"演讲，演讲时，陈独秀号召工学生与体力劳动者携手，"把资本家推倒"。

春　在陈独秀的主持下，广州"开始成立真正的共产党"，取名为"广州共产党"。广州的共产党早期组织先由陈独秀、后由谭平山任书记，陈公博负责组织工作，谭植棠负责宣传工作，成员约有九人。办公场所在广州高第街素波巷内。

春　参加广东马克思主义研究会。

《阮啸仙年谱》载：1921 年春，"广州共产党成立了有 80 多人参加的广东马克思主义研究会，由谭平山为会长，（阮啸仙）与刘尔崧、周其鉴、张善铭、黄学增等人一起为该会主要成员。"[1]

4 月　因为驱逐"甲工"校长高剑父（高仑）行动，"甲工"发生了学潮运动。

4 月 12 日　阮啸仙日记曰："是晚七时，特开全体大会，讨论整顿校问题。事缘本校自高剑父接任校长以来，已经数月。校务废弛，毫无设施，全体同学，以失学堪虞，特提出大会讨论，以求整顿之方。"[2]

4 月 18 日　甲工"全体大会，继续讨论校务整顿问题。"

4 月 22 日　甲工学生群体发表宣言书，称"广州各报载增步工业学校学生，因校长办理腐败，遂于日前呈请省长及教育委员会撤换，并于星期二全体列队请愿从速办理。……昨晚全体学生，特开大会讨论，对待办法，表决两事：（一）先由各班长警告各败群者，乃仍不改过，则再定办法，（二）发表宣言书。"

5 月 9 日　甲工校园，"是早七时半，即举行宣誓。全体同学二百余人，

---

[1] 陈其明著：《阮啸仙年谱》，中共党史出版社，2018 年，第 29 页。
[2] 《阮啸仙文集》编辑组编：《阮啸仙文集》，广东人民出版社，1984 年，第 10 页。
　 按，下述有关甲工学潮情况，若不特别注明者，皆来自阮啸仙记载。

齐集操场，首向国旗、校旗行三鞠躬礼。随由同学，第一个人，向国旗、校旗，朗读誓词一通。事毕，欢呼坚持到底三声而散。朝膳后，即预备欢迎各界来校参观。至十二时，各界联合会理事张景仁君、广东学生联合会代表张冥菴君暨各学校代表、本校前任及现任职教员、各界来宾等，国会议长林森先生亦躬与斯会。"

5月10日　甲工学生群体"上书省长辩明此次风潮真相"；"自行退学问题……（5）组织退学团。（6）每人自缮退学书，呈教育委员会。（7）退学日大举巡行，发表退学宣言书。"

5月23日　甲工学生群体决定"廿四日全体最后请愿，如无完满答复，准明日实行全体退学。"

5月27日　甲工学生群体"朝膳后，全体同学实行离校"；"发表退学宣言书"。

四五月间　"广州共产党成立了80多人参加的马克思主义研究会，由谭平山任会长，阮啸仙、刘尔崧、周其鉴、张善铭、黄学增为主要成员。"（刘路红、廖金龙编著：《阮啸仙传》，中共党史出版社，2014年，第33页。）另，1921年7月，陈公博的《广州共产党的报告》则提道："我们还有一个马克思主义研究会，计有八十余人，其中百分之二十是法律系的学生，百分之二十是高等、中等院校的学生，其余的人是各种政治小组和编辑小组的成员。"[1]

6月20日　广东省立宣讲员养成所正式开学，它是由陈独秀创办的，受广东省教育委员会管理以及拨划经费，地址设在广州高第街素波巷内，当时广东党组织的主要办公场所正是在高等街素波巷内。

6月20日　黄学增入读广东省立宣讲员养成所。

黄学增所在班级为专门班，时任班主任是中共广州（广东）党组织的重要筹建者之一的谭植棠。

---

[1] 中共中央党史研究室、中央档案馆编：《中国共产党第一次全国代表大会档案文献选编》中共党史出版社，2015年，第16页。

下面是广东省立宣讲员养成所教员名录[1]

广东省立宣讲员养成所教职员表

职别	姓名	别号	年龄	籍贯	学历背景
所长	陈公博		30	南海	北京大学毕业
专门班主任	谭植棠		28	高明	北京大学毕业
通俗班主任	余锡恩	恺湛	29	台山	方言学校北京大学毕业
学监	胡琼	仲达	30	开平	北京大学毕业
教员	陈达财	彦儒	30	东莞	北京大学毕业
	陈衍芬		41	新会	香港西医大学堂毕业
	褟绍隆		35	三水	日本早稻田大学毕业
	陈磊	俊生	35	梅县	陆军讲武堂毕业
	陈俊干	旋六	37	南海	香港西医大学堂毕业
	谭鸿基		19	高明	
	谭鸣谦		35	高明	北京大学毕业
	张毅汉		26	南海	中国公学
	沈澡修		22	番禺	公立法政毕业
	陈嘉蔼		29	番禺	北京大学毕业
	温仲良		35	顺德	高等师范
	陈肇星			番禺	公立法政毕业
	杨章甫				
	邓拜言			南海	北京大学毕业
教务员	梁空	空空少年	24	顺德	北京大学毕业

---

[1] 见贺步云整理：《广东省立宣讲员养成所同学录》，紫金县政协文史委员会编《紫金文史》第10辑，政协紫金文史委员会，1992年，第52—53页。

文牍	姚培之	宾兴	36	番禺	历就番禺高明四会等县总务
图书馆主任	何焯贤		22	番禺	广东公立法政毕业
庶务兼会计	刘寅	士谦	33	三水	

6月23日 甲工退学学生才陆续返校。

7月23日—8月初 中国共产党第一次全国代表大会在上海和浙江嘉兴南湖召开，出席大会的各地代表共13人。大会通过了中国共产党党纲，确定党的名称是中国共产党，并规定了党的奋斗目标。大会还通过了《关于当前实际工作的决议》，选举成立中央局。

8月初 中国共产党广东支部成立，谭平山任书记，陈公博负责组织，谭植棠负责宣传。

8月30日 广东教育委员会恢复于6月遭开除的7位学生学籍：丘鉴志（染织本科三年级）、周其鉴（染织本科三年级）、刘尔崧（机械本科三年级）、阮熙朝（即阮啸仙，机械本科三年级）、黄振新（染织本科三年级）、姚陶馥（应用化学本科三年级）、白铎政（应用化学本科一年级）。

9月11日 陈独秀以治疗胃病为由，向广东省政府请假，与包惠僧一起离开广州，启程回上海。

秋 陈公博在素波巷宣讲员养成所向广东支部人员传达"一大"情况。

梁复然回忆："一九二一年秋，陈公博代表广东党组织到上海参加中共'一大'，回到广州后，在素波巷宣讲员养成所开会，由陈公博报告'一大'情况。当时会议是谭平山主持，参加者有……十多人。"[1]

---

[1] 梁复然：《广东党组织成立一些情况的回忆》，中共广州市委党史研究室编：《陈独秀在广州的创党活动》，广州出版社，2009年，第271页。

1922 年　22 岁

2月26日　《青年周刊》创办，由广东社会主义青年团出版，是该组织的机关报；办公地址初在惠爱东路228号2楼；在3月7日出版的第二号期刊上即注明通讯处在"（广州）素波巷19号"。

3月14日　广东社会主义青年团在广州召开成立大会，该组织是由中共广东支部领导。书记是谭平山。下辖机构包括：劳工运动委员会、学生运动委员会、农民运动委员会、妇女运动委员会、军人运动委员会、政治宣传委员会、社会教育委员会。[1]

4月10日　广东社会主义青年团执委会召开会议，决定在团执委会下设文书、宣传、劳动组织、财政、总务和地方分团6个部。

在宣讲员养成所求学间，黄学增加入中国共产党，成为1922年6月广东32名党员之一。[2]

关于黄学增是否加入共青团，目前还没有相关准确的资料。《青年周刊》里提及宣讲员养成所学员里，参与剧务团员里不见黄学增的姓名。而青年团白话剧社则是"由团员发起组织"

但曾在新学生社任职的陈志文后期有回忆说道："一九二四实现了与国民党合作建立革命统一战线，革命形势发展迅速。党需要人力去开展各条战线工作，广东区团委成员纷纷调出：如刘尔崧调工人运动，张善铭调青年运动，阮啸仙调农民运动……而团籍较老的周其鉴、黄学增也参加农运去了。"[3] 而少共国际代表达林则认为当时："党员几乎全

---

[1] 中共广东省委组织部、中共广东省委党史研究室、广东省档案馆：《中国共产党广东省组织史资料》（上册），中共党史出版社，1994年，第55页。

[2] 中共广东省委组织部、中共广东省委党史研究室、广东省档案馆：《中国共产党广东省组织史资料》（上册），中共党史出版社，1994年，第7页。

[3] 中共广州市委党史资料征集研究委员会办公室编：《广州大革命时期回忆录选编》，广东人民出版社，1986年，第290页。

部加入了青年团。青年团事实上就是党的同情者的组织。"[1]

春夏间 黄学增利用返乡机会,创办雷州青年同志社。

黄埔第一期学生、大革命时期从事革命活动后脱党的薛文藻于1950年一份自白书里面提道:"时政治不良,官绅贪劣,盗贼蜂起,掳掠焚杀奸淫,哀鸿遍野,满目疮痍,人非草木,谁不愤激,究其祸端,均缘恶霸迫良为盗。因见及此,遂邀同黄学增、黄广渊、黄宗寿、黄成美、王树烈,刘靖绪等数十青年,组织'青年同志社'借以号召同志,团结力量,反抗恶霸"。"先择其凶蛮恶极的陈河广(按,为六区双村人、历充六区区长,团总等伪职)控诉于雷州防军司令部。该恶被捕后复释,反遭仇恨,诬控通匪事情。因不能立足,乃避难北上广州"。[2]

雷州青年同志社仍是黄学增在读宣讲员养成所期间成立的,是一个宣传马克思主义思想知识、推动农村变革、唤醒民众的民间社团组织;它或许是广东地区比较早成立的一个宣传马克思主义知识、推动农村革新的组织,广东南路后期不少革命历史,如大革命时期的农运活动、南路党团的建立、斜阳岛海上武装割据、南路抗战斗争等,其思想基础的关联都可追溯到雷州青年同志社的历史之上。

黄学增在宣讲员养成所的同班同学刘琴西则在1922年7月毕业后亦回乡发起组织"紫金青年学社","从事马克思主义研究,探索苏联十月社会主义革命成功经验。"

5月5日至10日 中国社会主义青年团第一次代表大会在广州东园召开,由张太雷主持。大会的主要任务是制订并通过青年团的纲领和章程,成立全国统一的领导机构。陈独秀在会上做了《马克思主义两大精神》的讲话;少共国际代表达林在会上做了《国际帝国主义及中国社

---

[1](苏)C.A.达林,侯均初等译:《中国回忆录:1921—1927》,中国社会科学出版社,1981年,第83页。

[2]《薛文藻自白书》,中共湛江市委党史研究室编:《南路农民运动史料》,广东人民出版社,1997年,第244页。以及《薛文藻自白书》,存于遂溪公安局刑事卷宗第五卷第十七册,1981年9月中共广东省湛江党史办抄录版。

会主义青年团》的讲话。大会讨论通过了《中国社会主义青年团纲领》《中国社会主义青年团章程》《青年工人农人生活状况改良的决议案》《关于政治宣传运动的议决案》等决议案。

5月28日　广东社会主义青年团在素波巷召开会议,由陈公博主持。大会传达了团一大精神。

6月16日　广州发生陈炯明叛乱事件,陈炯明背叛孙中山,炮轰总统府。

7月　黄学增从宣讲员养成所毕业。

8月28日　中共二大新选出的中央执委会成员陈独秀、李大钊、张国焘、瞿秋白、高君宇连同俄共代表马林与翻译张太雷来到杭州西湖,讨论国共合作问题。"西湖会议"初步达成如下意见：中共中央接受了共产国际的决定,共产党员以个人身份加入国民党以实现国共合作。不久,由孙中山主盟,李大钊、陈独秀、蔡和森、张太雷正式加入国民党。

1923年　23岁

春　黄学增、韩盈等在广州发起组织"遂溪留穗学会",地址在广州长塘街金鱼塘内。

按：阮应祺编撰的《黄学增事迹系年》中认为,1923年"春,学增和韩盈(笔名寒萤,遂溪县南门墟人,时在广州铁路工程学校读书)发起组织'雷州留穗同学会',团结雷州三县在广州读书的青年,学习马克思主义理论,参加革命活动。"[1]"雷州留穗同学会"该组织值得商榷。可能阮氏之说来源早期口述之误："不久他又认识雷州三县在广州读书的青年,成立留穗同学会。"[2]而目前我们通过相关所见的档案、当时报纸等文献记载,不难发现当时广州有遂溪留穗学会、海康留穗学会、徐闻留穗学会、廉江留穗学会等,却没有"雷州留穗同学会"之说。同时与黄学增等革命活动相关的也是遂溪留穗学会此社团。1927年2月开办的广东地方武装团体训练员养成所第一期同学录,遂溪籍学员留下的当时广州联系地址就是此金鱼池(塘)遂溪学会地址。如：周固山(别号秀森),时年21岁,遂溪籍。现在地址为本市长塘街金鱼池遂溪留穗学会,永久地址:遂溪洋青市合丰油房转道孟村交。周□尧(别号敏卿),20岁,遂溪籍,现在地址:本市长塘街金鱼塘巷遂溪留穗学会,永久地址:遂溪城市博成记。梁树本(别号邦基),23岁,遂溪籍,现在地址:本市长塘街金鱼塘遂溪留穗学会转,永久地址:遂溪麻章市时和堂转。陈亚登(别号伯钟),23岁,遂溪籍,现在地址:本市长塘街金鱼塘遂溪留穗学会,永久地址:广州湾铺仔公局转竹尾村;等。[3]1924年5月黄学增等人上书国民党中执会要求严惩陈学谈的请愿书上,雷州青年同志

---

[1]《黄学增研究史料》,第249页。
[2] "关于黄学增同志的简历、诗抄和旧居纪念亭修建为省级重点文物保护单位的报告",广东遂溪档案馆。
[3] "民国广东地方武装团体训练员第一期同学录",遂溪县档案馆。

社书记（文书）黄斌留下的名片其联系地址就是长塘街金鱼塘遂溪学会。故"雷州留穗同学会"值得商榷。

另，黄学增的同学黄荣村里（遂溪黄宅村）邑人介绍黄荣时是如此说的："1923年，黄学增等人为解决同乡青年上省求学的困难，在广州发起建立遂溪留穗学会。后为革命工作的需要，改建雷州留穗学会。经黄学增指示，黄荣任会长，负责返雷州捐款及筹建工作。"[1]虽然有雷州留穗学会之说，但是在遂溪留穗学会之后，可能受后来人们使用"雷州留穗同学会"说法的影响。

再，后期革命者陈以大等人也提到当时黄学增等人在此活动的记忆："1917年陈景星先生回到广州。第二年，他被选为广东省第二届参议会议员。不久，他以议员身份发起建立遂溪留省学会馆，旨在解决三雷同乡赴省就学之困难及集会之所。馆址在广州金鱼塘。凡雷州三县在广州求学之学生都可到该会馆免费食宿。该馆后改为遂溪县同乡会。1922年后，该馆成为广东省共产党之农民运动领导人黄学增同志地下活动机关（此系陈以大于1932年到广州读书时，住在遂溪县同乡会时亲听到炊厨员老莫说的）"。[2]

5月 团广东区委在广州惠福路仙邻巷设立了新学生社筹备处，计划成立团广东区委外围组织新学生社。

6月17日 新学生社正式成立，总社地址设在广州司后街45号，省内各地设立分社。阮啸仙担任总社执行委员会书记，刘尔崧、周其鉴等为执行委员。

夏 黄学增到花县等地进行农运工作。

有关1923年夏季黄学增到花县等地从事农运工作的回忆，大部分是与阮啸仙等有关联的。"一九二三年初，广州新学生社负责人阮啸仙（共

---

[1] 来源于广东遂溪黄宅村村史墙介绍。2020年7月8日田野调研。
[2] 陈以大、陈雪琴：《同盟会员陈景星先生事略》，政协湛江市委员会文史资料研究委员会编：《湛江文史》第8辑，1989年，第65页。

产党员）深入花县发动组织农工协会，开办农民夜校……同年夏天，他和该社骨干黄学增、高恬波等深入花县的九湖、推广等乡区发动农民。在他们的帮助下，花县各乡区陆续建立农民协会，并开展与地主豪绅的斗争。"[1] "一九二三年夏天，阮啸仙又率领'新学生社'的骨干黄学增、韦启瑞、张善铭、高恬波等人，再次来到花县，先后深入到花东的九湖、联安、推广；花山的元田、宝珠岗、杨村；新华的公益等地，发动农民建立农民协会。"[2] 1997年中共花都市委党史研究室编写的《中共花县地方史》（新民主主义革命时期）亦是采用上述一模一样的内容。[3] 湛江地区的党史则记曰："（1923年）秋，黄学增在甲种工业学校毕业，由中共广东党组织派遣到花县，与阮啸仙、周其鉴等人一道开展农民运动，在九湖、元田、宝珠岗等地宣传发动农民，组织农民协会，进行反封建斗争。"[4] 有些学者时间更为具体些："一九二三年七月八日，阮啸仙主持召开的团广州地区全体团员大会，就讨论了'农民运动问题'，并提出要开展"农村调查"。在这之前，他和黄学增、彭刚侠、丘鉴志等分别到顺德、鹤山、花县、广宁的农村中进行宣传活动。组织农民夜校及平民阅报社，并特别注意从民团方面着手。"[5] "同年（1923年）3月初，他（按，指阮啸仙）又和新学生社骨干黄学增、高恬波等，再次来到花县，深入到花东的九湖、联安、推广，花山的元田、宝珠岗、杨村，新华的公益等乡村发动群众，建立乡

---

[1] 陈登贵：《一九二二至一九二七年广东农民运动综述》，载广州农民运动讲习所旧址纪念馆编：《广东农民运动资料选编》，人民出版社，1986年，第601页。陈登贵：《广州第三届农讲所主任阮啸仙》，载刘林松主编：《阮啸仙研究》，广东人民出版社，1985年，第139页。

[2] 杨绍练、余炎光著：《广东农民运动》，广东人民出版社，1988年第56—57页。

[3] 中共花都市委党史研究室编：《中共花县地方史》（新民主主义革命时期），1997年12月，第12页。

[4] 中共湛江市委党史研究室编《中共南路党史大事记》广东人民出版社，1996年，第6页。按，考虑到黄学增在1921年6月前往广东省立宣讲员养成所读书的情况，从时间上考虑，他从甲工毕业的可能性很小。

[5] 张江明、刘林松：《阮啸仙思想研究》，载刘林松主编：《阮啸仙研究》，广东人民出版社，1985年，第30页。

村农民协会。"[1]《阮啸仙年谱》也是认为阮他们是3月前往花县的。[2]

但《花县志》的时间有些不同："1923年冬天,阮啸仙率领'新学生社'骨干黄学增、韦启瑞、张善铭、高恬波等人再次来花县,先后深入花东的九湖、联安、推广,花山的元田、宝珠岗,新华的公益等地,开展农运工作。"[3]

6月12日—20日 中国共产党在广州召开"三大"。会议的中心议题之一仍为国共合作问题。会议通过的《关于国民运动及国民党问题的议决案》明确提道:"工人阶级尚未强大起来,自然不能发生一个强大的共产党——一个大群众的党,以应目前革命之需要。因此,共产国际执行委员会议决中国共产党须与中国国民党合作,共产党党员应加入国民党。中国共产党中央执行委员会曾感此必要,遵行此议决,此次全国大会亦通过此议决。"大会决定建立各民主阶级的统一战线,决定全体共产党员以个人身份加入中国国民党。

冬 黄学增在广州患重病,后在同学黄荣的护送下,回到黄荣的家乡遂溪寇竹黄宅村养病。

对于黄学增这段历史,黄荣的弟弟黄天成回忆到:"一九二三年,黄学增患病,由我哥护送他回我家休养,生活由我家负责。我父亲安置他住在本村乌王宫庙内(遂溪县今建新镇寇竹黄宅村乌王庙)时间经七个月,身体健康才离开恢复工作。他的母亲曾到我家看望他一次。 初时,全村群众怕他病死在庙内,是全村千古万代的大坏事,对我父亲意见极大,埋怨极深。之后,因他对穷苦农民关心体贴,且晚间向群众贯(灌)输马列主义、共产主义思想,给我村播下革命种子,群众在他的行言感动下,认为他的品德才干超群,是穷人的救星。由此,不但清除了住庙

---

[1] 刘路红、廖金龙等编著:《阮啸仙传》,中共党史出版社,2014年,第88页。
[2] 陈其明著:《阮啸仙年谱》,中共党史出版社,2018年,第42页。
[3] http://lbzyj.com/newsdetail.asp?sn=150312665098。

的意见，而且建立了无限深厚的感情。"[1]

在黄天成的回忆时，还提到黄学增遗留在村内的物件及资料。兹记录如下，以作史料使用："兹将关于我献出黄学增、韩盈烈士的相片及革命文物资料的情况……反映如下：一九六〇年，周总理到湛江视察工作时，询问黄学增烈士身后家庭情况后，当时湛江地委、市委派出梁周容同志（湛江日报记者，参加原广州军区文艺创作办公室工作）负责查访、搜集黄学增烈士的相片，及南路大革命斗争时期的革命斗争史料。就在这时，由我把我大哥黄荣和黄学增、韩盈等人的集体相片交给梁周容同志。经他在广州军区文艺创作办公室翻照出黄学增、韩盈的单人相片，分别送给地委黄明德书记……湛江地区博物馆……湛江市委档案馆……遂溪县民政局……以及黄学增烈士的弟弟黄学诗（思）及敦文村曾参加过省农代会的代表黄学新和我本人……黄学增烈士纪念亭，亭内黄学增烈士的相就是由此而来。至于黄学增烈士放在我家的革命资料，如主要的'花县共产农团'的宣传资料，我先后送给花县党委、省农讲所、遂溪县党史办。"

按，此份回忆是1990年9月5日由湛江市蔬菜副食品公司离休干部黄天成所写，黄天成是黄荣最小弟弟。

附《注意花县共产农团》内容：[2]

天生人类，本为平等。而世间之产业，亦系天人相胥而成，宜应归人人所享用，以为劳逸苦乐之均衡，不是过也，天理则然。今花县之建设实行共产农团主义，已联络贫富，集得同志，立为一团。耕田种禾，足以自食外，尚有余粟，以应别地之需求。种棉花桑麻，纺织自为，充衣服外，必有余布，可被苍生。种蔬菜薯芋，则作杂粮及畜牧饲料，农

---

[1] 来源于广东遂溪黄宅村村史墙介绍。2020年7月8日田野调研。
[2] "广东遂溪县档案馆、党史办，茂名市府文教办关于黄学增的传略、函"，毛泽东同志主办农民运动讲习所旧址纪念馆档案室，案卷号：6。按，无全宗号。按，《注意花县共产农团》由黄天成（黄学增大革命时期战友黄荣的弟弟）于1986年8月5日寄给广州农讲所。

隙暇时，兼习手工，编制农歌，使乐而忘倦。如此改良耕种，或借用机力，则每亩可养二人。所谓能自养者，方能自治，岂虚语哉。刀兵盗贼不能侵，嫁娶凶葬皆有胆；各家老幼，均归公家担任教养，共享天和幸福。星期日停工，大家聚首一堂，研究道德智慧。或游戏，或歌曲，逍遥自得，不知老之将至，岂非雍熙景象，天人合一乎。

民国十年二月　广东省花县共产农团启

黄天成随文献写了一信：

农民讲学所负责同志：这份革命文物，是黄学增同志留下我的家里。不知你们有否？现附上乙份给你们。

此致　敬礼

黄天成 1986 年 8 月 5 日
住址：湛江市霞山汉口路 25 号楼上。

年底　黄学增以个人名义加入国民党，成为跨党党员。

1924年　24岁

1月20日　中国国民党第一次全国代表大会于广州召开。在这次大会上，孙中山重新解释了三民主义，确立了联俄、联共、扶助农工的三大政策，为国共合作奠定了政治基础。同时大会确定了中国共产党党员和社会主义青年团以个人身份参加国民党的原则。中国国民党"一大"的召开标志着第一次国共合作正式形成。

5月5日　中国国民党中央农民运动委员会成立。

为了促进农民运动，由廖仲恺、谭平山、戴季陶、佛郎克为委员，"借以协助农民部的工作"；"由委员会的建议，农民部始组织农民运动讲习所"。[1]

5月26日　黄学增等人向国民党中央执行委员会发出请愿书，要求严惩陈学谈。

黄学增等人请愿书提出："为请愿事，窃查雷州伪善后处处长陈学谈即陈焕……于本年二月四日捕党员黄汝南梁竹生（均遂溪人），在雷垣惨刑处死。复相继通缉党员黄荣、黄学曾、黄河丰、方景、黄汝清等，种种罪恶实为罄竹难书。噫雷祸极矣，倘非迅即厉行绝对剿缉，该贼则残喘，雷民将必同归于尽。是以学曾等用特沥情呈诉恳钧会迅赐议决，分行指日痛剿，令缉该悍贼陈学谈，避免法外逍遥而拯黎庶。"[2]

6月30日　中国国民党中央执行委员会第三十九次会议即通过"农民运动第一步实施方案"，方案中认为"组织农民运动讲习所，以一个月为讲习其间；讲习完毕后，选充为农民运动特派队员。"[3]

根据1924年7月21日中国社会主义青年团广东区委向团中央报告，建议设立农民运动讲习所的理应是中国共产党人："本区同志之在民校

---

[1] 张自强：《广东农民运动》，《工业改造》1927年第14期，第11页。
[2] 《黄学曾请愿书》，中国国民党汉口档案，卷宗号：9448。中国社会科学院近代史所藏。
[3] 转梁尚贤：《国民党与广东农民运动》，广东人民出版社，2004年，第25页。

任职者，曾在民校提出设立农民运动讲习所一所。"[1] 当其时，管理农民事务的机构为农民部，而在国民党中央农民部任职、且行具体事务者只有彭湃（时任农民部秘书）。

6月 黄学增邮寄相关行李与书籍到广州湾，但受到法殖民地广州湾赤坎公局局长陈学谈带人搜查并没收，并将店员3人拘监。

7月3日 农讲所第一届在广州开学，所址在广州越秀南路53号（今89号）惠州会馆，时为中国国民党中央党部所在地。农民运动讲习所全称是"中国国民党中央执行委员会农民运动讲习所"，一般称之为广州农民运动讲习所。第一届农讲所由彭湃任主任，教员有彭湃、谭平山、阮啸仙、罗绮园、鲍罗廷、佛朗克等。[2]

第一届学员之中除黄学增外，还包括李冠南、韦启瑞、陈伯忠、何植霖、王镜湖、郭新、黄超凡、郑千里、苏南、高恬波、李曼如、洪春荣、侯凤池、侯静山、胡任兴、李可群、莫萃华、梁夏然、陈雄志、李民智、周镇元、梁功炽、黎轻发、陈振铭、梁桂华、王振柔、叶介之、钟觉、萧一平、李元、丘鉴志、陈式熹等人，学员人数为38人。他们后期一直从事农民运动、从事中国共产党早期活动。

在农讲所学习期间，除正常理论学习外，还进行相关的实践活动。"学员除正式授课外，最注意所外活动，凡星期日须有农村运动实习，步行训练，马术训练，又有农民党员联欢大会之组织，市郊农民协会之成立，及东西南北四郊之实际调查与宣传组织"。[3]

---

[1] 见"刘尔崧给社会主义青年团中央的报告（第三号）"。载广东省档案馆、中共广东省委党史研究委员会办公室编：《广东区党、团研究史料（1921—1926）》，广东人民出版社，1983年，第115页。

[2] 陈登贵：《第一次国共合作时期广州农讲所的创办及其历史功绩》，载广东省档案馆、毛泽东同志主办农民运动讲习所旧址纪念馆：《广州农民运动讲习所研究文集》，1986年1月，第53页。

[3] 罗绮园：《本部一年来工作报告概要》，载《中国农民》第一卷第二期（1926年2月1日），湘潭大学出版社《红藏·进步期刊》系列影印本，2014年，第174.176页。

7月 4位留省雷州籍学生（陈鹏、符孔扬、蔡干材与陈善）经广州湾西营回家途中，"法国政府袒助，陈学谈嗾使巡捕将该生等捕逮拘禁在赤坎公局，惨加虐待。"黄学增在广州的主要活动团体——遂溪留省学会、海康留省学会、徐闻留省学会等三团体即向中国国民党中央执行委员会上书控告陈学谈："国际地位原重各享平等独立之权，国内法规本与人民身体自由之利，两关法定，奚待赘陈？查广州湾自被法人占据以来，对本国人民常施压迫，近复勾结雷州伪善后处长兼赤坎公局长陈学谈作俑其间……"为了"保人民而维国脉，收领土而复主权"，请求孙中山、伍廷芳、廖仲恺和许崇清等一致向广州法领事交涉。[1]

7月23日 《广州民国日报》以"陈学淡（谈）大捕学生 原来是土匪头"为题，登刊一则报道诉控广州湾赤坎公局局长陈学谈。

报道曰："雷州伪善后处长兼广州湾赤坎公局长陈学淡（即雷州著名土匪头）历年勾结广州湾法政府之败类，焚杀雷州，雷人恨之刺骨，日益加甚，即印发传单，宣布该匪罪状，因此该匪甚含恨雷州旅省各界，尤其是含恨黄学曾陈家聪等。上月该匪侦知学曾有行李书籍印刷品等件，放在坎义利号，即差人到店将物件搜去，并将店伴三人拘去监禁，后经各商店盖章取保，赤始将三人放出。迄本月初八日，留省学生陈鹏陈善等六七人，由香港搭河内船经广州湾西营返家，船抵西营时，该匪侦知，命伯长将陈等六七人拿入西营绿衣楼，越日将陈等押赴赤坎公局拘禁。该匪党徒梁道济等，多端凌辱，状极难受。现雷州在省各界，以法政府无故拘拿学生，交与该匪，甚为愤激，拟联请政府向沙面法领事提出抗议，以保学生自由云。"

7月26日 《广州民国日报》继续刊登相关这方面的消息："又捕获逆党恶探陈磊夫 原来是陈怀琦"："雷州伪善后处长陈学谈，派海康分庭检察官陈怀琦，一名陈禹铸，假名陈磊夫，潜来省城，刺探军情，

---

[1]《遂溪留省学会上中执会呈》，1924年8月4日，中国国民党汉口档案，卷宗号：14723；中国社会科学院近代史研究所藏。

以思祸国害乡，于廿三晚十二时，为公安局特别侦缉处侦知，不动声色，在西湖街公益旅馆二十七号房，将该探捉获。于廿四日解赴公安局。查该探为陈逆学谈健将，所有陈逆解散国民党部捕杀通缉国民党员，强夺公枪，开铸伪银，协编民团，诛勒商民，及拿捕学生各事，均为该探主谋。现雷州在省国民党员，以该探罪恶贯盈，经联名到局指证，请求严办，但尚有与该探关系密切之吴某谢某等，极力为该探奔走求保云。"

7月29日 黄学增连同陈炳森、方景、黄荣、陈材干、黄广渊、余冕、田乃瑛、陈荣福、薛文藻、黄杰等人一齐上书中国国民党中央执行委员会，再次诉控陈学谈的罪行，要求"严办被拿恶探陈怀琦"。陈怀琦受命于陈学谈前来广州刺探军情。

"窃查雷州伪善后处长陈学谈恶探陈怀琦，一名陈禹铸，假名陈磊夫（遂溪人），乃系素日在县与各匪绅狼狈为奸，多行不义者，邑内人士久恨骨髓。自土匪头陈学谈受逆命，擅称雷州伪善后处长之时，该探以捣乱时机已至，始则合同陈逆学谈解散雷州各县国民党分部，捕杀遂溪国民党分部党员黄汝南、梁竹生，通缉党员黄学曾、黄荣、方景……"[1]

7月 第一届农讲所全体学生发出《敬告农民书（第二）——打倒帝国资本主义》，指出中国农民自从外国之帝国资本主义侵入，农民的痛苦就一天甚一天。并列举中国土地、主权、利权、商业等受列强侵夺的事实，号召农民赶快"联合起来，组织农民协会，组织农民自卫军，同工人们团结一线向前猛攻！打倒帝国资本主义！！"[2]

8月6日 农讲所第一届学员前往黄埔军校接受军事训练十天。利用这个机会，黄学增学习了正规军事知识，为后来的战斗打下了基础。

对于第一届广州农民讲习所学员赴黄埔军校受训的经过，当时《广

---

[1] 《党员黄学曾等请愿书》，中国国民党汉口档案。中国社会科学院近代史所藏。
[2] 《新琼崖评论》第14期，1924年出版。见林锦文：《第一次国共合作与广州农民运动讲习所》，载广东省档案馆、毛泽东同志主办农民运动讲习所旧址纪念馆：《广州农民运动讲习所研究文集》，1986年1月，第88页。

州民国日报》曾给予详细报道："农民运动讲习所第一届学生，原于八月三日修业期满。该所以各生将来到农村组织农会，关于农民自卫军之设备务须略具军事常识，指导农民方能妥善，乃于六日送各生去黄埔军官学校学习军事十天。……严副队长凤仪及分队长刘云等七人，专任教授。严副队长及训分队长，均极热心教育。关于散兵教练、进行队形、射击要旨及姿势瞄准、和用地物、距离测量、视察战场、命令通报、侦探进行要旨、阵地前线后方联络、衡（冲）锋要领、刺枪术、行军驻军警戒及宿营要旨、步哨之位置、姿势联络及对敌之动作、巡查传令勤务、防御要领、构筑破坏障碍物之方法、埋伏要旨、森林战、山地战、或村落战之要旨，皆详为教练。训生又皆乐育，且每日均到郊外演习，故成绩极为可观。"[1]

8月16日 农讲所学员军事训练结业，黄学增等人受获黄埔军校修业证书。并于当天与黄埔师生联欢，黄埔军校校长蒋介石、总教官何应钦等人出席农讲所学员军训结业联欢会，并摄影纪念。

有《广州民国日报》报道曰："十六晚蒋校长暨何总教练官，以各生将离校，特邀请各生谈话，致词劝勉。后蒋校长又挽留各生多留校两天，与各生摄影纪念，及制修业证书同学录等"。

8月17—18日 黄学增与参训同学到郊区开展农运活动，并参与地方农会组织工作。

《广州民国日报》报道曰："本党（按指国民党）特别区党部，亦极力挽留各生多留校四天，在附近农村作调查宣传工作，惟各生因农部别有重要工作，只答应多留两天，即于十七、十八两日偕同特别区党部各演传员，分头去新洲、黄埔、上庄、下庄、长洲、洪福市、平冈、东埔、深井各处调查宣传。各处农民，极为欢迎，对于组织农会，尤表示同情，下庄且已选筹备委员从事组织。十八日晚区党部开茶会欢送各生，除蒋校长因有事不能莅会外，何总教官、俄国顾问、各队长及各区分部职员，均到会，共有数百余人，颇极一时之盛。由何总教官主席，俄国顾问及

---

[1]《农生学习军事之经过》，载《广州民国日报》1924年7月21日。

各长官均有演说,至十时候始尽欢而散,次早各生即由黄埔回省云。"[1]

8月18日 黄学增等人在广州重组雷州青年同志社,并报国民党中央执行委员会及广东省长公署备案。

《广州民国日报》(8月23日)在"党务一览"这一板块以"雷属青年组织同志社"为题报道黄学增与雷州青年同志社的信息:"雷州张省青年黄学曾、韩盈、黄广渊、薛文藻、陈荣位等二十余人,现以雷州社会太过黑暗,与中国局势太过危险,非大行革命不可。但欲革命,必须有严密的组织与训练,而其组织与训练,尤须以青年为主要。据此时代与环境的需求,遂组织雷州青年同志社,训练各社员,用以革命雷州与促进国民革命,于八月十八日,业经召集大会,议订章程,并选出黄学增、韩盈、陈荣位、黄广渊、陈荣福、陈尊(遵)魁等七人,为执行委员,陈材干、田逦瑛、余冕三人为候补委员,复由执行委员互选韩盈为主任,黄斌为书记(按,即文书),陈荣位为会计。分执日常社务,其组织情形及章程,已报请国民党中央执行委员会及省长公署备案"。

据了解,雷州青年同志社在省城的会址设在广州长塘街金鱼塘内,其亦为遂溪学会地址。

8月21日 黄学增现场聆听孙中山对第一届农讲所学员的毕业训话。

孙中山对农讲所第一届学员给予很大的厚望,在他们毕业典礼上亲自到场训词:"本党农民部所办之农民运动讲习所第一届学生,于日前曾送往黄埔陆军军官学校,见习军事,昨已期满回所,该所乃定昨二十一日举行毕业礼,及第二届新生开学礼。是日早九时,新旧各生二百余人齐集礼堂,至九时半,各来宾鱼贯而至,总理十时到会,即奏乐开会。由农民部长李章达致开会词,并令各生向党旗国旗行三鞠躬礼,即请总理致训词(另录),并请俄国代表鲍罗庭先生演说,语多勉励,极为动听,一时鼓掌之声如雷。后由学生伍(按,"丘"之误)鉴志致

---

[1]《农生学习军事之经过》,载《广州民国日报》1924年7月21日。

答词,即拍照茶会散会云。"[1]孙中山的训词内容连载于《广州民国日报》上,并于后来收集在《孙中山全集》。

8月 参加第一届农讲所学员毕业聚餐,聆听彭湃同志和法朗克顾问等人讲话。

第一届学员陈志雄回忆说:"(回到省后)我们依照农运讲习所的通知到南园酒家参加结业聚餐。彭湃同志和法朗克顾问都在宴会上讲了话。我记得彭湃同志当时讲话的大意是:大家在受训期中,已知道国民革命运动必须有全国工农参加然后才能获得胜利的道理,所以对工农的宣传组织工作,是目前的特殊责任。如何把仍然沉睡在宗法社会里的工人、农民唤醒起来,如何把居住散漫的工农群众组织起来,使他们成为革命主力军,以打倒强大的帝国主义者及其代理人——封建军阀恶势力,这就要求大家发挥忘我精神,负起这特殊的责任。""当时省长廖仲恺即席发表讲话,他开头故意这样说:我近来不断听到一些令人难以相信的传说:各地农民经常吃不饱,有些甚至没有饭吃。这种传说我完全不相信。大家都见到我每天在省署办公,不是耕田的人尚且有饭吃,而且餐餐都吃得饱。哪有亲自种出谷米的农民反而没有饭吃的道理呢?这种莫名其妙的传说,引起我很大怀疑,所以委托你们替我去彻底调查。接着又说,我认为你们去调查时,必须先到圩场市头看看哪种人爱买哪种东西?能买多少?买卖双方的表现有何不同?再查耕田人每人有多少田耕?每亩年产多少谷?特别是查他们是否真的吃不饱?究竟为什么吃不饱?最后要问他们是否打算永远这样生活……"[2]

9月初 周恩来从欧洲返国,到达国共合作后的广东政府所在地——广州,从广州天字码头上岸。中国社会主义青年团广州地方执行委员会

---

[1]《农生行毕业及开学礼》,《广州民国日报》1924年8月22日。按,尚明轩著:《孙中山传》(北京出版社,1981年,第369页)认为是8月23日:"出席农民运动讲习所第一期结业礼,并发表演说,提出'耕者有其田'的口号。"

[2] 广州农民运动讲习所旧址纪念馆编:《广州农民运动讲习所资料选编》,人民出版社,1987年,第287—288页。

委员兼秘书阮啸仙、农工委员彭湃到码头迎接。[1]

9月5日 中国国民党中央农民部颁布《特派员办事细则》，规范所管辖的农民运动特派员的工作。

《特派员办事细则》，其内容为：

一，特派员应受本部之指挥。

二，特派员所到各乡村每日须有六小时之工作（调查宣传及组织等）。

三，特派员到各乡村应将其工作随时报告，至少一星期报告一次。

四，特派员接到本部命令后，非有特别事故，不得延缓停顿其执行。

五，特派员回部时，应即向本部报告，听候指挥。

六，特派员无论在部在乡，如无特别事故，不得擅离职守。

七，特派员出发各处后，如遇有关于运动上应作开销之用款，应具理由报告本部核准然后具领。

八，特派员应将现在住址报告来部，以便有事时容易调遣。

九，特派员办事处为特派员回部时办事之用，特派员在未派出时，每日上午八时半至十二时下午二时至五时为办事时间。凡本细则如有未尽之处，召集特派员开会，得由农民部修改之。[2]

9月 刚恢复成立不久的、以黄学增为领导核心的雷州青年同志社参加了"九七国耻纪念大会"。

这次大会是在广州第一公园举行的，共产党人瞿秋白、阮啸仙、刘尔崧、孙律西、罗绮园、彭湃等人相继在大会上发表演说。据文献记载，出席这次大会的团体有："各界反对苛例大会、农工旬刊社、雷州青年同志社、新学生社、工程学会、辗谷工会、新岭东社、陆军军官学校、广州学生联合会、国民党中央党部暨各级党部、农科学院、文理科学院、

---

[1] 参考中共中央文献研究室编：《周恩来年谱：1898—1949》，中央文献出版社，2020年，第65页。

[2] 《中国农民》第一卷第二期（1926年2月1日），湘潭大学出版社《红藏·进步期刊》系列影印本，2014年，第168页。

警察教练所、农民自卫军、警卫军讲武堂、社会主义青年团……共百团体以上,参加人数约共数万……由谭平山主席宣布开会理由"。[1]

10月10日 由黄学增创办的雷州青年同志社在广州市第一公园参加了"警告商团示威大会",坚决反对买办陈廉伯等人挑起的叛乱。并与广州反帝大联盟等三十个团体共同署名发出《为抗议商团军屠杀双十节示威的市民告国民书》,谴责帝国主义及其走狗屠杀中国人民的滔天罪行。团体中包括社会主义青年团、农民运动讲习所、建国宣传学校、市郊农民协会、佛山工会、新学生社等革命社团。[2] 这次大会是中共广东区委和国民党左派组织的。大会上,刚回到广州不久的周恩来以"广东民族解放协会"代表的身份,发表演说,估计这是周恩来在广州第一次于大众聚会上的演讲。他说道:"我们不要以为反革命派的势力极大,反革命派的气焰嚣张,我们只要下我们团结的决心,我们有工人可以武装,有农民可以自卫,有士兵可以作先驱,有学生可以作宣传,有商人可以作后盾,我们的实力便在此处。"会后,广大革命群众举行了示威游行。[3]

10月13日 雷州青年同志社在广州召开会议,会议主题是反对段祺瑞政府与帝国主义勾结,加重关税,坑害中国工人、农民和商人。会后向全省发出通电。[4]

10月20日 黄学增向国民党中执会递交的报告,在中执会第五十六次会议上受到关注。

胡汉民主持中央执行委员会第五十六次会议,农民部提出特派员黄

---

[1] 广东省档案馆、广东青运史研究委员会办公室:《新学生社史料》,1983年,第45页。
[2] 中央档案馆、广东省档案馆:《广东革命历史文件汇集》,一九二二年~一九二四年,1982年10月,第497—502页。
[3] 费虹寰主编:《周恩来与中共党史重大事件》,中央文献出版社,2001年,第25页。
[4] 中共遂溪县委党史研究室:《中国共产党遂溪地方史》第一卷,中共党史出版社,2004年,第26页。

学增报告农民运动困难情形，请设法解决案，决议交常务委员会审定。[1]

10月 周恩来任中共广东区委委员长兼区委宣传部部长。[2]

10月 在黄学增等人的指示下，雷州青年同志社致电国民党中央执委会，要求惩办"马超俊以党员身份行斯压迫工人，背党举动"，认为"若不严为惩处，则党将不党"。

11月初 黄学增在惠州会馆参加第一届农讲所毕业式茶会，并拍照留念。彭湃同时出席这次茶会。

《广州民国日报》对这次毕业式茶会报道曰："国民党中央农民部设立之农民运动讲习所第一期学生经学习期满，已于□月□日□惠州会馆□□毕业式□□□□甚众，由该所所长彭湃主席，直至下午六时始拍照茶会而散去。"[3]

11月初 黄学增前往广宁开展农运活动。

有后期文献说道："（1924年）11月初，广宁县农民自卫军与地主阶级武装在潭布区发生激烈战斗。学增与赵自选、阮啸仙等受中共广东区委的派遣，迅速入广宁协助彭湃、韦启瑞，加强对广宁农运的领导。学增首次入广宁，任务是了解战况。"[4]

11月5日—12日 团广东区委在广州召开了第三次代表大会，团各地方、各支部的代表出席了大会；会上团中央特派员陈延年提出新的团区委人选的问题意见。黄学增在大会上被选为候补委员，负责工作是农运方面。

《广东青年运动史》介绍：这次团"三大"是在广州召开，团各地方、各支部的代表出席了大会。"这次大会在团中央特派员陈延年的指

---

[1] 邹鲁、汪精卫、廖仲恺、谭平山、邵元冲、刘震寰等人出席。《中国国民党第一届中央执行委员会会议记录汇编》第105页，（台北）中国国民党党史馆藏铅印本。

[2] 参考中共中央文献研究室编：《周恩来年谱：1898—1949》，中央文献出版社，2020年，第67页。

[3] 《广州民国日报》1924年11月4日。

[4] 见《黄学增研究史料》，第252页。这段记述可惜的是没有出处。

导下，集中解决团区委执行委员会的改选问题。大会经过认真讨论，接受了团中央关于暂时撤销团广州地委的特别训令和陈延年关于新团区委人选问题的提议。大会认为，团广东区委兼团广州地委工作较繁忙，区委成员需要扩充和训练新人。大会最后进行选举，选出团广东区委兼团广州地委委员7人，他们是刘尔崧、杨石魂、沈厚堃、黄居仁、周文雍、郭寿华、赖玉润。候补委员5人，他们是蓝裕业、彭月笙、黄学增、韦启瑞和邹师贞。由刘尔崧任团区委书记。而在此之前，中央调任陈延年到广东任党区委秘书兼组织部主任。陈到任后，成立了农民运动委员会等工作机构。且为了加强党对广东农民运动的领导，中共广东区委决定将过去由团组织具体领导的农民运动收归党区委直接领导。10月28日，陈延年向团中央组织部长邓中夏报告说：广东的'农民运动已由CP区议决收归CP，分子也尽量加入CP'。阮啸仙给团中央的报告说道：'对于各地及直辖支部同志，已担任农工运动工作，而可以加入CP者，即介绍加入之，使完成农工运动应归CP主持之原则。'"[1]

而在1925年2月15日团广东区临时大会上，按照团中央的决议，一致决定撤销团广东区委，成立团广州地委，并选举产生了5名执行委员和3名候补委员，组成了团广州地方执行委员会。由刘尔崧任书记，黄居仁当组织部主任，杨石魂当宣传部主任，沈厚堃当工科农科主任，赖玉润当学生部主任。候补委员郭瘦真、周文雍、郭寿华协助各部工作。

《团粤区委报告》（第一号）也有相关的记载：改组区委情形……举出得（刘）尔崧、杨石魂、沈厚堃、黄居仁、周文雍、郭寿华、赖玉润七人为委员，兰（蓝）裕业、彭月笙、黄学增、韦启瑞、邹师贞五人为候补。工作分配 工农部 （沈）厚堃 助理 （彭）月笙、（黄）学增、

---

[1] 广东青运史研究委员会、共青团广东省委员会合编：《广东青年运动史》，广东高等教育出版社，1994年，第101—102页。

（韦）启瑞。[1]

11月18日 雷州青年同志社致电孙中山及中央执行委员会等，请严办各地捣毁农会之军队及劣绅土恶，以慰农民。[2]

11月21日 中国国民党中央执行委员会为此致电各军总司令："查各县农民协会之组织，固为解放真正农民之要图，且属本党目前之重要工作，凡本党同志所统辖之军队，自应特别保护。今乃演出捣毁农会殴伤会员种种惨剧，宁非怪事。据电前由，相应函请贵司令查照，希即令饬所部遵照，嗣后对于各县农民协会，务须恪守军纪，特别保护。"[3]

11月30日 中国国民党中央农民部颁发嘉奖令，表彰黄学增等两人。

11月 周恩来就任黄埔军校政治部主任。

国民党中央农民部这份嘉奖文件是在它派出的特派员从事农民运动两个多月左右签发，是对所管辖的二十多名农运特派员工作情况的总结，反映当时农运特派员的一些情况。另外，因为农民运动特派员是由农民部秘书管理考核，而秘书向部长负责，故报告由秘书长负责撰写的。下面是文件的内容全录[4]：

我们考核这二十三个特派员在数月中的工作，有些很努力做事很有成绩，有些太麻木了，二个多月竟没报告过一次！更有些在外招摇谋个人活动的。所以不能不甄别一下，以定去留。我们考察的结果，定了几种办法：1.撤销，2.停止津贴，3.警告，4.留职，5.奖励。现在将各特派员甄别如此：1.叶介之、钟觉、李可群三人，应即撤销特派员资格。(理由)叶介之屡次在花县破坏县农民协会，浮开川资，在外为个人活动；钟觉

---

[1] 见中央档案馆、广东省档案馆：《广东革命历史文件汇集》，一九二二年~一九二四年，1982年10月，508页、509页。

[2] 《雷州青年同志社代电》，中国国民党汉口档案 8579.1；中国社会科学院近代史所藏。

[3] 《中央执行委员会致各军总司令函稿》（1924年11月21日），党史馆档案编号：汉8579—2。转梁尚贤：《国民党与广东农民运动》，广东人民出版社2004年，第123—124页。

[4] 中国国民党五部档案，卷宗号：13518；中国社会科学院近代史所藏。

于一月来绝不到部，函称病剧，一再请假，而每日均见其逛街喝茶；李可群在新会不努力工作，连两月不报告农民部。2.丘鉴志、陈式熹、李元、陈雄志、李冠南五人，应即停止津贴。(理由)本部第十六次会议通过在外兼职或不努力工作者，即行停止津贴。今丘鉴志、陈式熹虽甚努力为农民运动，然他们同时兼任小学教员，于决议案不符，特派员津贴仍应取消。李元、陈雄志、李冠南对工作不甚努力，间有报告，亦寥寥数语，未能尽责，应停止津贴一月，在一月内能努力工作，一反从前情习，经本部查确，始于恢复。3.黎轻发、王镜湖、周镇元三人应留部察看，加以警告。(理由)黎轻发办理长洲农会，王镜湖办理花县农会，周镇元办理顺德农会，颇有薄效，亦尝努力。惟一则过于浪漫，一则做事颇颠顽，是其弊病，留部察看一月，再定去留。4.韦启瑞、苏南、郭新、李民智、梁复然、莫萃华、梁功炽、陈伯忠、郑千里、梁桂华十人应留职任事。(理由)该特派员等三月来办理各处农民协会，甚著劳绩，四处宣传，不畏艰难，各次报告，均能详尽。5.黄学曾、侯凤墀应各每月加薪五元，以示奖励。(理由)黄学曾勇于任事，才能称职。侯凤墀办理花县农会，心力交瘁。众人之中，可称姣姣，应予奖励，以为众瞻。综上所列，凡撤差者三人，停止津贴者五人，应加警告者三人，留职者十人，奖励者二人。谨将我们的意见报告部长，是否可行，仍候钧裁。

秘书罗绮园　组织员阮啸仙　彭湃

是年底　黄学增前往宝安开展农民运动，发展党员和创建党组织。

时人郑奭南对黄学增1924年年底这段历史有如下一段回忆："1924年下半年，上级党组织派广州农民运动讲习所第一届学员、共产党员黄学增、龙乃武，以国民党中央农民部特派员的身份来到宝安，他们在开展农民运动的同时，积极从事建党工作，吸收农民运动的骨干入党。1924年底，龙乃武、黄学增在四、五区发展了第一批党员，其中有麦福荣、麦金水、陈细珍、麦牛、潘寿延、潘国华、潘满容等。1925年上半年，又在二区发展了一批党员，有蔡子如、蔡励卿、蔡子湘、郑泰安、文季彬、郑庭芳等。以后，党的组织继续发展到二区、一区、六区。"[1]

郑哲，又名郑奭南，深圳上步村人，宝安早期党组织的领导人之一，曾任中共宝安县委书记。

---

[1] 郑哲：《深圳市早期党组织的活动》，载深圳市史志办公室编：《深圳党史资料新编》，海天出版社，2007年，第1页。

1925年　25岁

1月11日—22日　中国共产党第四次全国代表大会在上海举行。

1月18日　黄学增奉农民部之命来到花县，加强该地农民运动。在指导工作过程中，遭受当地地主民团的围攻，黄学增遭受危险，战友王福三惨遭杀害，他与何友逊脱险。

按，虽然早在1924年10月花县农会已成立，但该地的地主豪绅的势力比较大，亦组织田主维持会与农会对抗，致使农会的工作迟迟无法开展推进。田主维持会组织的民团的人数、武器亦优于农会的农民自卫军，地主豪绅甚至安插线眼在农会里面，农会发展不利。1925年1月，黄学增与省农会干事何友逊奉命前来花县协助当地农会开展工作。不久提出利用当地"猪屎会"的款项来购买武器，装备农民自卫军；并查出地主民团的线眼是农会理财王锦昭。1月18日黄学增、何友逊、王福三带领少数农军到凤岭村前往王氏家，邀请王氏一同到县农会座谈。"归途中，被地主江锦堂带领民团堵截，双方激战。县农协派农民自卫军从鱼苟庄来援，却被地主张湾九率民团截在半途。"针对形势的变化，受过专业军事训练的黄学增遂与王福三等人商量，"乃向元田村撤退，退至横枝柄灰沙山边，王福三不幸中弹，身受重伤，但仍英勇还击，打伤江锦堂左耳，自己也因流血过多，不能走动"。面对如此的困境，"农军中有拟背之者，烈士（王福三）厉声曰：'我退至元田，敌必追至元田，徒增加元田群众受害，我宁死于此！'"坚决拒绝。不久"匪众涌至，烈士身中数枪，辗转就死。死后，匪徒以大石击烈士首，并割去左耳左手。"农军退至元田村后，黄学增与何友逊亦"被民团分割包围，互不能援，各自率队员且战且退，入元田村，在该村群众保护下脱险返回鱼苟庄，集农军严阵以待，击退民团，保住了花县农民协会。"[1]

后来《广州民国日报》（1925年7月30日）曾以"花县农民协会请严办反革命田主电"为题追续这次事件：

（衔略）钧鉴，敝会自一月十八日惨被田主维持会魁首江耀中刘寿朋张棋卢永隆王锦椒王普安欧阳展符王翰等纠率商乡团及土匪，进攻惨杀敝会副委员长王福三，焚烧县区乡各农民协会之后，江耀中等恃其财多势大勾结前谭董两县长，常与往来，而该两县长惟金□是视，置广东省长及农民部廖部长命令作为一纸空文，不为追凶缉匪，反美其名曰和平会议。杨刘乱作，董前任被建国攻鄂军程总司令因其附逆扣留查办。嗣□地方治安必要一相当人员充任，乃请县党部择一承乏，于是县党部决定荐党部常务委员卢季循为花县县长。江耀中等反革命派见卢县长系国民党员以为不利于己，乃在洛场美城学校及小东门布地方，屡次召集田主维持会，各人选开秘密会议，出款五千元，董前任出款二千元，共七千元购买土匪及不正式乡团，于六月十六日竟实施其毒技进攻县城，夺去附逆县长黄权珠，声言不枪□民财物只提卢委循及前农民协会委（员）长侯凤墀，即此一端，其为附逆无疑。嗣经程总司令闻报，调队会同卢县长进县城剿匪，各人闻□溃散卢县长复任，敝会即呈卢县长请其早日解决王福三一案，以安农民。卢县长查照前案，定期本月二十一日召集江耀中等继续开和平会议。讵江耀中等不特无人到会，且无只字答复，显系希图翻案，扬言以武力对待，和平会议已经决裂。卢县长于本月二十三日派队前往象山墟围捕本案正凶卢永隆。乃该恶等竟预先布置商团土匪数十人于街内外，扼要把守，拒绝官兵入墟作抵抗之状。近更闻江耀中等一方面出银二万元下省运动，务必将卢县长推翻，行其运

---

[1] 参阅卢克文遗稿：《花县农民运动纪实》（载中国人民政治协商会议广东省委员会文史资料研究委员会编：《广东文史资料》第30辑，广东人民出版社，1981年）；及花县档案馆：《花县农民协会副委员长王福三烈士传略》（载《黄学增研究史料》）等。

动谭声永上任之故志。一方面复召集联护卫两约之乡团会议，再行第二次进攻县城及驻防本县之攻鄂军。江耀中之反革命行为，业已显著，若不严办，非特于敝会有危险之忧，而革命前途，亦发生阻碍。且卢县长系我国民党员，又为扶助农会最力之人，接任以来，办理王福三之案，不遗余力，故遭彼方之忌，我农会农民方面正望其长此久任，为农民谋发展。江耀中等竟欲将资本势力将其推翻，我农民方面无论如何，誓不承认，一致反对。一面请政府迅派大队前来将江耀中刘寿朋卢永隆等拿获尽法严办，以申冤惨，而安农民。

花县农民协会叩宥印

1月间 《团粤区委组织部报告（第二号）——区委和各特项委员会、各地的组织及工作》（1925年2月）提道：兹将本区一月来之组织情形报告如下：……特项委员会方面：（1）工农运动委员会：委员会开会四次，每次会议均有五人出席。委员七人除黄学增、韦启端二人做K农部（按，指国民党农民部）特派员时常出发各地不能时常出席外，余均能依时到会。[1]

按，《团广州地委组织部报告（第一号）——地委、特项委员会和各地的组织变化和活动情况》（1925年4月25日）提道："粤区自二月十五日改组为广州地方后，已有两个多月了。……自二月十五日至现在——四月二十五日，开会常会十一次……德韵、丛郁、伯良三人原任'平教'工作，特改调为工农委员会委员……工农运动委员会：委员四人，自二月十五日至现在共开过常会八次，每次会议到者至少三人，至多四人。讨论要点多属"平教"实施方法，及向外之青年工农运动与宣传方法。"[2] 另外下面的第十七号报告也证实二三月开始，黄学增不担任团

---

[1] 中央档案馆、广东省档案馆：《广东革命历史文件汇集》，一九二五年（一），1982年10月，第85页。

[2] 中央档案馆、广东省档案馆：《广东革命历史文件汇集》，一九二五年（一），1982年10月，第160.169—170页。按，"平教"指平民教育运动。

广州地委农工委员会委员。

在《团广州地委工农部报告（第十七号）——工农运动委员会及青工、青农运动情况》（1925年7月21日）中有如此的说法："工农运动委员会情形（1）委员：农工委员会委员一共五人，在此三月内，更换二人。委员皆是学生，其中二人，简直未参加过工农运动（青年在内），其余的对青工运动亦没有多大的经验。至对于青年农民运动，更不必说。"[1]

另，《团广州地委工农委员会半年工作报告大纲》（1925年8月）有载："委员时常调动，以致委会不能健存。……工农委书记兼大学工委委员，故工作得协同进行。"[2]

2月1日 以黄学增为领导核心的雷州青年同志社参加了中国青年军人联合会成立仪式，该联合会负责人为共产党员蒋先云、周逸群等人，是一个革命的社团，尤其在黄埔军校里面，彼有影响力。[3]

2月5日 中国国民党中央农民部向各特派员发出通告，要求特派员及时填报各地农民运动情况。

《中央农民部致各特派员通告》是日发出，里面提道："为通告事。本部日前编制民团调查表一项，业经分发各特派员，务将出发所在地方民团情形，详细调查依表填报，以凭考核在案。惟迄今数月而填报者尚属寥寥，各员对此未免太不注意，须知此项民团调查关系农民运动非常重要，合亟再行通告。仰各员嗣后对于此种调查，务须切实努力迅予填表，毋得仍前玩视。"[4]

---

[1] 中央档案馆、广东省档案馆：《广东革命历史文件汇集》，一九二五年（一），1982年10月，第308页

[2] 中央档案馆、广东省档案馆：《广东革命历史文件汇集》，一九二五年（一），1982年10月，第364页。

[3]《中国青年军人联合会成立大会记》，《中国军人》创刊号（1925年2月20日），第6页；见广东省立中山图书馆、广州市社会科学院、中山大学图书馆编：《黄埔军校史料汇编》第1辑第二册，广东教育出版社，2012年，第173页。

[4] 中国国民党五部档案，卷宗号：12084；中国社会科学院近代史所藏。

2月7日 团广东区委报告一月份经济收支状况中显示黄学增一月份来某费3元。

"收入类：……松云来十二月份1.2元；（高）恬波来十二月份3.2元；寇卿来十二月份1.2元；士曼来十二月份3.2元；汝谦来十二月份2元；国珍来十二月份1元；（彭）月笙来十二月份0.6元；（韦）启瑞来十二月份2.8元；炳光来十二月份0.7元；仲芬来十二月份2元；（方）临川来十一月份3元；（孙）律西来十一月份3元；（周）恩来来一月份30元；（刘）尔崧来一月份2.8元；（沈）厚堃来二月份20元；施卜来一月份5元；（黄）居仁来一月份5元；士曼来一月份3.2元；（方）临川来一月份2元；（黄）学曾来一月份3元；（韦）启瑞来一月份2.6元；（侯）凤池来一月份2.7元；（李）民智来一月份2元；（莫）萃华来一月份2.6元；（陈）伯忠来一月份2.6元；轻发来一月份2.6元；镇元来一月份1.6元；（陈）道周来一月份1.6元；永铃来一月份2.6元；（梁）伯舆来一月份2.6元；啸海来一月份2.6元；宋华来一月份1.6元；（龙）乃武来一月份1.6元；（谭）鸿翔来一月份1.6元；黄克来一月份2.6元；团费共收十一、十二、一、二8.6元。"[1]

2月下旬 黄学增从广州带大批弹药到广宁支援铁甲车队帮助广宁农军打击地主武装。

3月12日 孙中山在北京逝世。

3月22日 到宝安第二区楼村乡指导当地农会成立，并参加该乡农会成立仪式。

《广州民国日报》4月1日报道曰："宝安第二区楼村乡农民协会于三月二十二日开幕，到会参加团体有农民部代表黄学曾，东莞一区农

---

[1] 中央档案馆、广东省档案馆：《广东革命历史文件汇集》（一九二三～一九二六），1982年12月，第123—125页。按：包括黄学增、韦启瑞、侯凤池、李民智、莫萃华、方临川、陈伯忠、梁伯舆、谭鸿翔、黄克、宋华、陈道周、黄居仁等人在内，皆具有中国国民党中央农民部农民运动特派员的身份。

会代表蔡日新，余如李松朗燕川罗田霄边锦厦涌头小派有代表参加，宾主约五百余人。该乡会是日并宰猪谦会，宾主极为欢洽，选举选出之职员全属热心之真正农民云。"[1]

3月23日 黄学增到宝安第一区指导该区农会成立，并在沙莆参加第一区农民协会成立仪式。

《广州民国日报》对此有报道："宝安县第一区农民协会在沙莆开成立大会，到会者男女约有三四百人，参加团体有农民部代表黄学曾、东莞县农会代表韦启端、东莞第一区农会代表蔡日新、霄边乡农会代表蔡启芬，涌头乡农会代表蔡日昇等，各团体送赠之匾额、尤为美不胜收。下午一时开会，各代表演说，均能发挥尽致，鼓掌之声，不绝于耳，四时散会后，即举行武装示威大巡行。"[2]

4月2日 参加广东各界讨段（祺瑞）惨杀北京民众大会，并发表演说以及参加巡行示威活动。

《工人之路》第二百七十九期有载："广东各界民众，为反抗段军阀十八日之大惨杀，昨特于广东大学操（场）开讨段惨杀北京爱国民众大会，赴会人数十五万余，会场民众振臂奋呼，激昂非常……随后各代表相继演说，计各代表演说者，有褚民谊、陈其瑗、高语罕、李森、刘衡□、潘考鑑、彭泽民、伍杏仙、黄学曾、黎兆葵、陈志文诸先生。讲演毕高呼讨伐惨杀北京同胞的段祺瑞，反对威吓中国的使团通牒，取消辛丑条约，追悼被杀的爱国同胞，一切革命民众联合起来，拥护国民政府，要求政府实行出兵北伐，打倒英日帝国主义，打倒段祺瑞吴佩孚张作霖，推翻卖国政府，组织全国统一的国民政府，国民革命成功万岁。""巡行情形"："散会后整队出发，巡行示威，其秩序学商农工兵及其他各界依次而行，路径由广东大学门首出文德路、惠爱路、永汉路、天字码头、长堤、西□□、太平门、西瓜围而散。沿途高呼打倒卖国贼段祺瑞等口号，

---

[1] 《广州民国日报》1925年4月1日。
[2] 《广州民国日报》1925年4月1日。

情形极为激昂云。"[1]

4月12日 黄学增出席在广州举行的孙中山追悼会，并代表农界致悼词。

《广州民国日报增刊》1925年4月14日报道说："广州各界举行孙中山先生追悼大会。是日农工商学兵政警察妇女各界赴会团体七百余，人数廿余万。"廖仲恺主席、胡汉民主祭，会上黄学增代表农会致悼词。黄学增致悼词的主题是："为平民谋利益"；内容是："中山先生虽死，但他的主义是永永存在世界，他的主义是为平民利益的，他也因此奋斗而死了。我们农民要一致团结起来，拥护为民族革命而奋斗的国民党。"[2] 对于黄学增悼词的内容，另一份文献略有一点差异，但意思几乎相同："中山先生虽死，但他的主义是永存在于世界，他的主义是为平民谋利益的，他也因此奋斗而死了。吾们农民要一致团结起来，拥护为民族革命而奋斗的国民党。"[3]

4月份 国民党中央农民部的报告提到该月份"派特派员黄学增往宝安成立县农民协会"。[4]

4月26日 宝安县农民协会正式成立，黄学增参加成立仪式，并合照留念。县农民协会地址在南头郑氏宗祠内。

《广州民国日报》报道："宝安方面计协会正式成立者，达卅四乡，区至四。在筹间者达二十乡，要求往组织者，西路有福永一带，中路有南头西乡一带，东路有深圳一带，县协会亦于四月二十六日成立。"[5]

4月27日 黄学增前往东莞霄边村参加"东宝两县农民联欢大会"。这次两县联欢会，黄学增发表两次讲话。按，东莞霄边村与宝安地区燕

---

[1]《工人之路》第279期（1926年4月3日），湘潭大学出版社《红藏·进步期刊》系列影印本，2014年，第354—355页。

[2]《广州民国日报》（增刊），1925年4月14日。

[3] 三民公司编辑：《孙中山评论集》第一编，三民公司，1927年，第77页。

[4] 见《农民部四月份工作经过报告》（1925年），党史馆档案编号：汉12747。

[5]《广州民国日报》，1925年5月1日。

罗等一带只是一河相隔，这条就是茅洲河。

《广州民国日报》对这次联欢会给予较详细报道："四月二十七日，两县（按，指东莞与宝安两县）农民以地理及历史上关系密切，且受英国帝国主义包围及各军阀尽力压迫，不可不有一种大规模的联合，以求解放，特在霄边乡开'东宝两县农民联欢大会'。计是日到会者七十余乡，代表千余，武装农民自卫军数百，道途相隔过远，各乡皆不能到。农民部派有特派员黄学曾、龙乃武参加，会场贴满'东宝两县农民联合大会''东宝两县农民大联欢万岁''全世界农民联合起来呵''全世界劳动者联合起来呵''全中国农民知工人联合起来呵''打倒英国帝国主义''打倒一切帝国主义''打倒陈炯明军阀''打倒一切贪官污吏''打倒唐继尧军阀''打倒一切军阀''打倒一切劣绅土豪''打倒一切为富不仁者''拥护国民党''拥护革命政府''拥护国民会议''继续孙中山先生遗志完成国民革命''孙中山先生精神不死''孙中山先生主义不死''解放中华民族''解放全世界弱小民族''劳动阶级解放万岁''实行农村自治''实行农民自治'……会场正面高悬孙中山先生遗像。表贴农民运动死难先烈同志事略。上午十一时开会，先由大会选出蔡如平、陈庆东、秦有生、邓一舟、蔡廷谦五人组织主席，次为邓一舟致开词，蔡如平演述孙中山先生事略；黄学曾演述为农民运动死难先烈同志事略，演述毕及次第全体起立默哀。次全体起立唱革命歌，再次由黄学曾龙乃武致训词，蔡少平唱劳农诉苦（龙舟歌）、邓一舟唱四郎探母（京调），全体欢呼如雷，至下午三时茶会而散。"[1]

5月1日 广东省第一次农民代表大会预备会议在广东大学礼堂召开，黄学增被推举为提案及起草委员会与决议起草委员会委员。

《农民大会预备会议纪》载："广东全省农民代表大会，于五月一日上午九时在广东大学礼堂开预备会议，公举农民部代表罗绮园为临时主席。先由罗主席宣布各县报到代表人数，计海丰廿人，惠阳四人，澄

---

[1]《广州民国日报》1925年5月1日。

海一人，鹤山二人，普宁五人，中山（谓香山）八人，高要五人，宝安五人，广宁二十人，花县四人，增城四人，曲江二人，陆丰七人，南海四人，东莞六人，番禺四人，清远三人，顺德四人，五华一人，紫金一人，新会一人，农民部五人，共一百一十七人。是日依时到会者一百零二人。由主席分别唱名介绍各代表相见毕，开始讨论事项如下：

（一）讨论会议规则，共十二条一致通过。

（二）推举主席团，主席提出由全体代表互推九人组织主席团，大众均赞成，但由于推举方法，略有讨论，结果多数赞成公推十八人为备选人，再由主席分别提交大众表决，结果廖仲恺、杨其珊、罗绮园、阮啸仙、邓贯香、蔡如平、林朝宗、蔡德旺、罗国杰九人为当选。

（三）推举各种提案及起草委员会委员，结果以邓一舟、黄学曾、蔡日新、阮啸仙、罗绮园五人为当选委员。

（四）推举修改农民协会章程委员，结果谭伯□、梁欢狂、郑志云、阮啸仙、何友逖五人为当选委员。

（五）推举决议审查委员会委员，结果邓一舟、黄学曾、罗国杰、阮啸仙、罗绮园五人当选为委员。

（六）推举代表资格审查委员会委员，结果蔡日新、郑志云、冼雄标、何友逖、蔡德旺五人为当选委员。

（七）修改议事日程，主席提出缩短日程为五日，众赞成，并即决定五月三日上午，一为中国最近政治经济状况报告及决议；二为农民部报告一年来农民运动之经过及决议；下午三点赴油业工会欢迎会，至四五两日日程编定再行公布。

（八）通过组织主席团办事处，办事处组织分为三股：一秘书股，二宣传股，三事务股，每股设主任及股员若干人，一致通过。"[1]

5月1日 中共广东区委、团广州地委为庆祝"五一"劳动节发出《告工农兵及劳苦群众书》，认为"中国劳苦群众应自有其政党，一方主张

---

[1]《广州民国日报》，1925年5月5日。

自身之利益，一方丌发中心国国民党合作以打倒目前共同之敌人——帝国主义者及军阀。""工人、农人应加入自己的党——中国共产党！"[1]

5月2日 广东省第一次农民代表大会在广州召开，这次大会与全国第二次劳动大会同时召开。

广东省第一次农民代表大会本应于5月1日与全国第二次劳动大会同时正式召开，但在4月末，两会筹备处发出了庆祝五一劳动节举行示威巡行的紧急通知，故两会推迟一天举行。

5月2日 省农民代表大会与全国劳动大会同时在广东大学礼堂召开。

"二日上午十二时，第二次全国劳动大会及广东全省农民协会共同在广东大学大礼堂行开幕式礼，除双方代表二百余人全体出席外，青年军人联合会代表、赤色职工国际代表、国民党代表胡省长代表及各界来宾到者甚众，合计约一千余人。"[2]

5月3日 广东省农民代表大会上，黄学增等9人被选举为执行委员。

"广东省农民代表大会，选举第一届职员，结果当选者，蔡如平101票，彭湃103票，阮啸仙108票，黄学曾101票，李爱79票，杨其珊88票，罗绮园103票，黄雄标93票，苏南88票等9人为执行委员；王军87票、韦启瑞86票、萧何源、朱观喜80票等四人当选为候补委员，并请廖仲恺、谭平山为该顾问云。"[3] 即黄学增被选举为省农民协会执行委员会委员之一。

5月3日—4日 农民代表大会请愿惩办不法军官。

"广东全省农民代表，于昨三日正会议间，忽据东莞第一区霄边乡农会报告，本月一号晚，谭启秀部下开缴该乡农民自卫军枪械，幸该乡

---

[1] 中央档案馆、广东省档案馆：《广东革命历史文件汇集》（一九二一年~一九二六年），1982年10月，第15—17页。
[2] 《广州民国日报》1925年5月5日。
[3] 《省农会职员名表》，《广州民国日报》1925年5月15日。

农军知道，未被缴去，而农军筹备处各种物件，均被抢劫一空，并掳去乡民十四人，勒赎万元。各代表闻报，非常愤激，即于四日联合全省代表，往谒胡代帅，请求即电谭启秀，立即放人，并惩办不法之军官云。"[1]

5月4日 农民代表大会代表前往广东大学礼堂参加五四青年节欢迎会。

"是日，会场为'广大'礼堂，一切布置为农民大会原有，虽有红赤（旗帜），而女师固踊跃到会。是日工农代表俱停会半天，来赴这个欢迎会（按，指五四青年节欢迎会）。"[2]

5月6日 黄学增在省第一次农民代表大会上作《琼州雷州农民状况报告》。

广东省第一次农民代表大会在广东大学礼堂召开会议，"代表出席者一百零四人。是日议事日程上午为惠州、鹤山、普宁、曲江、增城、五华、潮安、紫金各县报告，另由黄学曾君特别报告琼雷农民状况，极言该地农民受帝国主义，军阀土匪之惨酷"。[3]

5月 雷州青年同志社连同广州其他社团"赐福祝词"与广东省第一次农民代表大会。

广东省第一次农民代表大会暨广东省农民协会成立大会在广州召开，黄学增参加了大会并当选省农民协会的执行委员；雷州青年同志社是广东南路唯一"赐福祝词"的社团。[4] 另外，这次大会"锡福祝词"的社团除了雷州青年同志社（按，文献上写为"雷州同志社"）及个人名录外，还有如下社团：广东玻璃总工会、香山工业联合会、酒楼茶室研究工会、广州漆器工会、广东油业工会、洋服同研工会、广州理发工会、省港华人船主司机总工会、广东车衣总工会、省港茯苓工会、广东轮渡

---

[1]《广州民国日报》1925年5月5日。
[2] 中央档案馆、广东省档案馆：《广东革命历史文件汇集》，一九二五年（一），1982年10月，第208页。
[3]《广东省农民协会成立大会会场日刊》（1925年），广东省中山图书馆收藏。
[4] 见《广东省农民协会成立大会会场日刊》（1925年），广东省中山图书馆收藏。

船务总工会、土洋杉椎木工联合会、香港同德工会、驳载总工会、岭南农学会、顺德第五区桂圃农民协会、顺德第五区教德农民协会、中山第九区民团总局、国民党广州市第一区第六区分部、国民党第五区党部、肉行昭信工会等。

5月7日 黄学增代表广东省农民协会，与国民党中央执行委员会委员廖仲恺、中共中央委员、国民党中央执行委员谭平山、第二次全国劳动大会代表刘少奇等人一起出席广东各界举行的"五七"国耻纪念大会。到会工人、农民、军人约两万人。上述各人相继在会上发表演说。[1]

对纪念大会的情形，《广州民国日报》以《"五七"国耻纪念大示威详情》作了比较详细的报道：[2]

昨五月七日乃"五七"国耻纪念日第十周纪念的日子，是日正午十时，各□齐集于广东大学操场，是日到会团体、工团，有全国劳动大会代表团、粤汉铁路总工会、广三铁路总工会，辗谷工会、土墨工会、集贤总工会、锦纶织造工业联合会、汉文排字工社、派报工会、建筑总工会、酒业工会、坭水工会、西式傢私工会、杂务工会、唐装首饰工会、人力车工人俱乐部、驳载总工会、草席建造工会联合会、店员工会、景源印务工社、励进车辆木工工会、肉行昭信工会、界木工会、青年工社、伦宝纸业工会、头发工会等二百余，人数万余。农界，有广东全省农会代表团代表二百余人、农民讲习所、农民千余；军队，有滇军干部学校、陆军军官学校、湘军军官学校、桂军军官学校、滇军教导团、军官学校教导团、帅府卫士队、铁甲军队、飞机掩护队、中央海军、飞机学校、广东警卫军、粤军第三军、青年军人联合会等二十余处团体，人数约四千；学校，有学生联合会、广东大学全体、省立女子师范、工业专门、执信学校、育智学校、远东学校、培正学校、市立职业、第一高、第五女高、第七高、第五国民、

---

[1] 中共中央党史和文献研究院编：《刘少奇年谱》（第一卷，1898—1942），增订本，中央文献出版社，2018年，第38页。
[2] 《广州民国日报》1925年5月9日。

第十三国民、孤儿院音乐队等五十余间，学生万余人；总计不下二万人，诚空前未有之大会也。兹录其开会详情如下：

（一）会场之布置，门首悬一赤色横额，其文曰'五七'国耻纪念工农兵大联合示威巡行，为争中国之自由独立，反对帝国主义与军阀，场内设一演说台，高可丈余，工农界代表列队在中、台下左为学生，右为军人，全场赤旗招展，极备壮观。

（二）开会之秩序，首由各界推举青年军人代表王一飞主席，即奏军乐，并由主席宣布开会理由，即请廖部长仲凯、谭部长平山、加伦将军、劳动大会代表刘少奇、徐宽、省农会代表黄学曾，相继演说。后全体高呼农工兵大联合万岁，打倒一切帝国主义，打倒军阀等口号，始宣告整队巡行。

（三）巡行之热烈，全体二万余人出发巡行，兹录其路径于下："文明路、转文德路、折右惠爱中路、永汉路、直出长堤、由长堤直行至沙基大街、陈塘南、清平街、蓑衣街、杉木栏、十三行、普济桥、西瓜园。"用赤色大横旗前导领队，上书"五七国耻纪念日工农兵大联合示威巡行为中国之自由独立，反对帝国主义与军阀"，其余工农学生手执纸亦旗军人枪插赤旗、先行为工人农民，次为军人学生，沿途高呼"打倒帝国主义""打倒军阀"等口号，观者途为之塞，旗帜随风飘扬，飒飒之声，与高呼口号之声，两相响应，巡行群众，甚为热烈云。

对于这次集会，共青团广州地委的报告有一些差异："五七"情形：是日集会由大学（按，指中国共产党）用青军联合会发起、召集，扩大"打倒一切帝国主义"及"取消一切不平等条约"的口号。布置及筹备一切事宜俱由青军联合会包办。集会地点则在"广大"操场。 前一日，日本驻广州领事致函广东大学校长有云："……查中日两国国民之亲交，日臻缜密，以今日贵国西南最高学府之大学学生，而有如斯无稽之举动，致信在负责地位之贵校长，暨其他贵大学当局诸公，固万万不能轻易看过，默不一言，特恐传闻失实……在本署虽弗深措意，而念此诧异之举，似应请贵校长俯赐查究，……并对于学生严申训诫"等语。当时该代校长接到此函，拟秘不宣布，后为学生探出，要求发表，于是学生大愤激。……是日到会团体，有青年军人联合会全体，如粤、桂、滇、湘各军官学校，各讲武堂，及海军舰员，警卫军及粤军第三军一部分亦参加。全市工人团体亦多列队参加。总人数约有万余。……廖仲恺及平山同志与工农大会代表皆到会，亦有演说。传单亦有十余种，我们亦备有小册子在会场发卖。……开会后，出发巡行，工农兵群众则自正门出，而学生则由教会培正学校军乐队在先，则侧门出别路。及至永汉路，学生群众乃为工农兵群众截住，不得前进，俟工农兵过尽，停留既有数十分钟，且当时工农群众大呼："打倒基督教""打倒帝国主义走狗基督教徒"，给教会学校一个大打击，亦一快事。巡行群众由北来工人代表同志指挥，秩序甚佳。经过沙面，大呼各种口号，惟当时青军王一飞同志想领率大队冲入沙面，后为工人代表同志所阻，乃不果，否则必闹出一番风波。至学生群众则不过沙面，别行即散队。此次运动不能统一学生群众，完全是我们失掉这个学联会，落在反革命派之手所致。此后对于学生运动，我们要多做下层功夫，特别注意从事补救。"[1]

5月10日 在广东省第一次农民代表大会后，黄学增与彭湃、阮啸仙等一齐就任于省农民协会执行委员。广东省第一次农民代表大会还聘请廖仲恺、谭平山为省农协顾问，并通过了《农民自卫军组织大纲》等，对农民武装的发展产生了促进。[2]

大会"对农民自卫军组织大纲、政治问题提案、经济问题提案、农民教育问题提案、农民自卫军与民团问题提案、农村合作提案、农民协会今后进行方针、拥护革命政府宣言、全省农民协会成立宣言等，依次讨论通过。……"

5月20日 应广东省立第一中学青年社的要求，黄学增前往省

---

[1] 中央档案馆、广东省档案馆：《广东革命历史文件汇集》，一九二五年（一），1982年10月，第210—212页。

[2] 《省农会职员名表》，载《广州民国日报》1925年5月15日。

立第一中学发表演讲。

"省立第一中学青年学社于昨二十日，在该校开半周年纪念会……是日来宾达十余人，下午一时开会，由谢蔚然主席、陈志文宣布开会理由……（三）请该校邓校长及全国总工会代表孙云鹏、全省农会代表黄学曾、苏南等演说……"[1]

5月中旬 刘震寰、杨希闵、商团领袖陈廉伯、唐继尧的代表、段祺瑞的代表、林虎的代表、邓本殷的代表及香港当局代表在香港召开会议，意图推翻广州政府。"杨刘之乱"遂至酿成。

5月30日 上海发生五卅惨案。

6月1日 中国共产党中央针对"五卅惨案"的情况，要求各地举行大示威。[2]

另有《团广州地委宣传部报告——关于"五·卅""六·廿三"、刘、杨叛变等宣传活动情形》（1925年8月26日）载：五·卅一晚CP大会，报告广东时局后，即报告"五·卅"案，决定于"六·二"举行示威巡行。两校组织一个临时委员会，联络全国总工会、广州工代会、省农协、商协、学联会、青军六大团体发起。[3]

6月2日 黄学增参加广州市民反"五卅惨案"游行示威活动，并担任大会主席团主任。

闻知消息的广州市民在国共领导下，也进行一场游行示威活动。6月3日《广州民国日报》以《广州市民昨日之巡行示威情形》为题报道一则提及黄学增的信息，因里面不仅保留担任大会主席团主任黄学增的

---

[1]《广州民国日报》1925年5月27日。按，1925年11月7日，省一中青年学社《为俄国十月革命纪念日告全国同胞》发出，见中央档案馆、广东省档案馆：《广东革命历史文件汇集》（一九二一年～一九二六年），1982年10月，第144页。

[2] 中央档案馆、广东省档案馆：《广东革命历史文件汇集》，一九二五年（一），1982年10月，第25页。

[3] 中央档案馆、广东省档案馆：《广东革命历史文件汇集》，一九二五年（一），1982年10月，第348页。

发言与活动概况，还有邓中夏、谭平山等人情况，不妨全文摘录，以备留存史料。

上海日本纱厂华工为向日本厂主要求改良待遇，被日人枪杀，各界起而援助举行巡行大示威，被英巡警开枪扫击，死伤多人，详情已迭登报端。昨得青岛消息，宪兵向纱厂枪杀华工，死二人，伤数十人。广州各界接电之后，莫不发指眦裂。佥以日英帝国主义者今日在上海青岛杀我同胞，他日可在广州残杀吾人，此为民族生死问题，故由工农商学兵五领袖团体发起群众示威大巡行，表示援助上海及反抗英日帝国主义，以图自救，于昨日在广大大学操场，召集各界大会巡行，赴会者团体八十余个，人数万余，先由筹备会推定中华全国总工会代表孙云鹏、广东全省农民协会代表黄学曾、广州市商民协会代表甘乃光、青年军人联合会周□群、广州工人代表会代表刘公素、广州学生联合会刘克平等六人组织主席团，复推黄学曾为主席团主任，下午一时开会，兹将情形略志如下。开会之情形 台前悬白布横额书"反对日英帝国主义枪杀中国同胞"，台沿遍插长旗，书"日本帝国主义枪杀上海纱厂华工三名""日英协同枪杀上海巡行群众六名""青岛被日人枪杀华工二名""九江被日人枪杀华工二名""打倒日英帝国主义""收回租界""收回领事裁判权""收回外人在华设立之工厂""取回不平等条约""援助沪青浔同胞到底"等标语。十二时齐集，而尤以学生工人为多。未几，宣告开会，推举主席团黄学曾宣布开会理由。略谓今天大会的意义，是为近两周来日英帝国主义者在上海青岛地方，凡三次屠杀我同胞，此事绝非上海青岛同胞一己之事，乃吾全民族生死问题。彼帝国主义在吾中国一步紧来一步，今日可枪杀上海青岛同胞，他日又何尝不可杀到广州？须知中国未亡，吾人实已受亡国之祸，所以今天大会，一面要援助上海青岛同胞，一面要自家加紧团结，打倒日英帝国主义，不特为上海青岛被害工友复仇，仰亦民族自救也云云。继由全国总工会邓中夏报告情形，略谓上海日本纱厂资本家，破坏二月间与工人订立之条约，开除工人代表，不准工人立会，克扣工人工资。工人起而理论，日人开枪打死工人三名，伤者无算。上海各界同胞愤不能平，起而援助，于前日（卅日）举行示威巡行，日英帝国主义调遣巡捕打死六人，重伤一十四。翌日又死七人，被捕百余。诸君同胞，中国尚未亡国，外人竟胆敢在中国境开枪杀同胞，若果国亡，岂不将中国人杀绝？又青岛日人杀华工二人，九江日人杀华工二人。诸位同胞，外国人今天杀我上海同胞，明天杀我青岛九江同胞，后天不要杀我广东同胞吗？今天电报，上海已罢市了，我广东市民要立即起来，援助上海同胞打倒日英帝国主义云云。继由中国国民党代表谭平山演说。略谓，各位爱国的同胞们，今天举行示威的理由，在刚才邓代表所报告的事实，诸位皆已明了，毋庸兄弟再为重复报告，但是对于此次日本与英国任意在中国残杀中国同胞，此等惨无人道举动，在帝国主义者的国家对付殖民地的人民殊不足稀奇，如这样事实亦不止此次，但冀今日诸君应要十分注意的下列几点：

一、……孙先生在去年北伐宣言中有云"……尤在推倒军阀所赖以生存之帝国主义，盖必如是然后反革命之根据，乃得永绝，中国乃能脱离次殖民地之地位，以造成自由独立之国家"，这段宣言，经此次事实，更可以证明……只有联合民众向帝国主义和军阀进攻，以促成中国民族解放，舍此没有其他出路。

二、所有世界帝国主义的国家，都是一样向中国进攻，彼此无甚分别，故中国国民革命要打倒一般帝国主义，如此次残杀纱厂华工是日人，而卅日惨杀巡行群众，则是英国巡捕……

三、……云云。次由全国总工会代表孙云鹏、学生联合会代表刘克平、青年军人代表王一飞演说，并皆慷慨激昂，辞不具录。当由主席提出四案：

（一）通电，一致全国，一致日本人民，一致全世界；

（二）组织工农商兵学联合办事处，专门办理此事，每团体出二代表组织之；

（三）各学校各团体自由组织演讲队，逐日在街上向市民讲演；

（四）抵制日货英货。付表决，全场狂呼举手通过。旋由群众高呼"反对日英帝国主义枪杀中国同胞""援助上海青岛九江同胞""打倒日英帝国主义""中国民族解放万岁"等口号，遂率□巡行。

△巡行之情形　由文德路出发，出文德路北行，经惠爱路，至中路折南行水汉路，直出长堤，西行至沙基，而桨栏街、十八甫，经太平门口出至西瓜园散队。巡行者各手执五色纸小旗，或白色大旗，上书种种标语，各团体旗学校旗互相辉映，沿途高呼口号时，则手旗纷飘，声动如雷，一种热烈气概反抗帝国主义之精神，令人感动。尤以巡行至沙面时，均停足在闸外高呼口号，声冲云霄。民气如此之盛，外国帝国主义者可以休矣。

对于这次集会，《团广州地委宣传部报告——关于"五·卅""六·廿三"、刘、杨叛变等宣传活动情形》（1925年8月26日）也有报告："六·二"因时局，到会者不过数千人。工人千余人，军人不过是代表，惟学生特多，且特别是教会之"培正"来得整肃，"圣心"来得早。　传单，多是我们主持之团体对时局宣言的，对"五·卅"的，有两校合发一种，N.S.、妇女协会、全国总工会、工代会、农协会，余绝少见。工农兵学商联合大会亦用油印发一种对"五·卅"惨案通电。　大会提案：（1）通电——一致全国；一致日本人民；一致全世界。（2）组织工农兵学商大同盟。（3）各学校、各团体自由组织演讲队。（4）抑制日、英货。俱由我们提出，通过。　当时罗觉同志代表CP演说，影响颇佳。[1]

按6月2日，这场大示威是根据中共中央的指示而举行的。在七月的报告中，中共广东区委对这场示威给予高度肯定："自上海'五·卅'惨案发生后，其时广东政局异常紧急，无一日不谣传'今晚开火'。吾党六月一日，接中央电令举行大示威，乃不顾环境之如何，尽一□□奔走。于翌日正午，在广东大学开群众大会，到者约二千余人。会毕，巡行经过沙面之对岸沙基，高呼'打倒帝国主义''援助上海同胞'等口号，

---

[1] 中央档案馆、广东省档案馆：《广东革命历史文件汇集》，一九二五年（一），1982年10月，第349页。

散传单三万份。"[1]

另外，在这次于广东大学操场举行的大会，还议决组织广东工农商学兵援助上海被害同胞联合会，声援上海因五卅惨案而展开的反帝国主义运动，以统一广东人民的反帝行动。这个联合会就是广东各界对外协会的前身。[2] 6月23日举行的示威大会，即由广东各界对外协会召开的，这次示威运动后由于英帝国主义枪杀民众，酿成沙基惨案。

另《团广州地委宣传部报告——关于"五·卅""六·廿三"、刘、杨叛变等宣传活动情形》（1925年8月26日）谈及：杨、刘肃清后，党团决定将工农兵学商大同盟改组为广东对外协会。章程、宣言俱由我们提出，执委二十五个，亦由我们预定。以全国总工会为主席。拒绝K加入，借名他是政党。[3]

6月5日　《中共为反抗帝国主义野蛮残暴的大屠杀告全国民众》公布。[4]

6月7日　国民党广州大本营宣布讨伐杨、刘。粤军等革命军以及广东各界纷纷投入反乱战斗中去，以之根除杨、刘之祸，确保国民革命大本营得以保存。

6月13日　团广州地委发表对时局宣言。

《中国共产主义青年团广州地方委员会对时局第二次宣言》（1925年6月13日）：在此次战争中，粤汉、广九、广三、三路工友则联合罢工，断绝杨、刘军阀之交通；电报工友亦相率停止工作，以阻止他们消息之

---

[1]《中共广东区委关于省港罢工情况的报告》（一九二五年七月），中央档案馆、广东省档案馆：《广东革命历史文件汇集》（一九二一年～一九二六年），1982年10月，第25页。

[2] 见李达嘉：《敌人或盟友：省港罢工的商人因素与政党策略》，（台湾地区）《近代史研究所集刊》第七十八期（2012年12月），第130页。

[3] 中央档案馆、广东省档案馆：《广东革命历史文件汇集》，一九二五年（一），1982年10月，第349—350页。

[4]《向导》第117期，1925年6月6日。

传达；海员们则阻止远道运米为害广东之徒手兵并截击破坏铁路罢工之工贼；海、陆丰及番禺珠村之农民自卫军，均派队协同革命军队，进剿反动军阀。[1]

黄学增当时代表农会对珠村的举措进行嘉勉："此次党军进讨杨刘暴军开到番禺珠村时，而珠村爱园、新村、沙涌，各乡农民自卫军纷起响义，共讨暴军……秘书黄学曾前赴慰问"。[2]

6月13日 黄学增等人担任执行委员的广东省农民协会发表对广东政局的宣言。

广东省农民协会对粤局重要宣言

（1925年6月13日）[3]

杨希闵、刘震寰已步陈炯明、林虎之后尘而覆灭矣。革命派与反革命派斗争之结果，革命派已完全占胜利矣。自东江肃清，陈、林败窜，革命政府方欲整饬内部，与民更新，而杨、刘等辈，深恐此后不能任所欲为，乘革命军于留驻潮梅之际，乃通款滇唐，勾结北段，复暗与帝国主义之驯仆，买办阶级陈廉伯、陈恭受及国民党之叛徒冯自由、马素等，潜身香港，公然活动，窃据广州，实行反叛。此时吾人已觉革命政府已蹈危险地位，爰即发表宣言，号召全省农民群众，竭其力之所能至，誓为革命政府后盾。嗣后各县协会，复相率通电，表示拥护革命政府热诚。民气归一，军威大振，杨、刘两逆，虽拥劲旅数万，曾不经旬，遂告败亡。夫杨、刘原为响义而来，乃为德不终，卒至覆没。数年以来，割据地盘，拥兵自固，弁髦党纲，违抗政令，擅征税捐，大开烟赌，收编贼匪，纵兵残民，截留国税，

---

[1] 中央档案馆、广东省档案馆：《广东革命历史文件汇集》，一九二五年（一），1982年10月，第223页。
[2] 《番禺农民自卫军歼敌殊功》，《广州民国日报》1925年6月20日。
[3] 《广州民国日报》1925年6月13日。

府库空虚，军委县长，搜括无极，利集于私人，怨丛于政府，又复私通敌人，时思反侧。驯至党纲宣言，类等具文，良好政策，无由实现。人民疾首痛心，愿与偕亡，故义师一兴，群贼遂平，至此次战事胜利之速，盖出一般人意料之外。此虽由党军用命，为党奋斗，伟烈丰功，昭然道路。然非吾侪农工阶级从中辅助，亦难获此最善之效果，亦为世人所共见闻者也。至吾人拥护革命政府之意义，乃纯为自己阶级之利益，乃国民革命前途计也。设反革命而得势，则其设施，无论巨细，必仰承其主人帝国主义之意旨以行，毋敢违背，吾人将继续受帝国主义之加重压迫，吾人所受之痛苦，将较以前更为酷烈，故对此实行国民革命之革命政府，势必倾力以助之也。吾人之目的在打倒一切反革命派之后，实行政府最近发表之宣言，谋军政、民政、财政之统一，依据中国国民党第一次大会所规定最低限度之政纲以行使政权。而吾侪农民尤冀望政府，能实行吾侪之要求，以纾众民之积困也。吾人所提出之具体要求，已详见前次宣言中。其大要不外免除田赋以外之附加苛捐杂税，制定土地法令，惩办劣绅土豪，刷新吏治，整饬军规，解散土匪式之军队，实行乡村自治，发展农民协会诸大端。凡以上均吾侪农民之要求革命政府，应于最短时间见诸实行者也。

夫反革命派之肃清，既有需乎农工阶级之力量，则革命政府之措施，亦必有借农工阶级为之辅翼，及严重之监视。故吾侪自身所组织之团体，应更充分加以扩充，及更严密团结，使革命政府一切言行，不能反乎吾侪农工阶级利益之外，此则吾侪所更应发奋踔厉，以求贯彻者矣。

抑更有进者，则吾侪不独扑灭杨、刘，且必须令嗣后永无继杨、刘而起之人。吾国历次政变，在实质上绝无意义，而只徒苦吾民者，盖因政变之结果，不过权力上之转移，居吾民上者，仍为反革命派故也。以历年之惯例观之，则此次杨、刘扑灭之后，必有失意武人，雏形军阀，贪天之功，以为己力，乘机收编军匪，扩伸势力，假借名义，冀图利禄者，此辈即日后之陈、林、刘、杨。吾侪为革命政府基础巩固起见，当不令其潜生滋乳，以成他日肘腋之患，幸各界加倍注意，合力以为之防也。

谨此宣言。

6月23日 周恩来率领党军两个营和黄埔军校学生军一个营参加广州各界群众声援上海人民和香港工人的反帝示威大游行。游行队伍途经沙基时，在沙面的英帝国主义军警悍然向游行队伍开枪，党军和学生军在游行中牺牲二十三人，造成"沙基惨案"。据邓颖超后期回忆，当时与周恩来挽臂而行的两位同志中枪牺牲。此是周恩来众多遇险经历的第一次。[1]

6月28日 中共广东区委农委派遣黄学增到梅菉、雷州等地发动农民。[2]

7月3日 黄学增与廖仲恺、邓中夏、黄平等人，受聘为中华全国总工会省港罢工委员会顾问，指导省港罢工工人的斗争。[3]

按：邓中夏另有文提道："省港罢工工人代表大会"为最高议事机关，他有绝对无上的权限。置"顾问"以收集思广益之效。而根据省港罢工相关《章程》："省港罢工委员会"为最高指挥机关；"省港罢工委员会"之上，设立"省港罢工工人代表大会"，为最高机关。[4]

7月7日—10日 "江屯事件"发生。

在1924年10月成立的广宁县农会响应广东革命政府讨伐杨刘叛军

---

[1] 参考中共中央文献研究室编：《周恩来年谱：1898—1949》，中央文献出版社，2020年，第77页。金冲及《周恩来传》；另按：1925年4月13日，根据廖仲恺的提议，国民党中央执行委员会议决组建党军，将黄埔军校两个教导团编成党军第一旅，由何应钦兼任旅长，全旅仍归蒋介石节制。4月14日，国民党中央任命廖仲恺为党军党代表。从此以后，黄埔军校教导团从校军改称党军。

[2] 江铁军整理：《广东农民运动大事记（1921—1927）》，广州农民运动讲习所旧址纪念馆编：《广东农民运动资料选编》，人民出版社，1986年，第650页。另，有人回忆说黄学增5月回遂溪西海后，即发动广大农民组织农会和农民自卫军。见周容：《大革命时代南路革命活动的一些材料》，湛江市档案馆。

[3]《中共广东区委关于省港罢工情况的报告》（1925年7月），中央档案馆、广东省档案馆：《广东革命历史文件汇集（中共广东区委文件）》（一九二一年~一九二六年），1982年10月，第33页。

[4] 见《工人之路》第廿三号（1925年7月17日），湘潭大学出版社《红藏·进步期刊》系列影印本，2014年，第52.72页页。

的号召，在 5 月 25 日，征得县长蔡鹤朋及驻军第三师司令莫国华的同意，派出农军 100 多人进驻江屯，以堵住杨刘叛军西窜之路。这一带的地主冯月庭、江耀南对此反应剧烈，乃串通仍然被通缉的前县长李济源将遣散回乡数月的民团重新武装，并以重金贿买出没于广宁、清远边界的阳山梁亨股匪共 600 余人，于 7 月 7 日凌晨起向江屯农会发动多次围攻，当地农军据守炮楼奋起抵抗。虽有潭布、螺岗等地农军 200 余人增援，但由于武器装备落后，再加上县政府及驻军没有派人援助，农军不敌地主武装，坚守数天后，农军据守炮楼被攻破，农军死伤数十人。事称"江屯事件"。

7 月 14 日 在广东省政府省务会议第五次议决案上，黄学增作为农界代表被孙科提名为 18 名广州市政委员人选之一。[1]

7 月中旬 根据中共广东区委指示，中共宝安县支部成立，黄学增任书记，支部委员有黄学增、龙乃武、郑奭南，隶属中共广东区委领导，此为深圳地区最早的党支部。[2]

7 月 黄学增被推选为处理广宁"江屯事件"的"广宁乱事处分委员会"委员，计划来处理该事件。

广东省农会接到广宁县农会报告以后，即取得国民党中央农民部部长廖仲恺的支持，派出彭湃赴广宁处理。但当地防军长官不理会，后在廖仲恺干预下，7 月份建立的国民政府随后确定由中央农民部等部门派出廖仲恺、黄学增、陈公博、郑润琦、罗绮园、梁朴元等，组成"广宁乱事处分委员会"来处理该事件。

7 月 29 日 黄学增等人皆出席委员会召开第一次会议。

《广州民国日报》以"政府以广宁农潮之处置"为题报道此事曰："广宁地主此次勾结县长及第三师莫国华压迫农民，详情已经前报，兹闻省

---

[1] 见广东省档案馆：《民国时期广东省政府档案史料选编》（1），1987 年，第 7 页。
[2] 深圳市史志办公室著：《中国共产党深圳历史（第一卷　1924—1950）》，中共党史出版社，2012 年，第 26 页。

政府以此事案情重大，特组织一委员会以处理之。近查该会决议如下，七月廿九日广宁乱事处分委员会议，所在地广东省政府，出席者廖仲恺、黄学曾、陈公博、郑润奇、罗绮园、梁槃元。议决：

（一）由第三师将莫国华所部调防另派军队往广宁，由郑（润琦）师长训诫所部切实保护农民；

（二）此次江屯农军被缴枪支勒令地主交还；

（三）减租照总收获额地主所得不得超过五成；

（四）禁止地主以强力压迫农民；

（五）广宁民团之存在与否，请军事委员会决定计划解决；

（六）广宁农民（请求）撤换新任县长李绮庵及查办旧县长蔡鹤朋，交民政厅查办。"[1]

7月31日 广东省农民协会、宝安农会等团体声援广宁农民，要求严惩凶手。

"省农会为广宁农民请命"：顷得省农民协会致国民党政治局请愿书云，为请愿议决事，查日前广宁县江屯农民自卫军自被万恶地主冯月庭，勾结散军土匪攻陷后，敝会即派专员前赴调查。现据报称广宁地主与粤军第三师警备军勾结得如胶似漆，而反叛政府摧残农会之李济源的化身李绮庵又巧妙神通在省政府方面获委为广宁县长。于是李济源遂指挥其一班党徒地主劣绅土豪大招兵马，并宣传李师行将得省政府取消通缉班兵入城（广宁县城）之空气甚嚣尘上，广宁农会在此四面敌人包围之中，惟势非常危险，农民与地主再次武装斗争行再见于旦夕。兹将最近情形报告如下：（甲）第三师莫国华部进驻江屯后之行为。莫国华自二月十九日派队营进驻江屯，事前虽函请县公署派人预到江屯通知地主绅董及商家知照，并预备驻军地址。后军队初到之时，地主绅董仍恐他为帮助农会而来，皆分头逃去；而商家恐其骚扰亦闭门不敢营业。嗣后莫部贴出布告说明来意，第一号布告大意是说他来□保护地方；第二

---

[1]《广州民国日报》1925年8月3日。

号布告是说他闻得农军在江屯有许多骚扰,此来即系制止农军骚扰,如有何人知道或自身受到农军骚扰,可即到禀告究办。(此两号布告已叫人去设法将原文撕出或将原文抄出)次日在江家祠召集各乡地主绅董及商家会议,席间由莫国华发言,大意说我来是为着农会奉命而来,你们攻打农军是大不对,我如认真起来,你们是不得了。但有个补救方法,就是你们通联名盖章将农军所有一切骚扰情形详细禀告来部,尤其是要商家全体禀告。初商家良心发现不肯承受盖章禀告。继以莫国华恐吓太甚遂全体盖章捏造农军过失禀告于莫国华。会议后地主送银八百元,(江屯五甲地方每甲抽银一百元,商家抽银二百四十元,)并烧猪二只鸡二十只,当礼牲给莫国华,且燃放爆竹庆贺。莫国华多谢盛礼,又对地主说我此次来江屯总共有兵三营之多,但伙食甚缺,请你们每餐助我伙食银一千。地主旋又抽够三千元奉给莫国华。莫国华见地主如此优待,遂联由清远来攻农军之土匪梁金保与地主一面议定宰割农民及压迫农会条件。

(一)莫部驻江屯江家祠梁金保部驻当楼(农军原日驻所),民团驻竹山顶水月宫。

(二)民团局及保卫局原日所有抽收农民各种捐项及费银(田亩附加费)概交莫部。

(三)由民团局勒迫各乡,入农会之农民退会,每名缴免办会五元。(农民每名纳费五元于地主申请退会地主即恩赦不惩办农民反抗之罪)以赔偿他们地主此次攻打农军之损失。

(四)由民团局向各乡农民抽收每户银壹元、水牛每只银二元、黄牛每只壹元,概交莫部。

(五)农民每纳租一担即扣出一斗给梁金保作伙食。

(六)莫部及梁金保须担保压迫农民完纳全租。以上各件议定,地主们气焰万丈,农民不但加倍吃苦,而所有农会活动人物、执行委员概被驱逐,且农军丘西成仁福被地主们屠杀之尸亦不敢收殓。梁金保贪于江屯食丰,现拟将所部改第六区民团,以便久驻江屯,长食农民血肉,已得地主们之允许。（乙）莫国华派兵进驻潭布拆石螺岗各农会区的行为，莫国华既帮地主们压迫农民，则地主之气焰益为高张（涨），而凡地主们所有不利于农民的要求，莫国华亦无不允许，对此地主们既得江屯，又窥潭布社冈螺岗拆石各区农会，务将该会扑灭，且当此早稻收成之际，农民高唱减租，为压迫农民完纳全租起见，更急于侵入农会心腹地，但施行此种高压手段，除靠自己力量直接行动外，必须莫部帮助地主们，既要莫部帮助，遂依照江屯办法，以各种利益给莫部，令其派兵进驻潭布螺岗各处，莫国华因得地主们给予各种利益，即于七月二十三日，派营长黄宗汉带兵百余偕同前次摧残屠杀农民之通缉案犯江汉英进驻潭布。

当率部□到潭布要占据农军驻扎之红楼，（前次卫士队到来时曾在此驻过）后以农军抗拒始退。现莫又要分兵进驻拆石螺岗社冈（以上各咸皆农会心腹地）各处。闻螺岗已派人找地点行将在螺岗墟驻扎。计莫部到驻潭布各处的最大作用乃是监视农民行动，帮助地主武装收租，并且强迫农民借伙食计（费），他要借之伙食款二万四千元以二十六均已匀缴纳，此宗大借款已由他派出大批委员副官带同兵士下乡强迫农民每户要纳费四毫、水牛每只要纳费一元、黄牛每只要纳费四毛，农民不堪其苦。每日各区乡农民皆有数起走向各方呼冤。莫部对于已有农会的重要区域则强迫更甚，如社冈一地户口只得三百六十余家，竟勒派至四百元之多。又如拆石一地农民穷无立锥，他的催款委员硬要立刻借出，农民遭受威压不堪言状。农民代表谭鸿翔向他交涉，他竟再四拒绝不见。及见面又大骂农会倚恃力大不肯借伙食。（丙）莫部参谋对江屯案的谈话。七月二十五日与特派员周其鉴同到莫司令部询问办理江屯案及派兵进驻潭布情形，莫及参谋长何其瀚皆不在部，由参谋陈芳圃接见。他说：本部此次派兵江屯固受师长命令而去，同时亦受江屯地主所请而去，以后不见有农军亦不见有土匪，只见有民团与梁金保友军，你们农会根据有土匪不知何所根据。地主多数来本部告诉农军不法，如勒派他们的军饷开拆他们的谷仓（谷仓本是在前次战争时被农民没收）等等。且江屯此次战争，是农军首先向他们开□，不得不攻打农军,你们叫本部拿办祸首,如认为梁金保是祸首,则他是友军断不能辨,如认为冯日庭等是祸首,则他们此次攻打农军是正常防御起见,断不能以此称为祸首,此次江屯事变本部已将一切情形报告本师长,你们如要怎样办请向师长交涉。

本部此次派队去潭布是受地主所请,因为地主报告彼方有土匪(指农民),本部责任在剿匪,不得不派队去维持。(丁)地主进攻农会的形势。地主攻陷屯江缴得农军枪支百杆,农军势威顿挫,他们已视如无物,更得第三师之助力,□绮庵之长宁,尤足启他的野心。因此他即有组织计划,比较去年更属厉害的,进攻农会使农会陷于危险,不能在他的组织与计划是:

(一)东西南三区十三乡潭布扶溪塘角各处,地主一致联合起来进攻农会根本使农会消减。

(二)将江屯原有民团土匪势力进攻螺岗与拆石两处并分一部会合潭布民团土匪进攻社冈与古楼营并窟古灶岩洞数处农会由东西南三区十三乡召集民团百名进攻桥木咀与社冈锅源数处农会(已有多数民团集中)由排沙召集民团百名以绝黄田农会之援路并截农会上下之交通线(此路为卫农会运输孔道,去年铁甲车队及士队赴解社冈锅源之围及此次黄田农军赴解江屯之围皆由此路经过)。

(三)由三师分驻潭布螺岗各处以监视农军之行动,使其不得自由,以便他专力进压。

(四)每石租拿出四升作战时费用。

(五)用武力强迫收十足租引起农军抵使战事暴发。

(六)用李绮庵在政府方面斡旋并设法使李济源出山。(戊)李绮庵奉委长宁后之反动形势。李绮庵是李济源化身,去年李济源拆毁江屯潭布二区农会压迫纸业工人,抗不交代,与三师作战等即主谋。迄今李绮庵奉委长宁,而各区区长民团,即联合第一区区长领衔请省政府取消李济源通缉案。闻省政府已批交民政厅长核办。李济源即招兵千百预备出山,地主欢呼雷动。(己)农民的态度:(一)农民一致通过主张减租。

(二)农民一致通过主张各地主武装强迫收租时即死力抵抗虽失败不惜。(三)农民一致通过反抗三师借款。(四)农民一致要求政府派兵肃清土匪。敝会根据上列报告□议决如下要于：(一)撤调大兵勷办广宁残杀农民之不法土豪地主。(二)将原驻广宁之第三师部队全数调离广宁。(三)收回新委县长李绮庵成命，查办旧县长蔡鹤朋。(四)由政府严令责成地方官吏军警□□农民协会及自卫军兼以政府名义案告□□□属人民理合备文请愿钧会提出议决，通令实行俾□广宁十余万农民不□□遭地主□类之残害，不胜屏营待命之至，呈国民党中央政治委员会。

广东省农民协会执行委员会

《广州民国日报》(1925年8月5日)以"宝安各农会声援广宁农民"为题报道曰[1]宝安县第二区上浦罗湖江厦蔡屋笋岗黄贝等乡农民协会，通电援助广宁农会云：中国国民党中央执行委员会、中华民国国民政府、广东省政府、中华全国总工会、省港罢工委员会、中国青年军人联合会、广东省农民协会、各工会各农会各社团钧鉴：

自国民党改组实行保护农民政策，解除农民痛苦，增进农民利益，故各处农会纷纷成立。乃凡有农会之处，辄被一般反革命之劣绅土豪地主摧残压迫，如我广宁县农会自成立后，屡为反革命派之土豪地主摧残。近复藉帝国主义残杀我们同胞之际，纠集清远阳山各处土匪游民散兵勾结驻防军队及地方官陷杀江屯农军，进攻各区乡农会，死伤枕藉，状极为惨。本区农会自接警耗后，同胞愤慨，刻即召集全体会员大会，经众表决誓死援助广宁农会兄弟，锄除反军(革)命派之土豪地主，至该反抗违背党纲之驻防军队地方官仍请政府秉公澈(彻)底办理。

俾下：宝安县第二区农民协会二千会员叩

8月1日 在省港大罢工工人代表第七次大会上，黄学增向罢工工人作了广宁农民深受迫害的"江屯事件"的报告。

---

[1]《广州民国日报》1925年8月5日。

对于广东省农民协会代表黄学曾报告决议案[1]:"省港罢工工人代表第七次大会,听了广东省农民协会代表黄学曾报告广宁农民所受之压迫与痛苦,异常愤激。我们的农民兄弟和大地主及军阀奋斗,我们工人认为十分勇敢。他们目前所受之痛苦,乃我无产阶级所不能免的。我们劳动无产之工农,应当实际联合起来准备根本解除我们之痛苦。我们工人对于广宁农民之痛苦,表示极端之同情,誓以全力帮助我们的兄弟。目前决议办法如下:

(一)大会代表全体罢工工友通电反抗广宁地主残杀我农民兄弟摧残他们的协会,并反对第三师及广宁县长与地主狼狈为奸残杀我农民兄弟。

(二)请求政府惩办凶犯,撤回第三师兼撤换广宁县长,从严惩办。"

"黄学曾报告大意略谓:现在国民革命当中,工农两阶级,是最好的朋友,所以工农两阶级,要有很亲切的结合。现在省农会,特在农民讲习所设一工人讲习班,请汪精卫谭平山两位先生担任教授,一二星期后,便往乡下向农民讲演,务使工农阶级实行结合以打倒帝国主义。其次广宁的农友,现在被地主勾结不肖县长及第三师军队摧残打死农友多人,刻下仍在被围惨杀中,请各位工友援助云。"[2]

8月20日 廖仲恺在国民党中央党部门前遇刺身亡。

8月 黄学增在广宁出席追悼廖仲恺大会。

广宁县农民协会在潭布举行"全县农民追悼廖部长大会"时,"已在外地工作的周其鉴、陈伯忠,广东省农协代表黄学增专程到潭布参加大会。经过大会宣传鼓动工作后,江屯地区的区乡农协人员情绪渐趋稳

---

[1]《工人之路》第三十九号(1925年8月2日),湘潭大学出版社《红藏·进步期刊》系列影印本,2014年,第109页。

[2]《工人之路》第40号(1925年8月3日),湘潭大学出版社《红藏·进步期刊》系列影印本,2014年,第114页;《工人之路》第39号(1925年8月2日),湘潭大学出版社《红藏·进步期刊》系列影印本,2014年,第109页。

定。"[1]

9月26日 雷州青年同志社派员参加在广州召开的革命青年代表大会，该大会的目标旨在成立革命青年联合会，其会宗旨为"本国民革命之精神联合青年肃清一切反革命派以实现民族解放。"除雷州青年同志社参加外，新学生社、民权社、青年农工社、青年军人联合会、广州学生联合会、香港学生联合会、香港青年社、琼崖革命同志大同盟、妇女解放协会等社团，邓颖超被选为主席，书记为彭月笙；后雷州青年同志社社员陈荣福被选举为革命青年联合会农民部执委，陈光礼被选举为军人部执委。

《工人之路》以"革命青年代表大会"为题载："广州各青年团体发起组织革命青年联合会，筹备情形，均志前报。昨廿六日该会举行代表大会正式宣布成立，到会者有：新学生社、民权社、青年农工社、青年军人联合会、广州学生联合会、香港学生联合会、香港青年社、雷州青年同志社、琼崖革命同志大同盟、妇女解放协会等团体代表六十余人。众选新学生社代表邓颖超为主席，书记则为香港青年社代表彭月生（笙）。是日正午十二时开会，首由宣布员莫耀琨请到会团体代表起立唱革命歌，主席宣布开会理由后，即由筹备会代表沈宝同报告该会之筹备经过，继由主席宣读章程草案，请众一一讨论，后只略加修改即正式表决通过。该会宗旨，则定为'本国民革命之精神联合青年肃清一切反革命派以实现民族解放。'各青年团体及革命的学校学生会都可加入为会员，会址则待执行委员会成立后办理，并定二十九日开执行委员会第一次会议，最后并决定发表成立宣言，举行成立大典，对于统一广东运动及奉军封闭上海总工会两事，议决为严重之表示。讨论毕，由主席介绍各代表互相敬礼，并自由发表意见，直至下午四时高呼'打倒军阀''打倒帝国主义''打倒一切反革命派''民族解放万岁''革命青年大联合万岁'

---

[1] 中共广宁县委党史研究室编：《中共广宁县地方史大事记（新民主主义革命时期）》，1998年5月，第17页。

而散。"[1]

根据《工人之路》所载,"革命青年会执委第一次会议"也随之召开:"(中央社)广州革命青年联合会由广州革命青年团体联合组织,其情形已详前报,现查第一次执行委员会议,决议案非常重要兹特详录于下:

(一)分配工作。(甲)每执委可兼任二部,每部二人;(乙)总务部彭德禄、欧赤;(丙)文书部彭粤生广州学联会一人;(丁)宣传部林丛郁、毕磊;(戊)政治部胡承焯、王文明;(已)学生部沈宝同、莫伦白;(庚)农民部李耀光、陈荣福;(辛)工人部周文雍广州学联会;(壬)商人部女权运动会妇女解放协会;(癸)军人部熊受暄、陈光礼、妇女部张婉华女权运动会。通知各部预做一工作计划在下次会议提出讨论。

(二)成立典礼筹备问题。'一'青年军人联合会捐款卅元;'二'琼崖革命同志大加盟十元;'三'香港学联会十元;'四'青年农工社十元;'五'新学生总社十元;'六'雷州青年同志社五元;'七'妇女解放协会五元;'八'广州学生联合会十元……"。[2]

9月 黄学增被中国国民党中央农民部定为农民运动一级特派员。

中国国民党中央农民部档案文件记载:"本部(按,指农民部)……谋农民之解放,实行改良农村组织,增进农人生活,经于去年委出各特派员分赴各县工作。惟现已日久,其中各员有因事辞职或陆续增加者,兹特重新考核成绩,分别等级将姓名开列,仰希查照为荷。计开:

一级:黄学曾、侯凤墀、韦启瑞、苏南;

二级:王镜湖、陈伯忠、李民智、宋华、郭剑华、卢达云、蔡日升、李华焀、莫萃华、梁伯舆、赖彦芳、黄杰、谭鸿翔、方临川、陈炳辉、张威、

---

[1] 载《工人之路》特号第九十六期(1925年9月28日),湘潭大学出版社《红藏·进步期刊》系列影印本,2014年,第326页。

[2] 载《工人之路》特号第九十七期(1925年9月29日),湘潭大学出版社《红藏·进步期刊》系列影印本,2014年,第331页。

龙乃武、黄克、周其鉴、陈道周、丘鑑志、梁复然；

三级：陈□麟、颜国璠、郑志云、关仲、冯保葵、朱灿华、黄泽南、戴耀田、徐金良、刘战愚、苏其礼、陈克武、梁坤、王岳峰、杨日良、梁柏、严云卿、卢耀南、郑广华、陈均权、梁九胜、刘胜侣、林焕文、伍腾洲、罗顺球、廖有源、谭伟生、黄超凡、黄居仁；

见习生：古柏桐、苏天春、廖华卓、王果强、王合东、何毅、刘乃宏、蔡秀庭、梁伟民、梁九、黎炎孟、刘镛鑑、林培斌、李成章"。[1]

9月 黄学增奉中共广东区委之命，从广州秘密回到遂溪，协助已提前回到雷州半岛的韩盈、黄广渊等，建立"雷州青年同志社"乐民分社。该文献认为此时黄学增担任中共广东区委委员之职。[2]

按，《中国共产党广东省组织史资料》是如此叙述："从1925年春至1927年4月，随着工农群众运动的发展，广东党组织也迅速发展。在此期间，中共广东区委领导机构逐步健全。区委委员先后有陈延年、周恩来、罗亦农、张太雷、任卓宣、熊雄、恽代英、冯菊坡、刘尔嵩、阮啸仙、彭湃、罗绮园、蔡畅、邓颖超、区梦觉、林伟民、邓中夏、苏兆征、何耀全等。"[3] 似乎对1925年中共广东区委委员还不是很确定，且在注释中说明当时"区委的组成及其分工系"根据周恩来、冯菊坡、赖先声等人回忆材料。

秋 中共南路特委成立，书记为黄学增。

《中国共产党历史》第一卷有载："在第二次东征期间，国民政府还派部队进剿盘踞广东南路的军阀邓本殷部。中共广东区委为配合这次军事行动，成立了以黄学增为书记的南路特别委员会。朱克靖、张善铭、廖乾五等共产党员带领政治工作人员深入民众，大力开展宣传和组织工

---

[1] 中国国民党五部档案，卷宗号：13519；中国社会科学院近代史所藏。
[2] 许振泳、林忠佳选编：《一九二五年国民革命军东征南征资料选辑》，中央档案馆、广东省档案馆：《广东革命历史文件汇集》，1992年10月，第31页。
[3] 中共广东省委组织部、中共广东省委党史研究室、广东省档案馆：《中国共产党广东省组织史资料》（上册），中共党史出版社，1994年，第11页。

作。"[1]

广东省组织史资料亦有模糊语言说道："1925年至1926年，在中共广东区委及南路特派员黄学增的领导下，南路的电白、阳江、吴川、遂溪、海康、梅菉、廉江、茂名、北海、化县等地陆续建立起党组织。""在这一基础上，成立了中共南路地方执行委员会，代替特派员统一领导南路地区的党组织。"[2]

另一份遂溪早期收集的材料则提出："1925年春党派黄学增回南路领导革命斗争，当时他是中共广东省委兼南路特委书记。"[3]

此外，也有学者说："第一届农讲所学生黄学增，毕业后曾受中共广东区委派遣，担任中共南路特委书记，1926年又任广东省农民协会南路办事处主任，在他的发动组织下，南路的遂溪、海康等县纷纷建立了中国共产党的组织机构，各地的农民协会、工会、妇女解放协会的组织也相继建立。"[4] 而黄学增农讲所毕业时间大约是1924年8月。

9月28日—30日 粤军第四师第八旅第十五团团长张我东属下两个连向宝安地区农民自卫军发动袭击，沙井、新桥、大步涌各乡民团土匪百余人帮助军队攻击农军，农军被迫抵抗。10月2日，张我东团增兵一连进攻农军。"云霖方面农民自卫军失败，枪支被缴，农民自卫军被伤十余名，被掳数十名，失踪数十名，被击毙十名，茔头冈全乡被焚掠

---

[1] 中共中央党史研究室著：《中国共产党历史》第一卷上册，中共党史出版社，2002年，第174页。
[2] 中共广东省委组织部、中共广东省委党史研究室、广东省档案馆：《中国共产党广东省组织史资料》（上册），中共党史出版社，1994年，第35页。
[3] "关于黄学增同志的简历、诗抄和旧居纪念亭修建为省级重点文物保护单位的报告"，广东遂溪档案馆。
[4] 陈登贵：《第一次国共合作时期广州农讲所的创办及其历史功绩》，载广东省档案馆、毛泽东同志主办农民运动讲习所旧址纪念馆：《广州农民运动讲习所研究文集》，1986年1月，第66页。

一空，附近各乡概被蹂躏，而黄冈方面农民自卫军亦几致不支。"[1] 而当军队攻入各村时，皆大肆淫掠，妇女老幼纷纷逃往东莞。军队复派队尾追屠杀，渡河不及而死者数十人。[2]

10月1日 周恩来随国民革命军开始第二次东征。

10月 黄学增受命前往宝安调查粤军张我东部勾结土豪劣绅地主屠杀当地农民事件真相。

有着在宝安从事农民运动经验、走遍宝安各乡村的黄学增经过认真细致的调研后，从十七个方面详细地向农民部报告事件的前因后果以及相关意见，包括：

（一）战前之农军状况；

（二）军队时之状况；

（三）军队来后之布防；

（四）军队异动后之农军状况；

（五）黄冈农军扣留县长情形；

（六）农军与军队作战情形；

（七）河南方面（按，当时"有茅洲一河为间，云霖在河之南，名为河南，黄冈在河之北名为河北"）；

（八）战时在乡农民逃亡东莞情形；

（九）战时双方之死伤人数；

（十）战时农民之损失；

（十一）军队及县长去后之农军状况；

（十二）军队及县长去后劣绅土豪及土匪民团状况；

（十三）此次农军受挫之原因；

（十四）（缺）；

---

[1] 参阅《宝安梁张惨杀农民详情》，载《广州民国日报》1925年10月22—27日；《农民部请严惩不法团长县长》，《广州民国日报》1925年10月9日；等。

[2] 参阅《云霖劣绅残杀农民之呼吁》，《广州民国日报》1925年10月14日。

（十五）此次血案之负责者；

（十六）应向政府办理此案之条件；

（十七）目前应急速做到两点。报告全文长达近五千字（缺失第十四部分），详细地反映宝安这次官绅勾结惨杀农民的详情。

指出在这次事件中双方的伤亡情况："农军死五人非会员，伤七人（轻伤不计），军队据张我东来信云亡一人伤二人。"战时农民的损失情况："农村被淫掠者茔头冈、衙边、马鞍山、大王山、南本、后亭六乡（损失最大是衙边，次是茔头冈），农民被掳而勒赎者五十人，衙边有三人被军队掳禁在南头钟尧光营部，要勒一千五百元，未赎回农军失去左轮一支、九响二支、六八一支、无烟仔一支、耗去子弹无数。农旗失去七支（有五支在后亭失去），云霖及各被破陷之乡协会会所被抢劫。"

黄学增认为事件中农军受挫的主要原因是因为县长与官兵、劣绅的相互勾结："此次县长到云霖西路，实与军队劣绅土豪串通一气，谋陷农民者，但他表面仍虚图狡卸责任，他在九月二十日通知黄冈农军，说明三十日上午到黄冈，但他上午七时即带同游击队到黄冈，盖他见云霖军队已准备作战，他即先到黄冈，其原因不外是：一、试验黄冈农军有无抵抗；二、如军队与农军作战，他可以不负责任。"所以"此次血案之负责者，军队团长张我东、县长梁树熊、劣绅土豪陈炳南、陈伯芬、陈植庭、曾奕樵、文冠臣、文吕辛（即文为任）、文泽臣、文仲淑、文槐轩、文树桂、江齐恩、文槐西、曾炳桓、曾直仔、文凤俦（以上劣绅土豪皆二十年压迫农民之罪犯，其称农民名为三大害四大寇五大臭）。"

因而黄学增建议农民部应向政府提出办理此案之条件，以求宝安农民合法权益得到保护。（1）拿办团长张我东、县长梁树熊，并解散不法军队；（2）通缉劣绅土豪陈炳南等并抄封其家产；（3）剿办沙井、大步涌、新桥之土匪民团并解除其武装。而目前当务之急是有两点："张贞军队如是驻防东宝，即使其赶快来一部分，到宝安西路驻防。一则协同农军剿办在大步涌河口之土匪，一则帮助农军办护沙，若能做到此点，则农会之基础可以强固。当此东江战争时期，宝安县属重要区域，且驻在此间之工人纠察队，因受土匪地痞之压制，不能执行职务，而接济香港粮食之民船，可以一只二只，从沙井大步涌河面来往香港，此点又应告诉工人部者。"[1]

10月20日—26日 中国国民党广东省第一次代表会在广州召开，选出广东省党部执行委员会，黄学增与彭湃、杨匏安、韦启瑞、刘尔崧、蔡如平等共产党员，在省党部中担负工运、农运、党务方面的工作。[2]

10月28日—29日 在广州参加广东全省农民运动特派员大会。

中央农民部为筹划全省农民运动计划，及讨论进行方针，特召集全省特派员来省开大会，查该会从廿八日起一连开会两天，出席报告者，有汪主席，鲍顾问，谭部长，陈部长，何部长等，政治报告及训话，关于最近世界与中国及广东方面之政治状况，农民运动之现势及其他一切理论，报告甚为详尽（说词另录），海丰、陆丰、惠阳、增城、东莞、宝安、花县、曲江、清远、广宁、高要、四会、顺德、中山、南海、番禺、新会，各县特派员均有详尽之报告，对于各县农民运动之经过，农村情况，防军、民团、贪官、污吏、土豪、地主，之压迫，言之极详。最后议决：（一）请部清发特派员欠薪，（二）请部设备特派员来省寄宿舍，（三）请部制定特派员来往各舟车免费证，（四）请中央党部重申扶助农民纪律，（五）请中央党部训令各县军民长官切实保护农民，（六）请国民政府重新发表对于农民运动宣言，（七）今后农民运动进行计划等案。自廿九日闭会后，各特派员已于卅日分别出发东西北江及南路各县工作，并特别组织东江南路宣传队，出发前敌指挥，及唤起农民帮助革命军，实力拥革命政府云云。[3]

11月12日—14日 黄学增从宝安到虎门通电及带军队到宝安云

---

[1] 参阅《宝安梁张惨杀农民详情》，载《广州民国日报》1925年10月22—27日。
[2]《黄学增研究史料》，第256—257页。
[3] "农民部特派员大会情形"，《工人之路》第129号（1925年10月31日），湘潭大学出版社《红藏·进步期刊》系列影印本，2014年，第516页。

霖查剿破坏省港大罢工劣绅土豪陈炳南、陈伯苏、陈寿康、陈耀仔等人，并电省港罢工委员会。

《中国农民》以"沙井民团围攻纠察队及农军"为题刊登说道：[1]

宝安沙井乡在珠海下游，接连港澳，自省港罢工实行与香港经济绝交后，无时无日，不有沙井船艇运载薯芋谷米蚝生果等粮食接济港澳，四方招来大帮人客，包运落香港澳门，包价每人五元，置有土炮利枪，保护运载粮食及人客，到港后从而转运仇货入口，当此反帝国热烈之时，该地人民竟敢如此倒行逆者，显系有人从中包庇，以致纠察队在此，久受压迫，不能执行职务，十月二十三日该乡有二三八九号民船满载人客粮食往港，纠察队派队截留，竟被该乡殴伤队员五人，掳去队员一人，旧历八月初二晚该乡陈耀仔陈信等又载粮食二船往港，被纠察队约会农军前往截留，至八月十一早陈耀仔等带武装十余人到桥头沙强将农会会员林集名蚝船一只，并物件多种劫去，反用此船运载人客粮食往港；十一月九日纠察队张三大队总教练富恩助、第九支队副邓柏烜、十一支队长罗光华，到该处查办，前一日请该乡绅耆到纠察队部答复亦不来。十一日恩助、柏烜、光华三人带纠察队三人农军十人到该乡拘拿殴打纠察凶手陈协容等，事前已先通知该乡乡团，但一到该乡，即受四面包围，放枪轰击，幸先避出，仅伤农军一人而已。十一晚该乡团复围攻云霖纠察队及农军，抢去纠察队部及农军部一切物件，并焚更寮一大座。十二日省农民协会秘书黄学增出虎门通电各机关，并请就近虎门防军张贞部队往援，该部允派兵一连到宝安解围。十三早黄学增与蔡日新带同张贞部队一连由虎门赶到宝安，是日十时到云霖，农军及纠察队早已集中云霖，共约百人，见军队开到助战，军威大振，齐向沙井民团猛力进攻，不料张贞连长到云霖后，即极力主张调和；同时沙田民团亦派人为求和，纠察队及农军严词拒绝，乃不得不提出条件，（一）罪魁陈炳南陈伯苏

---

[1] "沙井民团围攻纠察队及农军"，载《中国农民》第1卷第1期（1926年1月1日），湘潭大学出版社《红藏·进步期刊》系列影印本，2014年，第86—87页。

陈耀仔须交出惩办，（二）沙井民团武装须全村解除，交农军使用，（三）赔偿损失，条件提出后，沙井民团不能照办，再双方仍在相持中云。

《工人之路》则以"又有土豪民团围攻纠察"为题记述："罢工会昨接农民特派员黄学增来电称与纠察由往沙井检查私运仇货，突被该处土豪围困，请政府速饬驻防该地防军帮忙解围。罢工会据此即电政治军事两委员会，电云：

政治委员会、军事委员会鉴：刻接农民特派员黄学增文电称，真晟农军帮纠察队往沙井查办劣绅陈炳南等偷运粮食人客往港，被该乡民团包围轰击，真晚云霖农军纠察队又被该乡民团围攻，已请张贞团长解围，望速请政府令张团长严办等情前来，相应电请查照，希即饬令张团长迅往剿办，俾解重围，临电不胜鹄候之至。

省港罢工委员会叩。"[1]

按：虎门防军司令部一般设在沙角炮台。沙角距离宝安沙井约有三十里。前次宝安暴动，是虎门军队去打。[2]

11月15日 省港罢工委员会复中国国民党政治委员会函，转述黄学增的电报内容，要求政治委员会转饬虎门驻军秉公查办违背罢工规定的行为，"不致灰工友爱国之热诚"。

"径复者，顷奉贵会函开，现据沙井陈奋亮等电控纠察队第十一支队长罗光华等殴蔡耆民三人，复入乡搜捕掠夺，当经电饬虎门要塞陈司令查办，现驻该处之纠察队□请贵会迅即调回，俟改组后再行派往，即希查照办理等由准此，查此事敝会昨据农民部特派员黄学增电报，经即转电贵会察核在案，本日复据纠察第三大队总教练富恩助报称，宝安沙井乡自封锁港澳以来，所有大帮粮食，及人客运载去港澳，并从港澳运

---

[1] "又有土豪民团围攻纠察"，载《工人之路》第142期（1925年11月15日），湘潭大学出版社《红藏·进步期刊》系列影印本，2014年，第506页。

[2] 中央档案馆、广东省档案馆：《广东革命历史文件汇集》（中共广东北江、西江、琼崖等县、市委文件，一九二八～一九三一），1982年12月，第234页。

载大帮货物入口，且愈闹愈凶，竟组织公司，瑞和公司、大有公司用大民船三只，名为三号艇，中小民船九只，船上置有土炮与枪保护，每日或隔日（按，广东口语，指第二天的意思）皆有大帮粮食等□猪鸡鸭蚝豉及人客运去港澳，并有大帮货物火水火柴布匹洋烟从港澳入口，人客多从四邑鹤山广州石龙大平东莞宝安增城各处而来，其中尤以罢工工人居多，人客每人水脚三元四元不等来往港澳，人客货物，络绎不绝于途，情形非常猖獗，驻在云霖之纠察队第十一支队，每到该乡纠察皆被该乡土匪民团阻止殴打。十月廿三日午后八时，该乡有民船二三八九号满载人客货物往港，纠察往截留，被该乡奸商陈协容等殴打负伤六人，失踪罗火连一人，旧八月初二日晚该乡人陈耀仔陈培等，装载芋头二船从福永河口往港，被云霖纠察队察觉，约同农军扣留，越日纠察队第三大队长文佳来到签字变卖，十一日早该陈耀仔等竟率土匪民团十余，到侨头河口强将桥头乡农会会员林集一名，蚝船一只，并物件十多项劫去沙井，近且用此船连同三大民船运载粮食去港澳，该乡所为，完全是劣绅陈炳南陈伯苏土恶陈寿康陈伯勋奸商陈协容荣安号等负责，计陈炳南陈寿康陈协容荣安号各置有民船一只，来往港澳，该乡问题若不能解决，则罢工计划将完全受其破坏，其解决之法，须用水陆合攻，用兵舰封□其大小民船，因民船有大土炮，使其不能从海面逃脱。用军队从陆地进剿，第一使日后不得再有货物人客来往港澳，第二使日前非法行为可以彻底严办，等情前来，该报告与沙井耆民电称各节情词各执，属是属非，无从核办，当经令饬纠察队委员会查办，前奉大函敝会自应照办，随饬该会迅将该十一支队纠察调省静候解决，惟事出各执一词，自未便偏据何方报告办理，当希贵会转饬虎门陈司令秉公查办，庶不致灰工友爱国之热诚，复有以慰民间之疾苦，不胜恳切待命之至，此上

政治委员会　　省港罢工委员会　　十四年十一月十六日"。[1]

---

[1]《工人之路》第150期（1925年11月23日），湘潭大学出版社《红藏·进步期刊》系列影印本，2014年，第537页。

11月 在国民党广东省党部第六次会议提出"由各部选派一人组织特别委员会出发南路各属指导党务进行及各种运工作案";且"选派黄学曾为特别委员会委员。"

11月 国民党广东省党部作出"更易南路组织主任案"。

11月 黄学增在前往广东南路任职时,被国民党中央农民部派往江门,出席该市代表大会,监督选举市党部执行委员会委员;事后又前往开平县,"考察该县各级党部之组织及指导。"[1]

12月9日 中国共产主义青年团雷州支部给团中央报告,要求团中央转中国共产党（CP）,请求黄学增速下广东南路指导工作。

"关于雷州民军处置问题,农运问题甚属重要,请速令罗汉、黄学增同志速下指导一切!"[2]

12月15日 雷州青年同志社公开发表对雷州善后的宣言。

宣言的内容如下:"邓逆本殷,自盘踞雷州以来,给予雷民之痛苦:如迫种鸦片,包庇烟赌,勒捐军饷,私铸假银,巧设人头税及各种苛税杂捐,纵兵奸淫抢掠及强占民房,种种事实,罄竹难书,雷民何辜,遭此蹂躏!遂致耕者不给食,织者不给衣,民穷财尽,生计日非。酿成哀鸿遍野,盗匪充斥,甚至因此流离失所,转死沟壑者,二十万人,言念及此,痛心靡既!迺者国民革命军南征,一呼而南路各属次第克复,邓逆之命运于以短促,雷民之痛苦,至此可告一结。然而国民革命军此次南征,不惟在驱除邓逆一人,尤以在驱除邓逆之后,永无与邓逆同样之继起者,雷民急切之要求,亦尽在于此。所以此后对于邓逆之一切恶政,务须根本取消,对于地方之一切建设,务须站在人民利益上面;同时并要灌输以孙总理之三民主义,以冀雷民之彻底觉悟,履行国民党政纲之

---

[1] "农民部1925年12月报告",《中国国民党广东省党部党务月报》第一期(1926年2月),第5页。

[2] 中央档案馆、广东省档案馆:《广东革命历史文件汇集》,一九二五年(二),1982年10月,第298页。

对内政策，以致雷民之生活满慰，此不惟表现南征之意义，抑亦巩固革命之根基。本社本爱国爱乡之心，谨代表雷州一般民众提出以下最底的要求：一、铲除贪官污吏劣绅土豪；二、肃清散兵土匪。

民众提出如下最底的要求：一、铲除贪官污吏劣绅土豪；二、肃清散兵土匪；三、废除苛捐杂税；四、严禁烟赌；五、救济失业农民；六、扶助工农团体之发展；七、保护青年之一切利益；八、改良盐务；九、振兴实业；十、整顿教育；十一、提倡女权。"[1]

12月23日 中国国民党广东省南路特别委员会成员随国民革命军到南路，在梅菉办公。主席潘兆銮（中共党员）、委员黄学增、彭刚侠（中共党员）、林丛郁（林增华，中共党员）、谭竹山、朱曼、吴武祥、许庆之。

有学者认为："在革命军渡海进攻海南岛之前，南路特委成员和苏联派驻革命军第四军代表马马也夫召开会议，讨论各成员是否随军渡琼或返回原派出机关等问题。会上，马马也夫认为南路的局面刚刚打开，极需要有人继续开展和巩固初期的工作成果，而林丛郁是阳春县人，对南路地区的情况比较熟悉，应留下来继续开展南路特委的工作。因此，会议最后决定潘兆銮、谭竹山等人返回省党部复命，彭刚侠等人随南征军渡海前往琼崖。1926年1月中旬后，潘兆銮、谭竹山、彭刚侠等人陆续离开南路，分别前往广州和琼崖；留下来的林丛郁则暂时主持南路特委的全面工作。"[2]

12月25日—26日 黄学增与陈荣位一起在吴川一带开展农民运动调研。

在《广东南路各县农民政治经济概况》一文中，黄学增记述："我（按，指黄学增）与陈荣位同志于去年十二月二十五日至二十六日，从梅菉至吴川，又从吴川城回梅菉，一路农民皆以共产相问，他们不怕共产，

---

[1] 中国国民党五部档案。中国社会科学院近代史所藏。
[2] 张翀：《国共两党在广东南路的第一次合作》，政协湛江市委员会学习和文史资料委员会编：《湛江文史》第24辑，2005年，第132页。

而且喜欢共产。他们极赞成农民协会，第五区杨屋村农民杨绍和、文屋村农民文庆随谈十余里甚投机，并请我们到他们处组织农民协会。"[1]

12月 在从广州往广东南路就职的路上，黄学增不仅在开平等参加相关国民革命，且还进行相关农民概况调查。如在茂名茂南。

按：黄学增：《广东南路各县农民政治经济概况》中提道："茂名之茂南地方（公馆附近）有纯为组织用以反抗地主阶级之生理会……吴川之第五区杨屋村、文屋村已有农民倾向农民协会。"

是年 黄学增介绍雷州地区老乡苏天春到广州农民运动讲习所学习。

根据苏天春的自白书，1925年，苏天春经邻村陈炳森介绍认识黄学增，"黄乃介绍我入农民运动讲习所。我是在农所时入党。"[2]另，查苏天春在农讲所是第四期（1925年5月至9月）学员，毕业后，苏氏担任国民党中央农民部农运实习员。然后与黄学增等人一齐在广东南路从事国民革命工作。后期脱党。

---

[1] 黄学增：《广东南路各县农民政治经济概况》，《中国农民》第一卷第五期（1926年5月1日），湘潭大学出版社《红藏·进步期刊》系列影印本，2014年，第555页。
[2] 《苏浴尘（苏天春）自白书（1950年2月4日）》，存于广东省公安厅档案室苏浴尘案卷第一册；1981年12月4日中共湛江市委党史研究室抄录。

1926年　26岁

1月1日　经过多次波折的中国国民党第二次全国代表大会，终于在广州开幕。这次大会出席代表共有256名，黄学增是其中一名代表，他和刘尔嵩、宋庆龄等9人以国民党广东省党部代表的资格出席了会议。

1月1日　统一广东各界代表大会议决是日各界举行庆祝大会大巡行。罢工委员徐成章领队，谭植棠、蓝裕业、雷慧贞等人参加。其中标语包括：（二十）反对上海帝国主义者军阀、资本家阴谋杀害上海工人领袖刘华。（二十一）反对湖南赵恒惕无故逮捕工人领袖刘少奇。（二十二）反对江西方本仁无故逮捕第二次代表大会的江西代表。等等。[1]

1月4日—7日　中国国民党二大召开第一次大会，通过了大会主席团成员名单：汪精卫、谭延闿、邓泽如、谭平山、恩克巴图、丁维汾、经亨颐（后为宋庆龄）。在1月7日大会上，黄学增被提议为提案审查委员会委员，委员会里面还有易礼容。易礼容是毛泽东的好友，是长沙党组织早期成员。

1月7日　黄学增在中国国民党第二次全国代表大会全体会议上，带头斥责了赵恒惕的罪行，指出"湖南工人领袖被赵恒惕扣捕，（大会）应有表示"，要求国民党出面办理营救。

中国国民党第二次全国代表大会会议记录，时间为元月七日下午二时至五时，会议的第三日。出席代表185人，主席恩克巴图，秘书长吴玉章。"九十八号侯绍□同志：本席以为大会对于孙传芳枪杀刘华事件，也应该表示反对。九十六号黄学曾同志：湖南工人领袖刘少奇被赵恒惕拘捕，亦应有表示。百十一号许鸿同志：此次我们江西代表赵干、陈灼华及刘承休同志被方本仁扣留，应提出抗议。主席：各代表之临时动议均属慰问及营救性质，可否由秘书处分别拟电办理，如无异议，即付表决（大

---

[1] 中央档案馆、广东省档案馆：《广东革命历史文件汇集》，一九二六年（一），1982年10月，第39页。

多数通过）。"[1]

1月9日 黄学增被确定为农民运动报告审查委员之一，毛泽东等为宣传报告审查委员，邓颖超等为妇女运动报告审查委员："……农民运动报告审查委员陈公博、黄学增、易礼容、路友干、丁居羊。丙、妇女运动报告审查委员宋庆龄、何香凝、邓颖超。丁、宣传报告审查委员邵力子、毛泽东、陈其瑗……"[2]

1月13日 黄学增在大会作报告，介绍提案审查结果的情况。同时，针对中山、南海、高要等地劣绅地主民团摧残农民的情况，连同韦启瑞等人一齐，向大会提出议案，要求严办摧残农会事件。

"提案审查委员会，审查中山、南海、高要等县民团屠杀农民案。黄学增同志报告，审查结果。中山、南海、高要等县民团屠杀农民，焚烧农村，摧残农民协会一案，提议主张严办的，有韦启瑞许可黄学增三代表，统括该代表等提议，其具体办法如下：（1）高要县，一、令国民政府火速派得力军队前往救护农民；二、解散匪团；三、缉拿祸首；四、召集流亡；五、抚恤死伤；六、赔偿损失。（2）中山南海两县，一、通缉凶手；二、解散通匪民团；三、抚恤死伤。此案分两方面去做，一方面由大会令国民政府赶快去做；一方面由大会分电各县农民协会慰问。提议人所具理由，非常充分，此案应准成立，立即报告大会讨论执行。经众讨论，决议，交国民政府办理。"[3]

1月18日 黄学增代表农民运动决议案审查委员会，首先向国民党"二大"全体会议介绍本次大会的《农民运动决议案》的主要内容和

---

[1] 中国第二历史档案馆、海峡两岸出版交流中心编：《中国国民党历次全国代表大会暨中央全会文献汇编》第一册，九州出版社，2012年，第340页。

[2] 《广州民国日报》1926年1月11日。按，另黄学增同在农民运动报告审查会中的易礼容是毛泽东的好友，他曾与毛泽东一起参与文化书社、新民学会、中共湖南支部（毛泽东任支部书记）等团体活动。见中共中央文献研究室编：《毛泽东年谱（一八九三～一九四九）》上卷，中央文献出版社，2013年，第63、73、79、88页。易氏后来脱党。

[3] 《广州民国日报》1926年1月18日。

当前保护、促进农民运动发展的措施，然后宣读《农民运动决议案》全文，请大会讨论通过。

1月19日 中国国民党第二次全国代表大会闭幕，黄学增在大会上发表演说，演说辞内容简要精辟："我们要到大多数被压迫的民间去，要尽力为他们解除一切政治上经济上的痛苦！"[1]

按，在一月国民党第二次全国代表大会前夕，周恩来从汕头回到广州，同陈延年和苏联顾问鲍罗廷商量。他们商定，应该采取打击右派，孤立中派，扩大左派的政策。[2]

1月20日 在《广东青年》创刊号中黄学增发表了《怎样去做青年农民运动》一文。[3]

按，《广东青年》由中国国民党广东省执行委员会青年部编辑，开始是月刊，后改为半月刊，通信地址为广州广仁路广东省党部青年部。但该刊物主导者应是团粤区委。刊物意义为"青年时期的思想是格外的发达而灵敏，好似白纸一般，染于黄则黄，染于赤则赤"；"要使一般的青年对于革命的中山主义都能彻底认识、信仰、实行和应用"等而刊行。黄学增在《怎样去做青年农民运动》一文中，对如何高度重视并正确引导青年农民运动的问题提出了他的见解："青年农民，尤富于革命性"，"是革命之主力军"；富有实践经验、长期活跃在农民运动一线的黄学增给出自己的经验，初到农村去开展青年农民运动时，千万不能贸然把自己的主观理想强加于一般青年农民；"必须按照客观事实一步一步去指导青年农民"，从而"使青年农民渐次觉悟，跟着我们跑，

---

[1] 参阅《中国国民党第二次全国代表大会会议日刊。第十三日第廿六号闭幕典礼详记》；转中共湛江市委党史研究室编：《黄学增研究史料》，广东人民出版社，1997年，第260页。

[2] 中共中央文献研究室编：《周恩来传》（一），中央文献出版社，2015年2月第7次，第117页。

[3] 中央档案馆、广东省档案馆：《广东革命历史文件汇集》，一九一九～一九四九，广东报刊资料选辑（下），1991年12月，第7页。

以增进自身生活,并改良农村组织"。[1]《广东青年》同期刊发的还有黄居仁、陈志文等人的文章。

这篇文章似乎反映黄学增还兼任团相关工作。《团粤区委给团中央的报告——区、地联席会议决议事项》(1926年1月21日)也提道:"(宣传问题)对外的:a.注意《广东青年》及《广州学生》,指定同学负责做文章。《广州学生》内容应改良,推销至各学校及各地。"而在2月报告中也提道:"对外宣传方面……注意《广东青年》(第一期已出版)。"[2]

1月 广东省农民协会鉴于全省农民运动范围日渐扩大,为图指挥便利及各级农民协会关系密切,于组织及进行上为有秩序有纪律的健全发展起见,特设广东全省暂时划分为6个区域,各设办事处1所。(1)潮梅海陆丰办事处设在汕头,辖17县,主任彭湃;(2)惠州办事处设在惠州府城,辖8县,主任朱祺;(3)西江办事处设在肇庆,辖14县,主任周其鉴;(4)南路办事处设在梅菉,辖15县,主任黄学增;(5)北江办事处设在韶关,辖11县,主任丘鉴志;(6)琼崖办事处设在海口,辖13县,主任冯平。中路17县不设办事处,由省农民协会直接指挥。《广东省农民协会各属办事处简章》规定:各办事处直接受省农民协会之指挥监督,报告所属各县各级农民协会事务于省农民协会,及传达省农民协会之命令于所属各县各级农民协会;各办事处受省农民协会之委托,监督及指挥所属各级农民协会;各办事处特别委员会对于各属各县各级农民协会之职员会员,及自卫军职员队员,有违背章程,不守纪律者,得处罚或开除之,但仍须将输情形详细报告省农民协会核准;对于所属各县各级农民协会输不善,或违背纪律者,得于详细情形报告省农民协

---

[1] 见中国国民党广东执行委员会青年部编:《广东青年》第一期,1926年1月21日,转见中共湛江市委党史研究室著:《中国共产党湛江历史》(第一卷,1921—1949),中共党史出版社,2011年,第87页。

[2] 中央档案馆、广东省档案馆:《广东革命历史文件汇集》,一九二六年(一),1982年10月,第103.139页。

会核准后改组之。[1]

2月11日 党团具体工作分工在推进。

《团粤区委组织部一月份工作报告》提道："与大学分化事,现开始实行,20—23岁兼大学,23(岁)以上的完全归大学,与大学分化后之确实人数,俟各地报告后,再告(行)报告。"[2]

2月中旬 黄学增回到广东南路指挥农民运动工作,以及建党工作等。

2月13日 在梅菉与邑人李进明见面。

曾任广东省农民协会南路办事处录事的李进明回忆:我初次和学增同志会面,是在1925年旧历的除夕(我是由韩盈书记介绍参加工作的)。他穿的是旧的唐装衣服,踏的是快要破的皮鞋,蓬松的头发下面衬着一对近视的眼镜,表面上绝对没有流露出半点锋芒。和他接近起来,他那种诚挚坦白的态度,简直要把自己的心肠都揭露出来了。

按,查万年历,知1926年那一年除夕(即1925年旧历除夕)是2月13日。

2月15日 是日黄学增、陈柱(陈信材)、陈时、李鉴三、李子安等人前往吴川三柏李村,并在李氏大宗祠参与群众活动。期间黄学增勉励群众发扬抗法精神,早日收回广州湾。三柏李李氏大宗祠是1898年吴川人民抗法斗争总指挥部地址。

根据大革命时期共产党员林国藩老人的回忆,"是日中午黄学增等人在邑人李德士家中用膳。饭后,李德士、李作周、李鉴三等人又陪同黄学增等前往乾塘村陈氏大宗,与当地邑人陈吉昌、陈会南、陈会昌等

---

[1]《广东省农民协会执行委员会通令》《各属办事处职员姓名表》,载《犁头旬报》第1.2期,湘潭大学出版社《红藏·进步期刊》系列影印本,2014年,第412—413页。

[2] 中央档案馆、广东省档案馆:《广东革命历史文件汇集》,一九二六年(一),1982年10月,第151页。

见面,向他们宣传先进思想。"[1]

按:李鉴三,南二南寨村人,1867年出生,以私塾教书为业,学生遍及吴川各地。逝于1942年。

2月17日—18日 中共南路特委书记黄学增,吴川特支书记陈信材,由吴川吴雨佳等人陪同到南三田头村陈跃龙家召开会议,与会者陈跃龙、陈梓材父子外,还有陈永祥、陈文华、黄善端等。黄学增在会上说:'今天一来是向大家拜年,恭祝大家新年快乐,一是鼓励大家继续开展抗法斗争,希望大家团结一致,开展抗法工作。'同时,他提出了我们一定要收回广州湾口号。[2]

2月22日 全省农民运动特派员还召开一次扩大会议,这次会议除了特派员外,参加者还包括广东省农民协会全体执行委员及各属办事处代表,这也是广东省农民运动历史上的一次重要会议,阮啸仙誉之为:"在广东农民运动史上有继往开来的责任"。[3] 黄学增作为省农协执行委员以及南路办事处主任,参加了这次会议,并在会上做《南路办事处最近进行计划》的报告等。

有关扩大会议的情况,省农民协会机关刊物《犁头》周报对此的报道:

"今天是本会扩大会议之期,我们召集在内在外指导工作的全体执行委员,和六个办事处的中坚分子,与在各级协会各农村中实际工作,为农民利益冲锋的特派员同志,来开这个会,为的是:检阅我们过去的工作,在组织上,在政略上,有无错误?团结力量是否巩固?在中国革命的意义行动上,是否有了进步?及以后应该怎么样去努力?使农民运动为有组织有方法的发展。""我们之所以做农民运动,组织农民协会,

---

[1] 见李钦主编《吴川、坡头抗法风云录》,(香港)中国文化出版社,2009年,第243—244页。

[2] 根据大革命时期共产党员林国藩老人回忆,见李钦主编《吴川、坡头抗法风云录》,(香港)中国文化出版社,2009年,第243—244页。

[3] 《广东省农民协会扩大会议》,载《阮啸仙文集》编辑组编:《阮啸仙文集》,广东人民出版社,1984年,第249页。

都无非为的是要领导农民参加国民革命……故此对于农民的敌人，如绅士土豪贪官污吏包农地主，无论如何须设法打倒他。"会议喊出口号是："进攻'贪官污吏、劣绅土豪、买办地主、流氓土匪、民团'，消灭军阀在农村政治经济的根基！"

《南路办事处最近进行计划》[1]：

一、通告所在地各军师部，政治部，南路行政委员公署，省绥靖剿匪委员会，除盗安良会，各县公署，各县党部，各县区乡农民协会，说明设立本办事处之意义。二、召集所在地各特派员，及负责农民运动者会议，报告及讨论各地协会进行。三、调查全路交通线，及绘画全路地图。四、调查各县行政区数目，及各该行政区内乡村数目。五、调查各县土匪及民团状况；因南路土匪多受魏邦平指挥，而与帝国主义有关系的。六、调查各县特殊情形。七、调查各县农民在经济，政治，文化各方面的状况。八、调查各县方言的类别。九、调查各县学生，智识界，商人，工人等对于农民协会的态度。十、调查各县区乡农民协会状况。十一、分配各特派员到各县工作，并因某特派员对于某县工作适宜而调遣之。十二、已有农民协会组织之县，有海康、遂溪、化县、阳江及廉州，均须努力扩大组织，并施行各种训练。十三、茂名之茂南地方（公馆附近）有纯粹农民组织，用以反抗地主阶级之生理会，应注意改组其组织，变成农民协会，并以此地为茂名全县农民运动之发起点。吴川之第五区杨屋村、文屋村已有农民倾向农民协会，应从此着手运动，为吴川全县农民运动之发起点。十四、除此整个计划个，另按照情形，规定各县进行计划。

3月3日 黄学增参加第二次遂溪人民代表大会，并发言。

黄学增在《广东南路各县农民政治经济概况》提道："当第二次人民代表大会开会之际，我用国民党广东省党部南路特别委员会会员名义参加，讵该县长及一班随人，完全无开会常识，又视此会为自己御用的，

---

[1] 参阅《犁头》第4期（1926年3月5日），湘潭大学出版社《红藏·进步期刊》系列影印本，2014年，第80—101页。

所以开会之前，会场设在师范学校，完全无布置，亦无来宾座位，只用学生课堂上座椅写各代表名字，令各代表就座，不挂国旗党旗及中山先生遗像，不用开会秩序，讲坛设一座椅，供主席——县长坐，似全无一件开会事，只外边鹄立几位游击队兵而已。将开会时，遂溪党部人教他去党部取国旗党旗及总理像来挂在会场里，写出开会秩序单，他才照办。而秩序中无演说一项以便我们演说，他坚持不肯，无奈他宣布开会后，才呼各人有什么伟论可以发表，我当登讲坛，将要发言，他叫标出座号数，形形式式都是非常好笑。"

3月29日 在梅菉省农协南路办事处签署第11号与第12号"令"，要求办理电白黉花乡农民协会筹备处以及将遂溪县第六区农民协会"拿解庞贼玉清至雷州除盗安良会惩办"一事备案。

3月 黄学增派陈柱、李子安参加在南三岛南寨村"广福堂"成立的同善会仪式，同善会成立仪式上"通过同善会遗记手册"，并立宣誓遗记。[1]

3月 南路办事处还上书相关部门，明确表示"反对糖煤油捐"："广东省农民协会南路办事处昨电省中华全国总工会及各机关云：据遂溪、阳江、海康等县农会报告，南路各属财政处近有增抽糖捐之令，每担八角，尚有煤油专卖税，每罐五角，各属农民，因生计困难甚感痛苦，若政府强硬必办，必予人民以反感，务请政府令南路各属财政处根本取消云。"[2]

3月底 广东省农民协会南路办事处主任黄学增从遂溪调共产党员周永杰来廉江，任廉江农运特派员。周在开展农运的同时创立中共廉江党组织。

3月至4月间 于吴川到县署与吴川县长苏鹗元交涉废除苛捐事宜。

---

[1] 李玉光回忆，见李钦主编《吴川、坡头抗法风云录》，（香港）中国文化出版社，2009年，第250页。

[2]《工人之路》第272期（1926年3月27日），湘潭大学出版社《红藏·进步期刊》系列影印本，2014年，第327页。

《吴川农民举行废除苛捐大运动》（《犁头周刊》第 8 期，1926 年 4 月 15 日）[1]：三月十五日，该区四十八乡农民遂联合派出代表五百余人，扶老携幼，到梅菉省农会南路办事处、省党部南路特别委员会及第十一师政治部等处请愿，要求转致吴川县署取消蒜头苛捐……初苏县长复南路办事处函不肯取消，其理由一则说此案系前县长办理有案，二则说如此抽收农民捐税以办学并不为奇，如取消之后则群起效尤，凡亚此捐者更不能行。继而由南路办事处主任黄学增前往吴川县署，与苏县长交涉，始允取消蒜头捐，至蒜串捐即每沽价一元扣银九厘一节未允取消，仍在交涉中。

另有文献载，南路办事处经过了解实情后，随即一面写信给吴川县长反映情况："农民躬耕食力，茹苦含辛，加以盗贼猖獗，民不聊生。连年幸得蒜头收入，始稍资度活。讵意今年吴川土豪李咏益，借报效学费为名，新起蒜头捐税及蒜串捐税……今国民政府以废除苛细杂捐，扶植农工为政府，望贵县长顾念政府，体恤农民至意，尅日将蒜头捐取消"；一方面办事处主任黄学增亲到吴川县署据理力争。无奈，吴川县县长苏鄂元被迫取消蒜头捐。

3—4 月间 在黄学增领导的农协南路办事处的努力下，南路农民自卫军也取得一定的成绩。1926 年 3.4 月间，遂溪县一、二、四、六、七区都成立了农民自卫军，分别拥有枪支 30 余支、50 余支、40 余支、320 余杆及 110 余支；尤其是第六区农民自卫军非常活跃。[2]

按，另有包惠僧曾回忆说："陈延年知蒋介石迟早必反，在广东方面普遍发展农民运动，东江南路加强农民自卫军的组织"。[3]

4 月 1 日 在《中国农民》第一卷第四期上发表《广东南路各县农

---

[1] 载《犁头》周报第 8 期（1926 年 4 月 15 日），湘潭大学出版社《红藏·进步期刊》系列影印本，2014 年，第 117—119 页。

[2] 黄学增：《广东南路各县农民政治经济概况》，《中国农民》第 4 期（1926 年 4 月 1 日），湘潭大学出版社《红藏·进步期刊》系列影印本，2014 年，第 414 页。

[3] 《包惠僧回忆录》，人民出版社，1983 年，第 416 页。

民政治经济概况》第一部分。同期发表的还有彭湃的《海丰农民运动报告》等。

4月2日 黄学增在广州参加讨段惨杀北京民众大会。

"广东各界十五万人在广东大学操场举行讨段惨杀北京民众大会。林祖涵宣布开会，陈公博报告段祺瑞惨杀北京爱国民众事件。褚民谊、陈其瑗、高语罕、李森、刘衡静、潘考鉴、彭泽民、伍杏仙、黄学增、黎兆葵、陈志文等先生演讲。大会通过讨段惨杀北京爱国民众决议案。"[1]

4月8日 国民党南路特别委员会会同国民党省党部向国民党中央工人部等控告锦纶泰商号买猪仔往南洋。"该地锦纶泰号由高雷内地收买土帮失业工农往港，查出口者已达七八千人，现尚继续买运。"要求省港罢工委员会"速派大队前往雷截缉，并向法领从重抗议。"

4月15日 遂溪县农民协会成立，黄学增代表省农协南路办事处出席成立大会，向遂溪县农民协会授旗授印，并发表演说。

4月中旬 黄学增出席中国国民党遂溪县党部执行委员会和监察委员联席会议，指导重新分配调整党部职员，选出党部常委3人，共产党员占2人；组织、宣传、农民、工人、商人、青年、妇女7个部负责人，共产党员占5个部：组织部陈光礼、宣传部吴斌、农民部刘坚、工人部邓成球、妇女部钟竹筠。

4月 广东省农民协会南路办事处委托"雷枝"在海康城举办雷州宣传讲习所，黄学增、黄杰、薛文藻、陈荣位等先后为讲习所讲课。

4月 黄学增在广东南路先后开办了"梅菉市宣传学校""雷州宣传讲习班"和"雷州工农补习班"，在短期内培训了150多人。

有学者提道："雷州农民运动讲习所是广州第一届毕业生黄学增主持开办的，培养学生达一百多人，他们来自遂溪、海康、湛江等地。"有学者曰："第一届农讲所学生黄学增，毕业后曾受中共广东区委派遣，

---

[1]《工人之路》第279期（1926年4月3日），湘潭大学出版社《红藏·进步期刊》系列影印本，2014年，第354—355页。

担任中共南路特委书记，1926年又任广东省农民协会南路办事处主任，在他的发动组织下，南路的遂溪、海康等县纷纷建立了中国共产党的组织机构，各地的农民协会、工会、妇女解放协会的组织也相继建立。"[1]

4月 黄学增与朱也赤到茂名县云炉乡、官庄乡等地进行考察、调研，并提议惩罚当地恶霸土豪。

"（1926年4月）黄学增和朱也赤到茂名县云炉、官庄等地考察。当地5个乡的群众联名控告大地主大恶霸梁竹铭鱼肉乡民，对农会会员加租易佃，破坏农民运动。黄学增、朱也赤经过调查，支持群众的斗争，并以南路农协办事处和国民党茂名县改组委员会的名义，要求县政府和驻军逮捕梁竹铭。7月5日，梁竹铭被押往梅菉究办。"[2]

4月 黄学增在梅菉。在第二次农民代表大会开会前夕，将相关南路农民代表从梅菉带到广州，一齐参与会议。

李进明回忆到："大概是1926年的5月份，办事处住满了多达300的农民，他们是从各个县区的农会派送当代表而来的，他们大半扛着犁、耙、锄、镰等农具，一宿后，才由黄学增同志带动（到）到省农会开会去。"[3]

5月1日 广东省第二次农民代表大会及第三次全国劳动大会在广州国民党中央党部礼堂联同开幕，两会代表及各团体代表不下2000人，黄学增出席这次大会。

开幕会后，两会代表手执红旗赴东校场共同参加了全市30万人纪念"五一"国际劳动节大会及示威大巡行。

5月1日 在《中国农民》第一卷第五期上发表《广东南路各县农民政治经济概况》第二部分。同期发表还有李大钊的《土地与农民》以

---

[1] 陈登贵：《第一次国共合作时期广州农讲所的创办及其历史功绩》，载广东省档案馆、毛泽东同志主办农民运动讲习所旧址纪念馆：《广州农民运动讲习所研究文集》，1986年1月，第71—72页。

[2] 中共湛江市委党史研究室编《中共南路党史大事记》，广东人民出版社，1996年，第24页。

[3] 《黄学增研究史料》，第175页。

及彭湃的《海丰农民运动报告》等。

5月5日 黄学增在大会上作《南路办事处会务报告》，他概括了南路农民运动的情况和南路办事处工作情况。

黄学增作完报告后，大会对《南路办事处会务报告》进行决议。[1]

大会听了南路办事处会务报告之后，决议如下：（一）南路农友受广州湾、香港法英帝国主义先后指挥军阀龙济光、邓本殷及一切反革命派土匪之骚乱，以致失业、逃亡、饥馑、惨死日多。五年来，只以雷州一属计，失业、逃亡、饥馑、惨死人数，竟在四十万以上，而农村焚毁、田地荒弃，且占大半数。此种惊人的大变动，实为有史以来所未有，南路农友处境之惨，实非语言所能形容。我们为使南路农友能够解除目前痛苦与报雪过去仇恨，务须使其一致团结起来，集中在我们农民协会指导之下，努力奋斗，打倒法、英帝国主义，打倒一切反革命派，肃清土匪，收回广州湾与香港。（二）南路农友——尤其是雷州农友，能够认识他们的敌人。在法帝国主义占领广州湾之时，曾赤手空拳，联络数万之众，起而反抗，血战至数月之久；在军阀邓本殷宰割之下，曾秘密地起来组织农民协会及农民自卫军，反抗邓氏；南路肃清之后，更能认识基督教是帝国主义之先锋，一致起来做反基督教运动，此种奋斗精神，在革命史上确是留了重大的纪念。此外，遂溪农友痛殴民团团长杨文川，请愿枪毙土豪庞玉清，反对县长伍贯横，吴川农民请愿废除蒜头捐、蒜串捐，都是表示不堪劣绅土豪、贪官污吏之蹂躏。可是，南路农友现时组织尚少，即有组织地方亦欠训练。我们为使南路农友能够继续过去的奋斗精神，反抗帝国主义，反抗军阀，反抗贪官污吏，反抗土豪劣绅，务须扩大其组织，并施以适当的训练，使其有系统、有纪律的健全发展，以完成其历史的使命。（三）劣绅土豪大地主等，与我们农民的利益是处于绝对相反地位的。他们无论在何时何地，都是要设法破坏我们的组织。

---

[1]《中国农民》第6.7期合刊（1926年4月1日），湘潭大学出版社《红藏·进步期刊》系列影印本，2014年，第217—218页。

他们破坏我们的手段，有强硬与阴柔二种，强硬的我们不怕，最怕的是阴柔。因为阴柔手段最足令我们不觉，潜入我们队伍中，在我们内部来破坏我们。各县已有此种现象，前途危险，固不待言，南路农友应十二分注意此点。（四）南路农友，目前在经济上最感受痛苦而且普遍的为：火油专卖、糖类捐、征收无地钱粮、高利借贷、田主苛例及使用邓本殷遗下之伪银等，我们应请国民政府分别取消，或取缔，或设法补救。（五）各县民团或联团或保卫局，都是土豪劣绅地主合伙组织，以压迫农民的一种武器。我们如要他解散，只有将我们农民协会及农民自卫军的组织扩大起来。因为我们的组织扩大，他就自然无形解散。至他解散之后，枪支果属我们农民的，当然归还我们协会，款项果属公款或我们农民的，亦当然归还我们协会，但有损害于我们农民的，当废除之。（六）雷州失业农民，为南路的一个最大而急待救济的问题。我们应唤起社会人众及政府注意设法救济，或由社会举行筹赈，或由政府拨以耕地、给以耕牛农具等，使其渐次复业。至于雷州农民要求蠲免灾区钱粮及取缔盐商提高盐价，我们亦应请政府执行。

5月7日 大会秘书长黄学增提议，潮阳县长阻碍农民运动，无理扣留本次会议代表邓某，大会对此事应予干涉。随即通过以大会名义致电潮阳县长，从速释放该代表，使他能早日赴会。

5月8日 大会提案及决议案审查委员会成立，黄学增和彭湃、周其鉴、罗绮园、何毅等为委员。[1]

5月10日 黄学增代表农代会，与省劳动大会、教育大会代表一起，其中包括邓中夏、李立三等人，参加黄埔军校联欢会，并在会上发表演说，希望黄埔军校本着国民革命精神，早日出师北伐，统一中国。

《工人之路》第316期（1926年5月11日）以《昨日黄埔军校欢迎工农教三大会代表》报道曰："昨日为黄埔军事政治学校欢迎劳动大

---

[1]《黄学增研究史料》，第267页。

会农民大会教育大会代表之期，上午十一时，军校驻省办事处准备紫洞艇多艘在岭南大学码头迎接，十二时半抵黄埔，当有招待员引导全体代表凡七百余人分往各教室宿舍、白鹤顶炮台参观，校内各处拥护革命口号，极令人奋发。二时开会，首由校长蒋介石先生致欢迎词，大致谓工农为革命主力军，极希望监督军队指□军队，使武力成为民众武力云。次有工农学代表邓中夏、李立三、黄学增、伍大光、王亚璋，诸表相继演说，大致皆希望黄埔军校同志，本国民革命宗旨，早日出师北伐，进行统一中国。末由该校学生蒋先云致答词，大致谓，黄埔军校同人当服膺孙总理，武力为民众之武力遗训，□鲜血为革命代价，与全国革命群众共同努力，使国民革命成功，演时词语至为沉痛，大众极为感动。最后由蒋校长致辞，尽欢而散。"[1]

5月11日 黄学增继续主持大会会务工作。

5月15日 上午，广东省农民代表大会举行最后一次会议。会上选举黄学增和罗绮园、阮啸仙、彭湃、周其鉴、韦启端、杨其珊、蔡如平、原基、郭竹朋、朱观喜、薛六、钟耀龙等为省农民协会第二届执行委员，何耀、何玉山、何友逊、周永杰、邓一舟为候补委员。"下午，大会举行闭幕典礼，由秘书长黄学增报告大会经过后，新当选之执行委员和候补委员就职，由周其鉴代表全体新委员致词。次请第六届农民运动讲习所所长毛泽东演说，内容是关于农民之经济斗争与政治斗争之关系及敌人压迫原因。在湖北、湖南等部分代表相继发言后，乃高呼口号拍照散会。"[2]

《工人之路》也以"省农会第二届执行委员"为题报道曰："昨十五日广东全省农民代表大会为正式□事之第十三日，亦即最后之日。上午九时开会，主席彭湃，出席代表一百七十九人，主席宣布开会，议

---

[1] 《工人之路》第316期（1926年5月11日），湘潭大学出版社《红藏·进步期刊》系列影印本，2014年，第499页。

[2] 《广州民国日报》1926年5月17日。

事程序：（一）阮啸仙同志报告宣读敬告农民书，付众表决通过，照原文发。（二）罗绮园同志报告广大农科学生会提案。（甲）组织广东全省农业改造会；（乙）各地农民协会速办农民合作社；（丙）速办各地农民子弟学校；（丁）组织农村巡回演讲团。随即付众表决通过。（三）秘书长黄学增宣讲：（甲）中国国民党红十字会贺本会电；（乙）广西东兰县被难农友致本会电随表决致电慰问东兰被难农友，电文由秘书处塌缮就拍发。（四）主席宣读大会宣言案随表决通过照原发表。（十五）选举，结果选出广东省农民协会第二届执行委员十三人，候补委员五人。执行委员：罗绮园、阮啸仙、彭湃、黄学增、周其鉴、韦启瑞、杨其珊、蔡如平、原基、郭竹朋、朱观喜、薛六、钟耀龙，候补委员，何毅、何玉山、何友逊、周永杰、邓一舟。下午一时，主席宣布休会。"[1]

5月22日 黄学增回到广东南路从事国民革命。此日连同中共党员陈柱、彭中英、李子安由梅菉前往广州湾，途经南二淡水沟，并借宿于村民李癸泉家中。

对于这段历史，撰写于1930年的《李癸泉手册》有比较详细的记载。因为这本革命文献里面不少内容涉及黄学增，现将相关部分摘录如下，以作参考："民国十五年三月[2]李子安叫我去黄坡，参加成立农民协会游行。至同月十三日，子安带彭成贵同志来到，介绍相识。子安、彭讲革命真理，我兄弟认定高兴。彭成贵、子安叫我兄弟做革命。四月十一日黄学增、陈柱、彭成贵、子安由梅菉搭渡船过去广州湾，渡过淡水沟埠头，三人到我家过夜，叫我胞兄荣泰、大仁堂村瑞春培养各人做革命，成立南二联络站。第三天李瑞春、李荣泰叫杨光南请船送学增、陈柱、中英（按，即彭成贵）、子安一齐同时到广州湾南路特委机关。

---

[1]《工人之路》第322期（1926年5月17日），湘潭大学出版社《红藏·进步期刊》系列影印本，2014年，第519页。

[2] 按，笔者根据此文献后面日期推测，如使用"初七"的称呼，认为此手册采用农历记述时间。

又二十五日，子安介绍陈柱收我、瑞春、荣泰入党，宣誓饮血酒。誓词：服同（从）共产党命令，做好共产党员，实行革命为人民，如有违反者，死亡在共产党炮口。学增、陈柱叫我和瑞春负责广州湾南二发展革命和党员，成立革命兄弟会。我发展南寨村李锦彪、李子光，姓冯村冯福元、冯胜元，沙城村谢玉祥、陈庆桃，姓钟村钟炳，南沙光嘴村杨光南，上高村郑振河、陈超元，姓庞□村庞球瑞，长巷村陈国香；李瑞春在大仁堂发展陈文泉，西滘村人烟楼村沙光渗、沙光，嘴村麦畔□、大屋头村陈□、伍高州，瑞村梁云，伍姓梁村梁辑伍；荣泰发展坨尾村林玉□沙环村王永忠，新川村陈秀隆，仕藩村陈仲儒、陈国昌，梁□村梁□富，姓梁村梁富□，青山村陈发泉，沙□村陈普如、陈瑞隆，姓林村林召南，张余村余玉兰；共三十二名在我书房成立革命兄弟会，选我作会长，瑞春副会长，每人每月收银式元作革命经营费用。又初七我与瑞春去南路办事处会（汇）报学增主任。又十四，学增、陈柱、彭成贵、子安来我书房两夜，成立党小组，选我组长，瑞春副组长，党员李荣泰、钟炳南、卢裕生、冯福元、梁辑伍、陈庆桃、陈文元、沙光渗、张四、杨光南。十月二十四日，中共南路特委布置下，广州湾南二淡水沟党小组发动南三南二渔民代表二百多人，到大窝婆庙成立渔民协会，到三合窝法国公安局游行反船头税，斗争胜利。渔民协会选我作会长，李瑞春、陈庆桃副会长，委员李荣泰、余玉兰、陈□隆、庞球瑞，渡海交通员林茂春、余玉兰、陈瑞隆、陈庆芳，每个渔船每月收银肆元作费用。陈柱、陈时、彭成贵、张胜、子安、李玉轩、大芬同志来教李荣泰造枪，又教冯亚寿、亚妹二人造枪，成立淡水沟各村农民自卫队，成武装起义。队□李紫泰、付□、李赐□□□、陈超元、队员□□村陈亚寿、林□□、陈瑞隆、陈普加、陈素广、陈□□，姓冯村……又十二月赤坎至梅箓渡船被海关抢，冯亚寿、李紫泰三人打败海关，救出渡船。李癸泉去高州开农民代表会回来，黄学增派陈柱来成立党支部，派我书记，就开展二五减租谷，游坡□带法国兵收租，被李紫泰、陈超元带自卫队打退。法国兵□□租谷伍仟斤。又民国十三年（按，此时间似有误）南路特委会议布置控制生猪、粮油出国，禁止洋货入国。五月，陈柱、杨枝水、张胜、子安、麦子兴同志来开党小组会，联络黄坡预备队……"[1]

5月24日　黄学增与中共党员陈柱、彭中英、李子安一齐从南二淡水沟前往广州湾南路特委机关。[2]

5月30日　《团雷州特支给团中央的报告——五月份团组织、农运、工运情况》报告里提道："雷州《民国日报》、雷州宣传讲习所，为雷州之宣传机关，主持者系我们同学。雷州宣传所的学科——社会进化史、国耻史、中国革命史、演讲须知等系我们同学负担；三民主义、建国方略、国民党组织法系民校同志负担。定三个月毕业，共有学生六十人。"[3]

5月30日　是日为"五卅"纪念大会召开日，雷州青年同志社遂溪分社在遂溪发出《"五卅"中杀案敬告民众书》。

5月　江刺横根据中共南路特委负责人兼中国国民党南路特别委员会主任黄学增的部署，到北海，担任中共北海镇（后改为市）特支书记兼中国国民党北海市党部执行委员、组织部长。

6月1日　黄学增在遂溪参加中国国民党遂溪县党部执委、监察第三次联席会议。

"遂溪县党部执行委员会呈文"载："呈报广东省执行委员会呈文为呈报事。窃职部奉南路特别委员会主任黄学增、委员韩盈两同志，督职部从（重）新分配工作，以俾党务系统整符而职员责任清晰。在本月一日召集执委、监察第三次联席会议，与席有黄主任学增、韩委员盈，

---

[1] 根据湛江市坡头区地方志编纂委员会编：《湛江市坡头区志》，广东人民出版社，2013年，附影印页。按，根据湛江《坡头区文史》的信息，《李癸泉手册》是1986年拆因台风而损坏的李癸泉旧茅屋时发现，后经广东省文物管理委员会1989年2月24日鉴定是民国十九年（即1930年）的原物。见政协湛江市坡头区文史资料研究委员会：《湛江市坡头区文史》（第三辑），1996年7月，第75页。另第76—82页附上该手册影印件。

[2] 见《李癸泉手册》。

[3] 中央档案馆、广东省档案馆：《广东革命历史文件汇集》，一九二六年（二），1982年10月，第208页。

到会：陈耀庚、邓成球、吴斌、钟竹筠、陈光礼、吴定培、叶春卿、周纪、周润生。当席选出陈光礼、吴斌、陈耀（庚）三人为常务委员，并选定陈光礼为组织部、吴斌为宣传部、刘坚为农民部、邓成球为工人部、梁树本为商人部、陈耀庚为青年部、钟竹筠为妇女部，及指定各部干事，陈光礼担任责组织宣传部干事，邓成球担任农工部干事，陈耀庚担任商青妇女部干事，且决定另请梁栋同志为秘书处书记，梁德修同志为特别干事，以处理一切庶务事宜。至梁树本同志任商人部继任执行委员（乃为黄荣同志身故缺职，同席议决以梁树本同志补上执行委员）。所有该次会议分配工作经过情形，理合备文呈报钧会察核备案，实为公便。谨呈广东省执行委员会。 遂溪县党部执行委员会"。[1]

6月5日 南二淡水沟的李癸泉、李荣泰及大仁堂村的李春瑞在陈柱与李子安的介绍下加入中国共产党。当时的誓词是："服同（从）共产党命令，做好共产党员，实行革命为人民，如有违反者，死亡在共产党炮口。"随后，黄学增等吩咐李癸泉和李瑞春负责广州湾南二发展革命和党员，成立革命兄弟会。其后李荣泰、钟炳南、卢裕生、冯福元、梁辑伍、陈庆桃、陈文元、沙光渗、张四、杨光南相继加入中国共产党。[2]

6月6日 在高州南皋书院国民党省党部南路办事处召开南路代表大会上，黄学增担任主席团主席，宣布开会理由。

《广州民国日报》报道（1926年9月11日）：

（本报专访）南路代表大会昨六日上午十一时在高州南路特别委员会举行开幕典礼，会场四周均悬生花纸旗，中悬孙总理及马克思、列宁等遗像，壁间满贴五色标语，布置非常辉煌。是日出席代表四十余人，来宾参加者有茂名地方检察厅、审判厅、绥靖委员会、茂名县公署、化县公署、筹饷处、教育会、高州学生联合会、妇女协会、各学校、各工会、

---

[1] 中共湛江市委党史研究室编：《南路农民运动史料》，广东人民出版社，1997年，第93页

[2] 见《李癸泉手册》。

各乡农会等代表三百余人。开会秩序：一、齐集，二、奏乐，三、恭读总理遗嘱（全场肃立），四、主席宣布开会理由，由主席团推定黄学增为主席，宣布开会理由，五、宣读祝词，六、茂名女校歌诗，七、演说——第九中学校长、茂名中学校长、高州学生联合会代表、各工会各农会代表、地方检察厅代表及苏鹗元同志等均有演讲，发挥淋漓尽致，八、答辞，九、奏乐，十、唱国民革命歌，十一、高呼口号，十二，摄影，十三、茶会。直至下午四时许始行散会。

兹附录其通电如下：

（衔略）钧鉴，敝大会本日开幕于高州，除钦廉未到外，到会代表卅四人，代表十一县一市党部，各界来宾参加者三百余人。特电奉闻。

中国国民党广东南路代表大会叩。鱼

6月7日 在高州参加国耻纪念大会及祝捷大会。

6月8日 在高州国民党南路代表大会上做政治报告与工人运动报告。

《广州民国日报》（1926年9月18日）：

（特讯）南路党代表大会，七日因参加国耻纪念大会及祝捷大会休会，昨八日始开第一次会议。查是日开会，上午出席者除合浦、防城代表未到外，共十三县一独立市代表四十四人，推举朱光震为事实主席。开会秩序：（一）恭读总理遗嘱（全体肃立），（二）推举钦廉主席团——江刺横、陈国焕当选，（三）报告审查代表经过——由林丛郁报告。略谓各属出席代表均合手续，惟海康县黄斌、陈雨春两代表及灵山代表潘渊泉同志无证明书，然黄斌同志系海康常务委员，陈雨春同志系海康第八区负责同志，潘渊泉同志系南路特别委员会所派出灵山筹备员，此次未有证明书，系一时仓促忘记，已由南路特别委员会代为证明，经审查委员会认为有效。但该两县代表于闭会后，仍须由县党部来函证明之。（四）政治报告——黄学增报告，分国外国内两部，分析世界政治大势及中国政治状况，非常明晰。（五）休息。

下午一时继续开会，出席代表四十二人，推举易经为事实主席。开会秩序；（一）恭读总理遗嘱（全体肃立）。（二）南路党务总报告——林丛郁报告，对于南路党务不能充分发展之原因、南路特别委员会工作经过及各县市党务工作好坏的地方，莫不批评尽致，全场代表咸肃然静听。（三）工人运动报告——黄学增报告，历述工人运动之重要及南路工人概况。直至下午四时半始行散会。

6月9日 于高州国民党南路党部代表大会上作农民运动报告。

《广州民国日报》报道（1926年9月21日）：

昨九日，为南路代表大会会议之第二日。是日上午出席代表四十一人，推举黄斌先生为事实主席。开会秩序：（一）恭读总理遗嘱（全体肃立）。（二）报告防城监察委员被捕事，由林丛郁先生报告。略谓：昨日接防城县党部急电一件，今日又接东兴总工会、学生会急电一件，说防城县监察委员李松影虞日被第十一师拿去北海，称有通敌行为，生命危殆，请急维持等语。此事关系防城党务前途，应如何应付，请大会讨论云。后灵山、钦县、防城等代表亦咸称李松影是努力分子。当即议决以大会名义电请陈师长释放，并报中央党部、省党部、国民政府、军事委员会、省政府。（三）黄学增先生报告工人运动（按，上日已报告工人运动，应为农民运动）。（四）韩盈先生报告青年运动。（五）钟竹筠女士报告妇女运动。议事日程原定第六项由林丛郁先生报告商人运动，以时间已到，逐即休会。

6月10日 继续于高州参加国民党南路党部代表大会。

6月11日 继续于高州参加国民党南路党部代表大会，并报告程赓事件。后来周恩来曾在一篇文章中提及此事件。

《广州民国日报》报道（1926年9月23日）：

昨日为南路代表大会会议之第四日，上午出席代表四十二人。秘书处报告，防城县党部代表李成通已于昨晚抵步，现到会代表除合浦县代表未到外，共十四县二独立市，事实主席陈国焕先生。开会秩序：（一）恭读总理遗嘱，全场肃立。（二）报告徐闻县党部筹备员程赓被捕枪毙事，由黄学增报告。

略谓：程赓同志系本党很努力忠实的党员，当革命军南下时，他和各农运同志从事农民运动，近日南路特别委员会派为徐闻县党部筹备员，但因徐闻的贪官豪绅作反，转回海康。不料雷州昨日来电，说程赓同志被驻雷防军陈营长拿去了，昨又接灰日来电说，党部及农会负责同志，几次到营部都被拒绝。程赓同志已惨被枪毙了，但不宣布罪状。哎哟，程同志实在没有罪状！他的"罪状"是努力党务，向贪官污吏、土豪劣绅、不法军队攻击，及扶助农民与地主豪绅对抗。他的死不是犯着什么法律，是死于反革命派之陷害。防城努力的同志李松影，在四日被反动派构陷拿去了，现在徐闻努力的同志程赓又惨遭枪毙，我们党员的生命很危险啊！这不是程同志一人之事，实在关系于我们全体党员，关系本党前途，应如何应付，请大会讨论云。……

6月16日 黄学增在梅箓省农协南路办事处听取李癸泉与李瑞春的汇报工作。[1]

6月19日 黄学增在广州与苏兆征、谭平山等人一齐出席反帝运动周年纪念大会，并代表省农民协会发表演说。

《工人之路》第355期（1926年6月21日）以"反帝运动周年纪念大会盛况"报道曰：

"昨十九日为省港工学罢工罢课反帝国主义运动周年纪念日，工学两界联同在东园前举行纪念大会，东园前旷地高搭大台为会场，台前悬挂生花横额，大书'省港反帝国主义运动周年纪念大会'字样，台之四周，□悬红布各种标语横额，台中悬挂孙总理遗像及国旗党旗。是日各界到会者，有国民党中央执行委员谭平山、中央党部、省党部、市党部、中央军事政治学校、国民革命第一第二三四五各军、高级政治训练班、中华全国总工会、省农民协会、四商会、教育会、农工商学联合委员会、省政府、市政府等代表。省港罢工各工会工友、罢工纠察队、香港罢课学生，四五万人，群众激昂异常。

---

[1] 见《李癸泉手册》。

正午十二时开会，由罢工委员会委员长苏兆征主席。升会秩序（一）奏乐；（二）□集；（三）为罢工殉难烈士默哀两分点；（四）宣布开会理由。当由主席苏兆征宣布，略谓……云。（五）宣读纪念大会宣言，次由中央党部委员谭平山、工农商学联合代表□石、中央宣传部代表陈曙凤、省农民协会代表黄学增、中央军事政治学校代表陈国权、中央委员陈其瑗、市商民协会代表等，相继演说激昂异常，掌声四起，末由到会群众高呼'省港罢工定要到□□的解决'，'省港罢工的胜利是中华民族的胜利''工农商学联合起来拥护省港罢工''拥护国民政府出师北伐''省港罢工胜利万岁！'等口号，声澈云霄，又当开会之际，农工商学联合代表简琴石，亲自致送该纪念大会之继续奋斗。横衽一面，该会即将横衽悬挂于□台前，是日烈日炎炎，赴会者均汗流如注，而到会工学秩序整□旌旗蔽空，传单如雪片飞。此种反帝国主义精神见者为兴奋加倍也。是晚在东园前及西瓜园两处开演白话剧，观者人山人海，诚盛会也。"[1]

6月23日 黄学增再度到淡水沟指导成立党小组。南二淡水沟党小组选举李癸泉为正负责人，李瑞春为副负责人。黄学增并在淡水沟逗留两天，对当地群众进行宣传与动员。[2]

6月23日 雷州青年同志社连同遂溪县农民协会联合发出《纪念沙基殉难烈士告各界同胞》传单。

6月25日 黄学增在梅菉主持农民运动及国民党改组工作。

黄学增于6月写给罗绮园信提及："六月廿五日，我刚从广州到梅菉，因为雷州方面党务和农运工作，须我去指导，故于廿七日又从梅菉起程赴雷州。本来从梅菉赴雷州，经过广州湾路程较近而且易行，但广州湾法帝国主义及其走狗——一般反革命派极其痛恨我，每想伺而食之。

---

[1]《工人之路》第355期（1926年6月21日），湘潭大学出版社《红藏·进步期刊》系列影印本，2014年，第110页。

[2] 见《李癸泉手册》。

不得已,是日从梅菉绕道吴川,决定从吴川至黄坡、龙头岭、企坎、直趋遂溪之新埠以入麻章,出安铺而抵雷州城。"正是这次行程,黄学增遇上了土匪,被劫去银元、手表、衣服、纪念章、职员证章等物件。"本来此处经过吴川之龙头岭一带,在梅菉早已知道有土匪的,不过为着党和农民的利益,不得不去,而且一个真正的革命党人,时时是准备牺牲的"。[1]

6月26日 国民党南路特委工作会议召开,黄学增担任主席,出席者还包括潘兆銮、林丛郁、杨枝水、薛经辉等。会上先由林丛郁汇报特委的各方面情况,然后由各人补充;之后杨枝水报告民众运动及相关工作,最后是议决。会上,黄学增补充报告提道:南路党务(按:指国民党党务)的无成绩,已以林丛郁同志所说,但办党的人多是投机派,想把持党部升官发财也是原因之一,茂名党部昨十一师有公函来说,执行委员工作不好,坐分薪水,电白党务近在广州有函报告,说两派相争甚烈,廉江党部竞争选举,李任杰在省和我说他曾得了运动费几百元,如开南路代表大会,他愿捐一百元,信宜县党部的党员人数和出席成立会的代表,省党部现有函批驳雷州青年社和雷州革命同志社,省党部经决议解散东兴改造社,已由省政府饬令解散。会上还决定"雷州各属及廉江党务由黄同志学增负责整理"。

6月27日 在从梅菉前往雷州的路途上。

6月28日 黄学增在雷州开展农民运动等工作;并写信给省农会罗绮园汇报在南路从事农民运动的惊险情形。在信中,黄学增谈道:"本来此处经过吴川之龙头岭一带,在梅菉早已知道有土匪的,不过为着党和农民的利益,不得不去,而且一个真正的革命党人,时时是准备牺牲的,故大胆地绝不畏怯";表现出一个革命者大无畏的精神。同时他也认为:"我回想自实际做农民运动以来,被土豪劣绅土匪及一切反革命派之劫

---

[1] 黄学增:《吴川遇险情形》,《犁头》第十一期(1926年7月21日),湘潭大学出版社《红藏·进步期刊》系列影印本,2014年,第290—291页。

杀，大小几已十次，其所遇算以此次与去年花县一月十八日之役为尤险，此真农民之运动中极堪纪念的事也。"展示出一个革命者对待革命事业无限乐观的态度。

7月1日　黄学增给罗绮园的信件以《吴川遇险情形》发表在《犁头周刊》第11期。

夏　有文献载：1926年夏　共产党员、（国民党）中央农民部特派员黄侠生、蔡日升、邓广华以及黄学增、周金亭等在高要县开展农民运动的同时，先后发展了伍腾洲、李鸿雄等人加入共产党。此时，高要已有党员35人，建立了中共高要县特别支部，书记韦启端、伍腾洲（后）。该特支隶属中共地委。[1]

8月初　南路办事处主任黄学增到电白调查事件真相。8月8日在电城旧雨坡召开了全县农协干部会议，着重讨论了如何进一步扩大农会组织和向土豪劣绅展开斗争等问题。[2]

8月10日　在电白领导民众开展农民运动等。

黄学增在电白写下了《为电白农民求救》一文，愤怒地揭露了电白县地主土豪和民团武装破坏农民运动的罪行。文章激愤地质问："国民党的政纲不是扶助农民的吗？革命政府对农民运动第一次、第二次宣言与夫迭次通令，不是给予农民以组织农民协会，组织农民自卫军之自由，并保护农民之利益的吗？……奈何二个月来电白的地方长官绝不惩戒或制止土豪劣绅地主们此种不法行为？"文章进一步揭露了电白地方长官与地主土豪劣绅互相勾结的实质："农民的哭声已震动了全电白县，也许冲到他们衙门去了，难道他们还听不着？或者是和土豪劣绅地主们一样异口同声'农民该杀'罢了"。文章结尾时，代表电白农民协会，向

---

[1] 见中共肇庆市党史研究室编：《中共西江地区党史大事记》，中共党史出版社，2002年，第44页。另按，中共西江地委是在1926年1月广东省农民协会西江办事处成立时同时成立的，书记是周其鉴。

[2] 《电白县革命大事记》，中共湛江市委党史研究室编：《广东南路农民运动史略》中共党史出版社，2012年，第50—51页。

国民政府提出了五项要求：惩办土豪劣绅地主、解散不法民团、取消团局一切苛捐杂税（谷捐、牛只捐、人头捐、人头税、番薯捐），解散"八堡会"，赔偿农民损失。

8月18日 黄学增撰写的《仲恺先生死了吗？》发表于《犁头》周报第13期。文中深切悼念廖仲恺先生，认为廖仲恺先生死的只是他的躯体，但他的奋斗精神却一直长存！

8月中 于高州送书给因病休养的李进明（时任省农会南路办事处录事），鼓励他学习马克思主义理论。

李进明回忆：8月中，我的脑病剧发，想回家休养，得学增同志准假后，便离开办事处了。临行时学增同志向我安慰，鼓励许多话，并送给我许多书本：马克思主义ABC、共产主义ABC、犁头旬刊……可惜1927年3月中蒋匪暴行清党，我只得把这批书本都烧去了，所留下的只有一本——《各国革命史略》。[1]

8月17—24日 广东省农民协会扩大会议在广州召开，黄学增全程参与大会，并以秘书长身份参加大会相关工作。期间还参与大会组织的游行请愿活动。

广东农民与农民运动者，年来受逆党贪官污吏劣绅土豪不法军队土匪及一切反动派之迭次摧残，被雁害者，不计其数。即不死而幸能生存者，其流离情状，亦惨不忍言。广东省农民协会扩大会，特为此事召集全体代表，并广州市郊农民千余人，前往中央党部、国民政府、省政府，举行大请愿。

队伍未出发前，先列队于该会门首旷地，推举彭湃为总领队，队伍分为数小队，各设领队员。当由省会常务委员阮啸仙痛陈残害农民逆党之猖獗，及应惩办，并详述此次请愿之意义，谓吾人为全广东农民兄弟请愿惩办逆党，一方面虽为自身减除痛苦，但他方面益使北伐后方巩固，革命基□稳健云云。语极激昂沉痛，队伍鼓掌与高呼肃清逆党之声震激

---

[1] 见《黄学增研究史料》第175页。

□汉。次由彭湃同志说出发队员应共同遵守条例。

午前十一时整队出发，前导以长方白布一大幅，上大书，请愿政府惩办：（一）摧残农民之逆党；（二）压迫农民之贪官污吏；（三）焚劫农村屠杀农民奸淫妇女之不法军队；（四）剥削敲榨农民之劣绅土豪；（五）苛抽惨杀农民之土匪等字条。另一白布横幅，上书"广东省农民协会扩大会议七路代表团请愿示威大巡行"廿三字，并用白布书（一）拥护团党工农政策；（二）拥护国民党第二次代表大会对农民决议案；（三）拥护国民政府第一二次对农民宣言；（四）拥护国民政府；（五）拥护省港罢工（种种标语）。队伍齐整，先至中央党部，由黄学增、黄谦、张安养、薛六代表全体晋谒。当由常务委员彭泽民接见，代表先表示来意，彭答党部诚意接受。随阶四代表至党部门首向队伍演说。（彭）略谓农友们，受逆党土匪一切反动派之摧残肆扰，天天在报纸上看也不胜看了，这层本党时时刻刻都顾念到。现在他们还拿土匪罪名诬谤农会，我们可以说，凡谓农会为土匪就是逆党，当要相当的惩办。诸位来此热诚请愿，本党诚意接受，至本星期六开中央执行委员会议，本人当负责提出讨论，当设法督促政府早日为农民除害云云。彭（泽民）演说毕，黄学增代表全体致答词，并队伍高呼拥护国民党口号。旋整队由惠爱路省政府，以府内负责者均因公他去，遂设请愿书，但事前该会已有□文报知，再至国民政府，即由秘书长陈树人接见，答复亦甚满意。队伍高呼拥护国民政府等口号，乃列队出府，经维新路参加广州市民援助省港罢工周大巡行，至下午三时许，始回省农会散队。

此次该会扩大会议代表，及市郊农民千余人，举行大请愿，虽在烈日之下，犹沿途热烈高呼口号，精神不稍疲懈，可见请愿之诚切云。[1]

省农会致国民党中央党部的请愿书，内容大致如下[2]：

为请愿事，窃自贵部改组，于第一次全国代表大会规定对于农民之

---

[1]《广州民国日报》1926年8月27日。
[2]《广州民国日报》1926年8月29—30日。

政纲，第二次全国代表大会决议关于农民运动案，由贵党中央执行委员会农民部订定各级农民协会章程，呈请先孙大元帅明令颁布，并由贵党革命政府先后发表对于农民运动宣言与通令，广东农民深得贵党及其所领导的革命政府之扶助。

二年来全省乃有六十六县八十余万农民协会会员的组织，迄今广东统一，国民革命军出师北伐，革命势力展拓于粤桂湘诸省。照理广东农民，应得到本身相当利益，然而事实却不如是，我们农民不但生命财产失其保障，即集会巡行亦失其自由，且天天被人鄙弃唾骂，诬为土匪，蔑为共产，指为造反，令我们有话难说，即说亦无人睬，此种痛苦来源，一半是由于逆党土匪劣绅土豪民团，一半是由于贵党政府统治下的各县贪官污吏、不法军队。最近三个月来，若中路，若东江，若西江，若北江，若南路，若琼崖，我们农民备受逆党土匪劣绅土豪民团，及贵党政府统治下的贪官污吏、不法军队之积极摧残压迫，为向来所未有。在中路方面，如中山□顺德土匪为祸，农民久不堪命，日盼政府军队剿办。讵军队行为，有甚于土匪，中山国民革命第一军第廿师第六十团，一开到剿匪，即将该县第九区大南下乡农会副执行委员长梁来鸿并会员二人枪毙，强奸妇女八人，奸死一人，所有农家被劫一空。贵党中央执行委员会农民部特派员李华炤、梁伟民二同志，究查此事，被该团扣留辱待，并勒为代他辩护通电等项。顺德国民革命第五军第十五师，在龙眼乡剿匪，一匪不剿，竟大抢特抢农家，奸淫妇女，所有生果及鱼塘的鱼，均被摘刮一空，且捕去六区党部常务委员梁叙众及农民四人，强迫举办民团五十名，农民以无钱办团，且乡中已有农军自卫，而军队硬要办团，至少亦须廿名，否则全乡农民绑起（按，原文如此）。在黄麻涌剿匪枪毙农民一人，连尸搬去。在涌鹤剿匪，强奸妇女数十人，当堂奸死妇女二人。在马江剿匪，捣毁农会，撕碎农旗等项。而中山县长许菁，不承认农会是正式人民团体，农民有要求，永远不答复；劣绅土豪民团有要求，即马上办到，更敢买反对农会恶徒，不时下乡造谣煽惑农民，诬陷农会干涉行政。如第六区上棚官塘分署长梁少彬，明明是自己携款私逃，他即呈报上峰，诬说农会驱逐。顺德县长陈梓维,与土匪劣绅土豪民团军队联成一气,军队在龙眼乡剿匪,他亦亲带游击队同去,不但任所部军队抢掠奸淫,且和军队勒迫农民举办民团,唱说农会快要解散,若不举办民团,即不任保护之责。

据报此次到该乡剿匪,系受劣绅梁署卿六百元运动费,借口剿匪,而剿办农会,举办民团。其次该县长捉获匪党(中□党)三人,农会曾将该匪所犯罪过报告,要求惩办,他竟受该匪一千二百元贿赂,置之不理。其他农民在各处备受匪扰,凡向该县长要求派队剿办或保护,他却是不睬。又如三水县长杨宗炯,专以摧残农会屠杀农民为事,除苛抽农民各种捐税之外,(一)于七月十二日,派大队游击打散正当开幕之榄冈农会;(二)八月十日,派大队游击藉剿匪为名,将方才成立之上横冲农会会员捉去八人,至今还有四人未放,并大张布告,招人控告;(三)八月九日,派游击小队长卢白,在上村捉去佛铸村农会专备员关定华一人,几经交涉,虽肯放人,然关定华被搜去财产八百余元;(四)使各民团局勒派公债票与一般农民,每人二毫,每家至少一元;以上虽孤儿寡妇亦难免;(五)藉募侠而拉伕,如东莞厦岗乡当成立之日(去年阴闰四月初一),已惨被该乡土豪麦廷阶麦广泉等,勾结土匪民团,及叛军摧残,杀死副委员长麦福肇、委员麦耀堂,并会员多命,焚烧屋宇多间,全乡农家妇女,均被抢掠奸淫,案情重大,仍未得政府解决。不图今年一月十七日,又惨被该土豪等勾结中山第九区黄阁乡土匪,及虎门附近一带逆党土匪五百余人,乘夜攻陷,枪毙农友麦松一名,枪伤农友二名(男女各一),拆毁会员住宅廿八间,全村农友已熟禾稻被抢割一空,农具财物,损失无数,后得各乡农军援救,匪党始退去。今月廿日,又惨被匪党攻入,农军不敌,该乡即完全被匪党占据,任意抢杀,全乡千余男女农友,绝食流亡。

连日匪党并运入大帮军械,凶焰极隐,希图危害,虎门一带农会,窥伺虎门防地;而虎门要塞司令王文翰□对此竟置若周闻,只轻轻出一张布告,且说该乡自己械斗。在东江方面,如五华农友与逆党刘志陆奋斗最力，因与逆党奋斗，而被杀头者一十余人，被枪伤者一百余人，屋子被烧，财物损失，男女农友流离失所，更不胜数。大冤至今未雪，而县长胡谆，因反对农会，现在反诬农会勾结刘逆造反，电请第一军派兵剿办，并诬农会为土匪，为共产；今又造谣农会三五成群，时开会议，扰乱北伐后方等语，东江行政委员公署及绥靖委员公署，且会函通令各县长，取缔农会，禁止武装巡行。在西江方面，如广宁数月来匪祸滔天，数十万农民，已盖将垂毙，而政府先后派去之军队，竟坐视不救，反与土匪勾通（土匪陈拔卿、参谋李少奇，正在四会与国民革命军第五军第四十五团谈天谈地）；如郁南县长莫瑞英，接济劣绅土豪民团子弹，攻打新寨等五乡农会，而□长捕去农会会员，农会请求释放，则说农会通匪，然县长却以通匪著名之李光霞保举，现在为匪刘明干出山，并用李光霞在县署办县兵。在南路方面，如电白前任县长现调往化县县长杨锡禄，勾结劣绅土豪民团，于六月十二三两日，由土豪蔡仁卿，率领团兵围攻第八区蛋场仔乡农会，捕去执行委员蔡聿臣等五人；六月廿八夜，由第三区团局游击队长赖树勳，率团兵卅余人，围攻第三区仟芝乡农会，捕去执行委员陈光良，并击伤会员四人，所有农家洗劫一空。七月十五日，由土豪陈锡伦纠集无赖数十人，殴打仟芝乡农会会员陈亚广，几至于死。七月十六日，由第八区团董邓光仁督率团兵十余名，捣毁井头坡乡农会，捕去会员邓振富，吊打重伤。八月十六日，第三区团董黄益三，统率第三区游击队联合团兵武装十余名，将湖塘乡农会会员黄东南、黄东润、黄富春等绑去，今仍暗遣凶手，谋杀农会职员，及贵会农民部特派员，组织八堡会，在广州湾领得讨赤军委任，购运大帮军械，希图扑灭农会，前后被捕会员，都押在县署，且诬农民通匪，此足以□明以上所演出之惨变。该县长应□接负责。在北江方面，如曲江兵站总监强迫农会雇佚（专佚）二百名，农会以农民当此早造登场，田工过紧，不能如数应雇。他即痛骂侮辱，欲拘农会职员。英德之国民革命第二军补充团，时与劣绅土豪民团勾结，压迫农会。仁化县长王永璜，面谕第五区署长，派警干涉农会开会。凡此种种事实，皆是我们全省农民目前惨受土匪、逆党、劣绅、土豪、民团，及贵党政府统治下的贪官污吏、不法军队，摧残压迫之彰明较著者。敝会总合全省会务总报告，及各路办事处会务报告，与各代表提案，认为全省农民目前受痛苦，是土匪、逆党、劣绅、土豪、团民，及贵党政府统治下的贪官污吏、不法军队、劣绅土豪、民团土匪、逆党，苟非惩办肃清，则全省农民，将益受摧残压迫，而中国革命运动，亦受极大影响。回忆全省农民自开始组织农会，一直到现在，无日莫非拥护贵党，及其所领导的革命政府，如广州商团之役、杨刘之役、两次东征、为廖先生复仇、肃清广州反侧、统一广东，以及此次国民革命北伐，全省农民无役不从。在各次战争，全省农民，已流了无数赤血，断了无数头颅，损破了无数财产，凡此皆是我们全省农民甘心意愿，而为中国革命利益设想也。兹敝会为全省农民目前自身（利）益计，兼为中国革命利益计，谨忍着眼泪，胪举事实，代表六十六县八十三万农会会员，向贵会请愿惩办，饬令并督促贵党政府，迅速将摧残压迫农民之贪官、污吏、不法军队、劣绅、土豪、民团，一律惩办，并实行剿办土匪逆党计划，而最低限度，为我们全省农民涕泣请求的，尤其是要惩办三水县长杨宗炯、五华县长胡谆、中山县长许薿、顺德县长许粹维、驻防中山国民革命第一军第廿师第六十团、驻防顺德第五军第十五师、郁南及电白劣绅土豪民团，剿办广宁土匪、东莞厦岗逆党，不胜激切，屏营之至。

此请愿中国国民党中央执行委员会。

广东全省农民协会扩大会议、全体代表率领八十三万会员同叩。

（上国民政府、省政府请愿书，词意略同从略）。

8月24日 在该日会议上，黄学增积极参与大会各项议程，并根据大会安排，以秘书长的身份宣读部分草案，以及向与会代表报告花县民团、电白土豪摧残农会案、广宁匪祸、东莞厦岗事件等。而在该日晚上的闭幕会上，秘书长黄学增向大会汇报了大会的经过，肯定参会代表积极参与议案的讨论，维护农民利益。

《广州民国日报》8月27日以"广东省农会扩大会议之最后一日：

通过各种决议案"报道曰：[1]

广东省农民协会扩大会议连日开会情形，叠志各报。廿四日为该会议之第八日，亦是最后之一日。上午八时开会，主席阮啸仙，出席者执行委员及各路代表共九十五人，来宾有中央农民部陈克文先生等及旁听者十数人。其议事程序：（甲）报告事项（一）主席宣读孙总理遗嘱，全场肃立；（二）主席介绍阳江新到代表黄利珍、谭名智二人，全场鼓掌欢迎。（乙）讨论事项（一）广东农民目前最低限度之总要求决议O案，□分政治经济与教育三方面，先由省会常务委员彭湃□读解释，次开始讨论。各代表相继发言，其关于减租、废除苛捐杂税、改良雇农经济、乡长民选县委员制、改良司法、改良乡村教育等问题，讨论最为详致，每一代表发言，均率真的尽量发表意见，且能引起全场注意，讨论历句余钟始付表决，结果，在原案关于政治要求增加"废除司法界恶习、禁止差役藉端敲诈，及农民协会有代理其会□诉讼之权"一条；关于教育要求，增加"县农民协会得酌送农子弟入县立各级学校请免学费"一条，余均照原案通过。（二）惩办贪官污吏、不法军队、劣绅土豪、土匪逆党，决议草案，由秘书长黄学增宣读，主席付众讨论。全场一致表决通过。（三）拥护省港罢工O案，由黄学增同志宣读。（四）解决民团农军纠纷决议草案，由萧一平同志宣读，均由主席付众讨论，各代表相继发表意见。结果，于原案略□增减，一致表决通过。下午二时继续开会，主席黄谦，出席人数如前，由主席宣读孙总理遗嘱后，其讨论事项（一）整理会务决议O案，内分十二项，由省会常务委员罗绮园逐项宣读说明，交主席讨众讨论。结果，其他各项于文字上略有增减，遂全场一致表决通过；（二）会员须知O案，经众长久讨论，于原案"按章缴纳月费"句改为"按章□纳月费"，"互斗尤须禁绝"改为"私□尤须禁绝"，其余全场表决通过，并决议各级农民协会开会时，在宣读孙中山先生遗嘱后，由主席逐句宣读"会员须知"，会员逐句和读；（三）筹备全国农民协会决议

---

[1]《广州民国日报》1926年8月27日。

○案；（四）联合战线决议草案；（五）农民协会会员加入国民党决议草案；（六）整理农民自卫军决议草案；（七）宣传教育决议○案；（八）出版问题决议○案；（九）调查计划决议○案；（十）注册立案决议○案；（十一）农民招待所决议○案；（十二）改良司法运动决议草案。以上十个○案，亦均经省会常务委员会根据此次会议各地代表之报告与要求，拟就提出，交主席逐案付众长久讨论。略有修改，遂全体表决通过。（十三）秘书长黄学增报告（1）最近花县民团缴该县农军枪械，并捉去农民多人事件；（2）电白土豪蔡仁卿，摧残该农会事件；（3）广宁匪祸、东莞厦岗事件；全场一致决议，用大会名义致书慰问广宁被摧残农友，并请政府早日肃清匪祸；（4）用大会名义，分别致电慰问花县电白厦岗被难农会及农友，并分别致电该三县县长严办祸首。（十四）秘书处提议，本大会应致电农民国际陈述大会意义与情形，同时应分别答复中国国民党中央农民部，与中国共产党广东区委员会各一书；全体决议，由秘书拟稿分别发出。（十五）秘书处宣布北伐军攻下岳州消息，全场拍掌欢愉，最后主席宣布今晚七时举行闭幕礼，遂散会。（编者按……以○代草）

对于扩大会议闭幕情况，《广州民国日报》对此有相关的报道：[1]

广东省农民协会扩大会议自十七日开幕至廿四日，已逾一星期；关于报告讨论决议各事项，经按序举行完毕。是晚（廿四）七时，遂于该会礼堂举行闭幕礼，赴会者省执行委员，各路代表及来宾不下五六百人，兹将开会情形分□于后。开会秩序：（一）开会；（二）向国旗党旗农旗及孙总理列宁先生廖仲恺先生三遗像行三鞠躬礼；（三）为死难农民同志默念三分钟志哀；（四）宣读孙总理遗嘱；（五）秘书处报告大会经过；（六）代表自由发表意见；（七）主席作结论；（八）唱革命歌；（九）高呼口号；（十）散会。

大会经过报告：

---

[1]《广州民国日报》1926年8月28日。

主席阮啸仙略致开会词毕，由秘书长黄学增报告大会经过。略谓：此次会议会期八日，出席者省执行委员除数人因公缺席外，余俱到会。七路代表共七十三人，参加代表三十五人。七路派代表与会计有南海、番禺、顺德、中山、新会、鹤山、开平、东莞、宝安、花县、清远、三水、四会、高要、广宁、顺德（按，重复了）、郁南、罗定、揭阳、海丰、陆丰、普宁、澄海、五华、紫金、博罗、惠阳、仁化、南雄、曲江、英德、阳江、海康、文昌、琼山、澄迈、万宁、乐会、临高、琼东、儋县等四十一县，另广州、汕头二市郊。大会报告计有会务总报告、全国农民运动最近形势及其在国民革命之地位报告及各路办事处等十余种。大会通过决议案十五案，其中如广东农民目前最低限度之总要求决议案、整理会务决议案、农民协会会员加入国民党决议案、注册立案决议案、拥护省港罢工决议案、筹备全国农民协会决议案等，尤为重要。

大会通过发出重要文电宣言，计有大会宣言、告全国农民兄弟书、致农民国际电、答中国国民党中央农民部书、答中国共产党广东区委员会书、答复省港罢工委员会书、为惩办逆党上国民党中央执行委员会国民政府及省政府请愿书等等。黄又谓此次出席各代表，每讨论一问题时，均尽量发挥意见，历长久时间无倦容，又当表决一议案时，各代表均能站在农民自身利益上面，全体一致，此均为此次会议最美满之特点云。

代表演说：黄报告毕，各代表相继演说，大意均对于此次会议加以批评，对于此次会议之决议，望各同志努力宣传，使其早日完全实现，向有各述本人革命奋斗之历史，语言真率纯朴，俱能表现农民本色。其中广宁代表薛六说及其个人奋斗历史，有谓吾人干革命事业，是时候要准备为民众而流血。会场中之红色装饰，即吾人流血之表征。全场□为鼓掌同情。

主席说明大会之重要意义：各代表相继演说毕，由主席归纳众意作结论，说明此次大会之重要意义，与今后之□望，语义激昂真挚，全场拍掌之声不绝。代表演说间，并加插歌曲、魔术种种游艺，五光十色，令人欢愉，最后全场高唱国民革命军歌、少年先锋歌及国际歌，并高呼（一）打倒帝国主义、（二）打倒军阀、（三）打倒贪官污吏劣绅土豪大地主不法军队、（四）农民协会万岁、（五）中国国民党及国民政府万岁、（六）农民国际万岁、（七）国民革命成功万岁、（八）世界革命成功万岁等口号，始行散会，时已夜十二时矣。

8月25日 省农会执委及扩大会议各代表在国民党中央党部大礼堂，参加国民党中央农民部举行宴会。

"昨廿五日下午七时，国民党中央农民部，在中央党部大礼堂设席，欢宴广东省农民协会扩大会议各代表与省农会诸执委员。是晚甘部长因事不能到会，由秘书长陈克文先生主席，开会时全场肃立，主席恭读孙总理遗嘱，次致开会词。略谓我们今晚在此聚会，乃是同一战线的战士的聚集，所以与寻常的应酬会不同。我们要为农友们谋解放，时时要准备牺牲；我们今晚欢饮的酒，就是用来鼓起我们明天去继续奋斗的勇气；我们鼓起勇气，明天再流血去云云。演说毕，由黄谦代表全体代表答词，其次有罗绮园、阮啸仙、彭湃、黄友初先生相继演说，至欢宴时，并加插游艺助兴，备极欢愉。九时许乃高唱革命歌，并高呼（一）拥护国民政府；（二）拥护省港罢工；（三）打倒贪官污吏、劣绅土豪；（四）打倒帝国主义；（五）打倒军阀；（六）国民党万岁；（七）农民解放万岁；（八）农工商学兵联合万岁；（九）广东农民协会扩大会议万岁；始行散会云。"[1]

8月底 为了推动南路地区大革命运动高潮的全面兴起，国民党南路特别委员会和南路办事处机关由梅菉迁往茂名县高州城，办公地址设于南皋书院。

9月6日——11日 国民党南路特委在南皋书院举行南路地区各县市党部代表大会（其中9月7日因参加国耻纪念和祝捷大会而休会一天）。

会议期间，大会主席黄学增先后作了工人运动报告、农民运动报告

---

[1]《广州民国日报》1926年8月27日。

以及汇报程赓事件的经过。[1]

按，苏天春回忆到，1926年秋，"陈济棠部下驻雷州营长陈公侠及海康县长苏民，受徐闻土劣赌通，捕杀徐闻县农会筹备员程庚，我（苏天春）赴高州报告，请求声援，对高州正举行'国民党南路代表大会'，为黄学增主持，由大会接受报告，并通电全省党部、农会、工会等呼吁。"[2]

9月8日 在《人民周刊》第21期发表《为电白农民求救》一文，呼吁国民政府及各界人民关心电白农民，使他们免受当地土豪劣绅地主们的欺凌、压迫。

程赓被无辜杀害后，黄学增主持的南路办事处迅即将该事件的来龙去脉公示于《广州民国日报》[3]，认为"程同志（赓）之被杀，不但是海康农民运动之危运，且是广东南路农民运动之危运"，要求政府主持公道。在同年12月周恩来在一篇文章中提及程赓被杀事件，认为"工农群众的要求，我们的批评，都是希望（国民）党政府能惩办这些不法官吏军人，以拥护国民党农工政策。"只要我们"继续努力，国民革命将终归胜利。"[4]

9月10日 南路办事处的组织略有变化，委员人选略有改变。当时一则通令显示：主任黄学增，韩盈任书记，委员还包括梁本荣。

秋 黄学增去电广东省农民协会，要求苏天春回到南路开展农民运动。

苏天春回忆："黄学增（黄兼省农会南路办事处主任）电省农会调

---

[1] 分别见《广州民国日报》1926年9月18日的《南路党部代表大会之第一日》、9月21日的《南路党部代表大会之第二日》、9月23日的《南路代表大会之第三日》及《南路代表大会之第四日》。

[2]《苏浴尘（苏天春）自白书（1950年2月4日）》，存于广东省公安厅档案室苏浴尘案卷第一册；1981年12月4日中共湛江市委党史研究室抄录。

[3] 见《省农会南路办事处为海康县长诬杀程赓通电》，《广州民国日报》1926年10月1日。

[4] 周恩来：《现时政治斗争中之我们》，见中共湛江市委党史研究室编：《南路农民运动史料》，广东人民出版社，1997年，第112—113页。

我苏天春回去雷州，我以陈济棠虽走，但驻在雷州的仍是他的部属，回去反增摩擦，问题更多，所以表示不愿回去。"[1]

10月4日 黄学增在吴川黄坡欢送省港罢工梅菉纠察队返回广州辞别会。

《工人之路》第464期刊登一篇报道"梅菉纠察回省时之欢送"说道："纠察通讯，自省港罢工决定改□政策后，各地纠察皆□接到有改□政策的通告，准备于十日停止封锁，十月四日纠察队驻梅菉办事处黄坡分部，亦接到此项通告，特开辞行会。到会者有省党部南路特别委员会代表黄学增，吴川县署代表，警察署代表，国民革命军，吴川县县党部代表等共数百人，十二时在吴川县县党部开会，主席冯新宣布开会理由，次由省党部南路特别委员会代表特派员主任黄学增演说，将罢工奋斗年余经过，工友们之痛苦，说得痛快淋漓。再则警察署代表署长杨宜堂，国民革命军□地第一营代表郑德民，及第三总指导员□□铮，吴川县县党部代表陈柱等，均发挥淋漓。再由黄坡分部特派员叶坤致谢词，凌德昭报告罢工改□政策之意义，报告完高呼口号散会。次日拔队回梅菉时，各界列队欢送，欢送者军队，党部，县署，警署，农会百余人，手执小旗沿途爆竹之声不绝，各界并送横账式幅，一书'拥护省港罢工'，一书'宣劳国事努力□锋'云云。"[2]

10月21日 中共粤区委在答覆中央十月四日的信件里提道："我们始终保持了'苦力'的身份帮助（国民党）左派。但是也有例外，现在南路的农民运动，差不多是CP包办，因为如果我们不做，那个地方的国民党，那个地方的农会都是土豪劣绅的了。因此逗要务着革命的利益作苦力，依照中央上次的指示'如果没有左派我们就要造（做）左派'

---

[1]《苏浴尘（苏天春）自白书（1950年2月4日）》，存于广东省公安厅档案室苏浴尘案卷第一册；1981年12月4日中共湛江市委党史研究室抄录。

[2]《工人之路》第464期（1926年10月15日），湘潭大学出版社《红藏·进步期刊》系列影印本，2014年，第450页。

的原则去工作。"[1]

11月28日 在以黄学增为负责人的中共南路特委布置下,南二淡水沟党组织发动、组织南三南二渔民成立会员人数高达二百多人的渔民协会。该协会随后到三合窝法国公局进行游行反对租借地政府收取船头税,取得斗争的胜利。[2]

12月14日 阅读宫俊先生《国民党和共产党的关系以后》一文。

黄学增在《读宫俊先生国民党和共产党的关系以后》一文中说道:"我在《高潮》第二十三期读了宫俊先生所著的《国民党和共产党的关系》一篇文章以后"。

12月23日 撰写下《读宫俊先生国民党和共产党的关系以后》,并将其刊登在24日《高州民国日报》副刊《高潮》上,黄学增发表他的一篇文章《读宫俊先生国民党和共产党的关系以后》,里面旗帜鲜明地指出:"共产党是本着马克思科学的共产主义,依据共产主义实现的步骤,以达到共产主义的目的。""共产主义的目的是:实现无私产,无工银,无买卖,无货币,无阶级,无国家的共同生产、共同消费的共产社会。"

---

[1] 见《中央政治通讯》(1926年)第十期,第222页。
[2] 见《李癸泉手册》。

1927 年　27 岁

1 月　中共南路地委成立，黄学增任书记，机关驻地于高州。[1]

1 月　黄学增在高州召开南路农民代表会议。会后，派遣陈柱会同李癸泉回到南二淡水沟，成立中共淡水沟党支部，要求该党支部要开展二五减租活动。[2]

3 月 10 日—17 日　根据工作安排，黄学增至广州出席广东省农民协会第二届第二次执委扩大会议。扩大会议至 17 日才结束。

会议着重讨论如何挽救广东农运危机问题，并决定于五月一日召开第三次全省农民代表大会，研究进一步开展农民运动问题。会后，黄学增即留省工作，不再回南路。

会议期间，黄学增还代表省农协出席国民党黄埔军校特别党部全体党员会议。[3]

4 月 12 日　凌晨，以蒋介石为首的国民党右派在上海发动了反革命政变，大肆屠杀共产党员、国民党左派及革命群众。

4 月 13 日　黄学增在广东省农民协会办公处（东皋大道）与相关人员开会商讨上海"四一二政变"后的事宜。

黄学增农讲所同班同学肖一平回忆："得到这一消息之后，我在十三日下午将这个消息拿出来给大家讨论。知道广东反动派快要向共产党开刀，大家必须离开广州。当时东江、西江、南路、北江各办事处主任都在，因而决定大家赶快离开广州，撤退到各地去。现在回忆起来，这次会议的参加者有韦启端、周其鉴、何友逖、黄学增，北江谁来的记不清楚了。琼崖办事处好像是冯平，记不准确了……一共十几个人。会

---

[1] 中共广东省委组织部、中共广东省委党史研究室、广东省档案馆：《中国共产党广东省组织史资料》（上册），中共党史出版社，1994 年，第 38 页。

[2] 见《李癸泉手册》。

[3] 《黄学增研究史料》，第 278 页。

议是由罗绮园和我主持的。"[1]

4月15日 凌晨，国民党反动派开始在广州实行反革命大屠杀。反动军队搜查和封闭了中华全国总工会广州办事处、省港罢工委员会、广州工代会、海员工会、铁路工会、广东省农民协会、广东妇女解放协会等革命群众团体，解除了罢工工人纠察队武装等，大肆屠杀共产党员和革命群众。刘尔崧等人被杀害。

4月16日 国民党右派在肇庆实行"清党"，韦启瑞等8名共产党被逮捕，有的被杀害。西江党组织受到严重的破坏。

4月17日 中共广东区委召开紧急会议，由区委秘书长赖玉润召集在广州的区委领导人穆青、杨殷、冯菊坡、罗绮园、周文雍、吴毅等，商讨应变措施。决定区委机关暂时撤离广州，迁驻香港。[2] 黄学增随同区委迁到香港。

4月19日 黄学增秘密抵达高要禄步黄洲，向隐蔽当地的罗国杰、周其柏、陈均权和许其忠等原西江党组织负责人和农军骨干传达广东区委的指示和举行武装暴动的决定，并与之一起研究作战的具体部署。期间曾成立"广东省西江拥护武汉政府大同盟农军"，并设立了一个指挥部，统一指挥西江的武装暴动。临时指挥部机关设在高要县的黄洲村，指挥为黄学增。同时在此期间，在黄学增、许其中、何遂等人领导下，高要重新建立起农民自卫军大队，机关驻地高要县的岭村。[3]

按，另有文献说黄学增是18日到达西江："4月18日，黄学增受

---

[1] 肖一平：《关于广东农民运动和农讲所的回忆》，载中共广州市委党史资料征集研究委员会办公室编：《广州大革命时期回忆录选编》，广东人民出版社，1986年，第274页。

[2] 中共广东省委党史研究室编：《中共广东党史大事记》（新民主主义革命时期），中共党史出版社，1993年，第92页。

[3] 中共广东省委组织部、中共广东省委党史研究室、广东省档案馆：《中国共产党广东省组织史资料》（上册），中共党史出版社，1994年，第81.80页。见中共肇庆市党史研究室编：《中共西江地区党史大事记》，中共党史出版社，2002年，第62页。

中共广东区委派遣，到达西江，在高要禄步召集党的部分干部和农会骨干，商议对策，对西江武装起义作了部署，成立了广东省西江拥护武汉政府大同盟农军"。[1]

4月28日　中国共产党的主要创始人之一李大钊被发动军阀绞杀，时年38岁。

5月中旬　黄学增在西江一带领导肇庆起义。

广东肇庆地区党史大事记载："高要、云浮两县农军举行以攻取肇庆重镇为主要目标的肇庆起义。黄学增等西江地委领导人决定以高要、新兴、云浮三县边界的1000余农军为主力，先在当地举行起义，然后集结起来，联络曾经同情过工农运动的驻肇庆的第四军三十七团，分水陆两路里应外合进攻西江重镇肇庆。

5月14日　高要县领村农军袭击乐城警察分署。同日上午，云浮县农军数百人攻占位于肇庆南部的云浮小河圩警察署。为扫除通往肇庆的障碍，高要县农军100余人于当天下午攻占新桥水口圩民团局。南北两地同时袭击敌人的均告成功。15日，高要、新兴、云浮三县农军封闭了通往肇庆的新兴江口的全部船只。16日中午，汇集到云浮腰古圩的云浮、新兴两县农军600余人正准备出发会同其他各路农军进攻肇庆，突遭该县民团和从肇庆开来的第四军第十三师三十七团机枪连的两路袭击。这次起义，因对三十七团存有幻想，暴露了起义计划，致使各路农军被镇压而失败。"[2]

5月27日　海康县县长电文说已会同军队进剿乐民农军，并错误认为黄学增仍在乐民领导、指挥。

海康县县长电文如此说道："广东特别委员会省政府暨民政厅南路

---

[1] 中共广东省委党史研究室著：《中国共产党广东地方史》（第一卷），广东人民出版社，1999年，第240页。

[2] 中共肇庆市党史研究室编：《中共西江地区党史大事记》，中共党史出版社，2002年，第64—65页。

行政视察公署钧鉴：

项据海康警察第三区二分署长冯应汉锐日代电开万急密送革命军第三十一团第二营部温营长、海康县谢县长钧鉴，附近河头市三十里，遂溪属第六区乐民市查及该市地方，发现农军聚集数百，枪械数百，有特殊举动，已将该区署枪支缴去，扣留署长及办事人，该处地方危急，并有武装农民擅自越境到河头市，借名防卫土匪，盘查职署及团军局枪支，居心实不可问。探闻由黄学增、黄广渊、黄斌、黄虎吕（臣）（按，即黄杰）、黄德中、黄汝清等潜回该处主动。河头市人心惊惶，事关地方治安，请察核维持以安人心，商民幸甚等情。据此……实暨黄斌、黄广渊等均系雷属共党重要分子，曾经职县密令饬属拿究并呈报岁（在）案，现复为恶不悛，胆敢号召不法农军图谋不轨，实属胆大妄为，业经县长咨会防军第十一师第三十一团第二营营部按照会同办理，旋商承温营长派队驰剿并以批示祗遵。

海康县县长谢莲航叩。感，印"[1]

夏季 黄学增在香港参与中共广东省委工作。

孔令鉴后来回忆道："为了取得同省委的联系，（广宁）县委于五六月间（总之是热天）派我到香港寻找地下省委，向黄学增同志当面汇报过广宁农军坚持地下武装斗争情况。""黄学增同志在这次接头时，还交给我200元港币，带回广宁去作为革命活动的经费。"[2]

6月6日 海康县县长电文汇报进剿乐民海山村的情形，误认为黄学增于此地脱险。

"……总司令部暨省政府民政厅、北海警备司令部、南路行政视察公署钧鉴：海遂（按，指海康遂溪）两县属交界之乐民市，被共产党黄学增、

---

[1] 中共湛江市委党史研究室编：《南路农民运动史料》，广东人民出版社，1997年，第244页。

[2]《访问孔令鉴谈话记录（节录）》，及《大革命时期广宁农民运动后期几个实况（节录）》，见《黄学增研究史料》，第199、196页。

黄广渊等占据谋乱,及咨会防军暨遂溪县长会剿情形先后呈电在案。查该恶等恃有与乐民市毗连之海山村加坚固炮楼负隅,嗣于劣日由驻雷防军温营长钟声亲率第四连兵士暨先日进驻乐民市之第五连及职署游击队兵,共同进剿,寝日下总攻击令,以一部监视乐民城,其余悉向海山村冲进。幸各官兵奋勇直逼至炮楼下,击毙匪党甚多,伤者无算,并拿获接济匪械之匪犯黄砚龙(即陈宗回)、王祥轩两名由营部讯办。黄学增黄斌、黄广渊等则先而逃去未遑擒获,现已通饬严拿,为将该恶等一网打尽,以维地方。是役各官兵奋勇异常,致被阵亡中士一名,士兵两名;伤排长杨尧一员,士兵三名。除由营部将阵亡士兵棺殓及受伤排长士兵医治外,理合将击败共匪及地方诸拿获匪犯各情形电报。海康县长电报击散海山村共党情形请察核由。

民国十六年六月六日"[1]

8月1日 南昌起义开始,打响了武装反抗国民党反动派的第一枪,揭开了中国共产党独立领导武装斗争和创建革命军队的序幕。

8月7日 中共中央在汉口召开紧急会议。会议总结了大革命失败的经验教训,确定了土地革命和武装反抗国民党反动派的总方针,把发动农民举行秋收暴动作为当前党的最主要任务。会议选出了中共中央临时政治局。瞿秋白、李维汉、苏兆征为政治局常务委员。

8月11日 中共中央决定正式成立中共广东省委,并指定政治局候补委员张太雷任广东省委书记;同时成立南方局。

8月15日 黄学增被国民党政府以中共南路领导人的名义通缉。

多份国民党政府颁布相关文件都有所提道:

"关于地方治安及团务者:(一)邮电呈明各宪,并复遂溪海康两县长,仰该县长等认真协同防军剿办共党黄学增等。分电革命军总司令部暨省政府民政厅及各机关,据遂溪林县长报称,黄学增等在遂溪县属

---

[1] 中共湛江市委党史研究室编:《南路农民运动史料》,广东人民出版社,1997年,第181页。

复图思逞,仰林县长认真防范,一面会营并督率团警,相机进剿,仍责成乐民市一带乡村绅耆,毋任子弟受黄学增等煽惑,免致滋蔓,仍□列宪示遵。""分电省政府民政厅十一师三十一团余团长,据海康县长报告,黄学增等于海康县属截劫掳刹,并图捣乱,仰海康县长迅即会营剿办,并□列宪示遵。"

"关于地方治安及团务者:(二)令饬遂溪县长知照,准政治分会胡秘书函,共党黄学增等,再行叛乱,已函总司令部核办。"[1]

对于黄学增的通缉似乎是全方位的,或者是因为黄学增在广东南路的影响力极大:"呈为呈复事:

现奉钧府天字一六一号令开:

为令遵事:案准中央执行委员会函开:

准中央监(察)委员会函开:

广东茂名县黄学增梁本荣,勾结共产党徒,逆迹昭著,□由本会议决,应予除名通缉,请查照判决执行,等因。当经本会第一〇一次议决开除黄学增梁本荣党籍,并函国民政府下令通缉在案。除函复中央监察委员会外,相应录案函达,希即查照办理,为荷,等因。准此,合行令仰该省政府遵即令饬所属一体通缉,归案究办,此令,等因。奉此,自应遵令办理,除呈复及分令外,合行令,仰即便遵照,饬属严缉黄学增,梁本荣归案究办,此令,等因。奉此,自应遵令办理,当经令饬所属一体严缉黄学增梁本荣归案究办在案,兹奉前因,理合备文呈复钧府察核。

谨呈 国民政府"[2]

8月中旬 黄学增率领西江部分人员从石涧塘仔转移到江美坪,召开会议,商讨暴动事宜。

孔令淦回忆:"一九二七年八月中旬,省委派黄学增同志和黄埔军校生孙炳文同志由石涧转到二区江美坪,我们集中到江美坪开会。那次

---

[1] 《广东省政府特刊》《南路报告》1927年第二号,第22、51、73页。
[2] "通缉茂名县黄学增梁本荣案",《广东省政府周报》1927年第三期,第21—22页。

会议传达内容大意是：分散一部分同志带枪返回原区乡活动，秘密组织和扩大武装队伍。会议后，王世录和我便到石涧，与王秋带领的部分武装会合。"[1]

9月 张太雷支付西江组织一千元作为活动经费。

"我来时带四千元，黄平汇来四千三百余元，又电汇来六千元，小毛子将来七千五百元，共收二万一千八百元，不过还归（旧）债约五千元，汕头分了三千元，广州分了六千，西江一千，广西五百，闽南二百，北江五百，中路二千七百，惠州一百，海陆丰五百，南路一百……以上都是必须的。"[2]

按：8月22日，张太雷也在相关报告中提道："弟（即张太雷）带来之二千美金，已立刻分配罄尽。"[3]

9月初旬 黄学增即在黄洲村主持西江地委扩大会议，根据广东省委（广东区委当时已改称广东省委）的暴动指示，将中共西江地委改为中共西江特别委员会，中共广东省委候补委员、西江巡视员黄学增兼任书记，周济任副书记，龙师侯、周其柏、陈均权、蔡日升等为委员。并根据省委指示精神，决定建立各级的领导机构，恢复农民协会，成立工农革命军，夺取各级政权。且成立西江地区军事委员会，黄学增任军委主席，周济任副主席。

9月8日—12日 黄学增在肇庆领村召集西江相关负责人召开会议，计划根据省委指示发动暴动。随后与前来的国民党军队战斗。

是日，黄学增从黄洲村赶到领村，召集高要县特支负责人会议，传达广东省委关于组织秋收暴动的指示和特委准备在领村举行暴动的计

---

[1] 孔令洤：《乌云翻滚何所惧 红旗闪耀在螺岗——追述螺岗起义》，中共广宁县委党史办公室：《广宁县苏维埃政府》，1988年2月，第57—58页。

[2] "张太雷关于南下我军战斗情况给中央的报告(1927年9月16日)"，中央档案馆：《中共中央南方局文件汇集》（一九二七年～一九三一年），1985年11月，第9—10页。

[3] 中央档案馆、广东省档案馆：《广东革命历史文件汇集》，一九二七年，1982年10月，第23页。

划。特委和高要县工农革命军在领村的活动，立即引起国民党地方当局的注意，他们随即派广东守备军第三团一个营，会同高要、广宁、肇庆三县联防民团数千人，在团长曾友仁的率领下前来围攻领村。为反击敌人，掩护群众撤退，西江特委和县特支联合组成了指挥部，将工农革命军编成一个大队，下分四个中队，统一由黄学增、何遂指挥。工农革命军及民众利用护村河、护村墙和十三座炮楼与国民党守备军、民团进行了四天的顽强抗击，在敌人不断增援的情况下，为保护有生力量，工农革命军在群众撤至山上后，也突围转移到高要、广宁两县交界的山区活动。

9月　毛泽东在湘赣边界领导秋收起义。10月，起义军到达井冈山。

10月2日　在当时恶劣的环境，广东不少地区党领导的力量遭到破坏时，时任中共广东省委负责人张太雷在广州与西江负责同志召开一个会议时，肯定了西江的工作。

"弟（按，指张太雷）于二十八日到广州，二日开了一个西北江负责同志会，西江情形甚好，随时可动，北江南段好，但北段则因上次绮园带去湖南全数中坚分子，工作比较困难。""广州最近被破获六七个机关，香港被破二机关，捕去二十余负责同志，实为四月事变以来未有之损失。"[1]

10月前后　黄学增从香港辗转广州、梧州、三水等地，后到达广宁地区，继续领导西江人民进行斗争。

孔令淦（鉴），广东广宁人，1902年出生。1921年在广东省立高等师范学校求学，后加入中国社会主义青年团。1925年3月在中共广宁支部转为党员。长期从事西江地区农民运动。新中国成立后曾任广西北海市委宣传部副部长兼教育局局长等职。1975年离休，1992年病逝。

---

[1] "张太雷给中央的报告——南部暴动和港粤党被摧残的情形（1927年10月4日）"，中央档案馆：《中共中央南方局文件汇集》（一九二七年～一九三一年），1985年11月，第20—21页。

他生前曾回忆说：1927年，"10月左近（将割禾时候），黄学增化装为柴杉商人，从香港回到广州，转搭梧州轮船到达三水，上岸步行回到广宁石涧，住在祥盛笋铺（当时这间铺号是外来同志接头地点，黄作枝明是店主——他还有一个名字叫黄德球，暗是石涧地区地下党的负责人）。黄学增与黄作枝接头之后，便由黄作枝带他来滨坑，找到我们地下县委几个头头，传达省委指示。"[1]

10月15日 中共中央南方局与中共广东省委联席会议在香港召开，黄学增到会参加，并以省委西江巡视员兼中共西江特委书记的身份被选为省委候补委员。这次会议通过了《最近工作纲领》和组织问题、宣传问题、工人运动、农民运动等多项决议。同时决定将全省工农讨逆军改为工农革命军，废除青天白日旗，改用红旗，以斧镰为标志，扩大土地革命，建立政权等十项行动计划。

《中共广东省委通告（第十五号）——关于省委委员名单》（1927年10月17日）："十五日南方局省委联席会议，决定改组省委，多以工农同志参加指导机关，实行党的工农化"。通过正式委员25人中，包括张太雷、阮啸仙、恽代英、杨殷等19人是以"工人同志"身份入选，包括薛六在内5人是以"农民同志"身份入选，李海筹是以C.Y.（即共产主义青年团）身份入选。"候补委员十一人：张善鸣、黄鹤曾、杨善集、吴毅、沈宝同、罗绮园、沈青、杨石魂、周文雍、周其鉴、蔡如平。"同时"监察委员会暂行废止"。[2] 按，此处所载的"黄鹤曾"即黄学增的音误。

按，另一份文献记录为："正式：陈煜、周祥、何振武……候补：黄学增、张善鸣、杨善集、吴毅、沈宝同、罗绮园、沈青、杨石魂、周文雍、

---

[1]《黄学增研究史料》，第199页。

[2]《中共广东省委通告（第十五号）——关于省委委员名单》，《广东革命历史文件集》（一九二七年），1982年10月，第93—94.123页。

周其鉴、蔡如平。"[1]

11月9日 国民党北海市市政筹备专员廖国彦呈报拘获钟竹筠的情况；报告多处"控诉"黄学增在广东南路革命中领导作用。

"呈为呈报事案，奉钧署第182号令，开现准高雷清党委员会函开，查高雷区自为共党黄学增等所煽动，民众受其蛊惑已深，且地毗广州湾，彼辈得以为逋逃薮，秘密组织，时思反动。本委员等自奉委任，深恐级长绠短，致负党国，无日不与反动分子奋斗，幸为时虽暂，党国威力光发，将各县反动分子击散，使内地已无逆党踪迹，其于办理各案尤以坚决迅速，大凡处理无枉纵。

现敝会奉令结束，遵于本月十六日结束完竣，应将成立以来，迭据各级党部民众团体检举及控告各案，业经敝会调查判决之共产分子、贪官污吏、土豪劣绅、反动投机腐化、恶化等分子，计开除党籍并通缉者二百零八名，开除党籍者三百零四名，列具清册，呈报及通告各军政机关、各级党部，除分别呈报函会外，相应函达贵视察员查照，并希翻印各册，转饬所属，一体知照，实纫党谊等，由。计附清册一本，准此除函复及分令外会行令，仰该专员即便知照，转饬所属一体知照，此令等由，计开清册一本奉此。

正批办间，复奉广东省政府军字第800号令开现准省清党委员会函称：现据茂名县改造委员会呈报，中国共产党广东南路地方委员会黄学增在南路任用党羽，组织秘密党团，操纵党务、包办农会、反动宣传、离间民众种种罪恶之经过，并据各区党部、区分部检举共籍分子，特将黄学增108名造具名册，呈请开除党籍、学籍，并不得在各机关团体任职等情到会，相应将原呈及其籍名册函送贵会，希即查明办理，并希见后复等由准此。查该县改造委员会，均系属高区范围，合行令仰该会迅速查明办理，具报备查，此令。

---

[1] 中央档案馆：《中共中央南方局文件汇集（一九二七年～一九三一年）》，1985年11月，第30页。

计抄开之呈及名册各一件，奉此遵即交审查处审查，并提出第16次会议议决，以册内所列各名除韩盈已经遂溪县处决，梁本荣已为阳江县拿获外，其黄学增、王克欧等十五名均系共产党首要分子，应即开除党籍及通知区内各军警严行缉拿，并呈省清党委员会转咨省政府饬属一体通辑（缉）归案究办。其现在学者，即咨行该校开除学籍，其余各名，候查明再行核办在案，除就近通知各军警严行缉拿并分函各校开除学籍外，理合将应行通缉黄学增等五十名列名籍，呈请钧会察核，乞予转咨转广东省政府转饬各军政机关一体通缉，并附黄学增等五十名籍贯一册。据此查黄学增等名既由各党部检举证明为共产首要分子，复经该委员会审查无误，应准予所议，函请通缉归案究办令饬知照外，相应抄送通缉人名册，函请贵政府查照，希转饬军政各机关一体严行缉拿解案究办，以靖乱源等情，计送名册一本准此。查此案并奉国民政府天字第161号训令饬通缉黄学增、梁本荣两名等因，业令行遵照在案，兹准前由，除函复及分令外，合将各人名册抄开令仰即便遵照，并转所属一体遵照，务按名册认真缉拿归案究办此令等由，计抄开通缉人黄学增等50名籍贯一册奉此自应照办。除分令外合将人名抄开，仰该员即便遵照，并饬属一体遵照，务按名册认真缉获归案究办等因，计抄开通缉人黄学增等50名籍贯一册。奉此，查册内钟竹筠一名，务在防城东兴办理妇女解放协会，本年九月经钦廉区清党委员会电饬防城清党特派员拘解来北（海），时值清党委员李玉岗、劳达真、朱鹉龄因案被第二游击司令部扣留，清党会无人负责，该钟竹筠一名当为职处代为收押，现尚押在处，奉令前因所有拘获钟竹筠缘由，除呈报民政厅外，理合备文呈请、察核批示祗遵实为公便。

谨呈　广东南路民政视察员谢。

北海市市政筹备专员廖国彦"[1]

---

[1] 中共湛江市委党史研究室编：《南路农民运动史料》，广东人民出版社，1997年，第181—183页。

11月25日 中共广东省委发出第二十五号通告，要求各地利用张（发奎）李（济深）两派军阀争地盘的冲突，"应扩大各地工农暴动，以联合各地零碎暴动成为广东全省的大暴动，以扑灭此两派军阀，建立工农兵的政权，以永远消灭军阀的战争。"[1]

11月底 黄学增从西江地区前往香港向中共广东省委汇报工作。

《中共广东省委给中央的报告——目前广东政治状况及党的策略》（11月）里提道："西江各县：学增同志返，西江党是很糟的。A.现已派伍桎同志去云浮担任书记，并要他们做：①发展并整顿党的组织；②在西江李、张战到最剧烈之时，起来暴动夺取政权，目前即在各乡、区实行土地革命；③与肇庆发生好的关系。B.派出龙恩候同志去封川担任书记，叶柄杞同志去郁南担任书记，工作与云浮大体相同。叶、伍皆系工人同志训练班学生。C.特别训令肇庆要在李、张战争剧烈时暴动，予广州以极大之帮助。"[2]

在这份报告中，同时提道："巡视员会议，因为巡视员都是马上又要走去各地工作，而南路、□江（按，应是西江）、北江巡视员均未返来，故组织会议未能开。"由此可知，黄学增到香港省委汇报时间是比较晚的，是11月29日左右，因为他同时兼任西江巡视员。

11月底 因西江邻近广西，在张李冲突过程中，"黄绍雄军队已集中西江……肇庆则有严博球、韩汉英、曾友仁等三团势力。北江桂军又想北路回桂加厚西江兵力，黄（绍雄）张（发奎）已拼命派军赴西江御战。"[3]

11月 根据形势的变化与变动，西江地区亦与省委保持某种程度的联系，获得省委的指导。

---

[1] 中央档案馆、广东省档案馆：《广东革命历史文件汇集》，一九二七年，1982年10月，第137页。

[2] 中央档案馆、广东省档案馆：《广东革命历史文件汇集》，一九二七年，1982年10月，第159页。

[3] 中央档案馆、广东省档案馆：《广东革命历史文件汇集》，一九二七年，1982年10月，第152页。

在有关西江写给省委报告主要内容及省委"答复之摄要"与"技术上的批评"方面，大致情况如下。

"广宁：主要的内容：1. 政治情形；2. 组织革命委员会；集中武装；4. 改组县委。省委答复之摄要：1. 革委不必组织；2. 注意在乡村暴动，不必集中所有武装。技术上的批评：1. 报告不甚切实；2. 党的工作没有报告很多。　高要：主要的内容：1. 县委改组经过；2. 六、七区决定恢复农会夺取政权；3. 解除南围民团武装。省委答复之摄要：1. 在张李战争剧烈时起而作夺取全县政权之暴动；2. 不要只注意军事行动；3. 派同志去帮助工作。技术上的批评：1. 报告尚清楚，但太简略。

三水：主要的内容：1. 支部会议情形；2. 十月革命纪念工作做得不好，农友因纪念被捕；3. 恢复邓同志党籍。省委答复之摄要：1. 批准名单；2. 暴动是要农民群众起来，不要专注意于军事方面；3. 恢复党员的理由详细报告。技术上的批评：1. 并未详细报告当地各方面情形；2. 党内部情形及讨论省委训令之经过也报告得太简略；3. 故省委无法指导。

四会：主要的内容：1. 恢复农会；2. 吸收农民同志十人。省委答复之摄要：1. 加紧发展组织；2. 扩大农会宣传及领导农民作各种斗争。技术上的批评：报告太简单，无法知道实际状况。"[1]

12月1日　中共广东省委发出第二号紧急通告，要求各地"立即准备暴动工作，实行夺取政权"。[2]

12月11日　广州起义爆发。第二天，广州起义主要领导人张太雷被敌人枪击身亡。

12月20日　在广州暴动失败后，中共广东省委于"是晚即召集在港之省委委员开临时会议，讨论中央对广东目前工作之指导，及广东目

---

[1] 中央档案馆、广东省档案馆：《广东革命历史文件汇集》，一九二七年，1982年10月，第181—182页。

[2] 中央档案馆、广东省档案馆：《广东革命历史文件汇集》，一九二七年，1982年10月，第165页。

前具体工作"。会议上认为"广宁、四会（小北江）等地与北江接近，党及农民力量都比较的大，更应设法联络。""西江各军阀战争再开始时，必须尽力领导农民起来暴动，破坏敌人的政权及军队等，尤其是肇庆、都城、郁南等地。"[1]

12月28日 李立三对西江工作提出意见。

《（李）立三致中央的报告——广州暴动后的形势，我们的策略》中提道："西江的暴动全未起来，虽然广宁、高要等处的群众基础很好，但是各地负责同志全不认识群众力量，只看见枪支和土匪，天天只计划勾通土匪。""南路情形亦如西路一样，昨日△△△来了一份南路暴动计划，全是军事的，只见攻某城打某地，勾结某匪，全篇找不出'如何发动群众'的字眼。"[2]

---

[1] 中央档案馆、广东省档案馆：《广东革命历史文件汇集》，一九二七年，1982年10月，第241.244页。

[2] 中央档案馆、广东省档案馆：《广东革命历史文件汇集》，一九二七年，1982年10月，第260页。

1928年　28岁

1月30日　中共西江特委书记黄学增参加省委全体会议时汇报了1927年4月以来西江暴动的情况。对此，中共广东省委专门讨论了西江工作大纲。为迅速实现西江北岸以广宁为中心，创造一个割据局面，省委决定加强广宁县委，由西江特委书记黄学增兼任中共广宁县委书记（委员包括黄学增、罗国杰、谭鸿翔、陈家善、高玉山、龙卓南等人）。同时还派相关同志去广宁工作，加强对广宁武装暴动的领导，如调罗国杰回广宁，任县委委员。2月，中共广东省委将这个拟定的工作大纲报给了中共中央。

2月3日　中共广东省委根据形势的发展，制定了《西江暴动工作计划》，计划明确指出西江暴动的任务首先是"实行土地革命，扩大各县暴动，形成西江割据局面；其次是通过暴动胜利，援助广西，从而从根本上动摇以至推翻军阀在两广的统治。西江暴动的具体策略是：首先找出发动中心，省委选定第一个中心为广宁，第二个中心为罗定。同时，省委总结了西江地区党组织发展的情况，根据省委全体会议新的精神，提出了改组县委，肃清组织上的机会主义，没有建立组织的县立即派人去建立；要求各县暴动后，立即召集工农兵贫民代表会议，成立苏维埃政府，接收政权。"[1]

"省委对西江的策略，已决定做成两个割据的局面：一以广宁做中心，扩大到高要、四会一带；一以罗定做中心扩大到郁南、云浮、封川一带，并与南路之信宜、茂名之暴动取得联络的形势。"[2]

2月初　黄学增在广宁石涧秘密召开了全县农民代表大会，到会的

---

[1] 中共肇庆市党史研究室编：《中共西江地区党史大事记》，中共党史出版社，2002年，第75—76页。

[2] 中央档案馆、广东省档案馆：《广东革命历史文件汇集》，一九二八年（二），1982年11月，第36页。

代表有20多人,其中有县、区、乡农会干部,工农革命军干部,也有省委派来的干部。代表大会由黄学增主持。会议内容主要是贯彻省委指示,动员广宁农民团结起来,"恢复工农武装以组织力量举行年关大暴动,实行土地革命,建立苏维埃政权等问题。大会开了3天,决定成立加强农军训练,并将工农革命军改称为农民赤卫队。还根据情况,派人改造争取土匪武装和民团,以扩大暴动力量。"[1]

按,在1927年10月15日南方局与省委联席会议上,其中决议案"农民运动通过下列的原则"中包括"组织发展农民武装,消灭民团,从民团中夺取武装""注意土匪秘密结社运动。有时可利用他们,能依照我们新政策干去"等。[2]

2月25日 在黄学增的率领下,广宁农民赤卫队攻占螺岗墟,宣布暴动。暴动当日,农民赤卫队300余人进驻螺岗,召开3000多人的群众大会,宣布成立西江地区第一个县级苏维埃政府——广宁县苏维埃政府,建立了西江地区第一个红色革命政权。

大会选出罗国杰、薛六、谭鸿翔、高玉山、高纪、欧蛟、伍学南为苏维埃政府委员,罗国杰任苏维埃政府主席。广宁县苏维埃政府成立的第三天,国民党广宁县署纠集了以广宁、高要、德庆三县联防民团为主力的反动武装向螺岗进犯。

广宁县委一面组织赤卫队撤出螺岗,转移到扶溪、江美一带;一面派人潜入县城散发传单、张贴布告,在城楼上放火,以牵制和扰乱敌人。广宁县农民赤卫队在扶溪、江美和石涧与尾追的敌人进行激战,后因寡不敌众,转移到罗汶山区坚持斗争。[3]

---

[1] 中共肇庆市党史研究室编:《中共西江地区党史大事记》,中共党史出版社,2002年,《中共西江地区党史大事记》第76页等。

[2]《中共广东省委通告(第十五号)——关于省委委员名单》,《广东革命历史文件集》(一九二七年),1982年10月,第123页。

[3] 中共肇庆市党史研究室编:《中共西江地区党史大事记》,中共党史出版社,2002年,第77页等。

《中共广东省委给中央的报告——关于目前政治形势及继续领导暴动的策略》（3月4日）也提到螺岗暴动一事："关于西江方面，广宁已于二十五日在□□发动暴动，详细情形尚未接到报告。"[1]

2月27日　通知农民赤卫队分队长陈家善前来石涧塘仔开会。

陈家善回忆："（螺岗暴动）到了第三晚，我接到县委通知，说县委书记黄学增通知我到石涧塘仔角开会，我当晚把分队的责任交给丘九"。[2]

2月28日　与陈家善前往香港向中共广东省委汇报工作。

陈家善回忆："第四天我落（按，'落'是广东口语，指'去'的意思）到石涧塘仔角，见到县委书记黄学增。黄学增对我说：现在你和我到香港，向党组织汇报。这样我就与黄学增去到香港，我们向李立三汇报了广宁暴动情况。汇报地点是在一间豆腐铺内。在场的有七八个人。"

2月29—3月中旬　在香港以及香港与广宁之间往返，包括在广宁石涧等地。

陈家善回忆："汇报三两天，李立三要我们返广宁再搞暴动。于是我与黄学增返回广宁。因为动身回广宁时李立三指示要再搞暴动，而我们回来后又没法再搞起来，所以过了一晚，我又与黄学增去香港向李立三汇报。见到李立三后，说明广宁因暴动后力量分散了，跟着又要暴动，条件还不成熟。李立三指示说，你们返去再搞，无论如何也要把暴动搞好。第二天，恽代英在客栈见到我，他说：你返去的主要工作要按省委指示去做，把暴动再搞起来，不管怎么样也要搞。后又有一个长须老者对我说：恽代英已告诉你，李立三同志与你开过会，你返去后把意见向同志们讲清楚，大家要努力去做。讲完后，他们走了。这样，我又与黄学增再返

---

[1] 中央档案馆、广东省档案馆：《广东革命历史文件汇集》，一九二八年（二），1982年11月，第41页。

[2] 陈家善：《螺岗暴动前后回忆》，中共广宁县委党史办公室：《广宁县苏维埃政府》，1988年2月，第53页。

回广宁。我在古水坑住，把去香港后的情况向高玉山、李晚、高纪等同志传达了。黄学增没有到江美，他仍在石涧。"[1]

3月22日前后 中共广宁县委受到国民党的围攻，县委机关被敌人破坏，广宁县苏维埃政府解体，相关人员疏散到广宁各地。至此，坚持一个月的螺岗暴动遭到挫败。

1928年5月中共广宁县委给省委报告提道："自三月二十二日，县委被敌人围攻，各委员即时离开，但未被攻以前，由县委书记黄学增同志接到省委指示，使各负责同志须要去各区乡，努力工作接近下层组织，该时已决定分配各委员下乡工作了"。"县委前月派来参加省委的扩大会议，陈家善与黄学增二同志来港，已经有五十多天至今尚未有一点消息，又未曾返来工作，兹特派杜纯纲、何端二同志来港……"。[2]

3月下旬 中共广东省委书记李立三派范桂霞、潘维尧来西江接替黄学增，准备组成新的西江特委，范等到达肇庆时遇上国民党军队实施戒严，无法与西江特委人员接头，只好返回广州隐蔽待命，组建特委的计划未能实行。[3]

另按：3月18日李立三给中央的报告中提道："昨日接李源报告，琼崖情形又是极其糟糕，并且同志都极衰颓，尤其是军事同志，因无子弹，见敌则退，刘明夏已经逃走了（据李源报告，琼崖始终没有脱离军事投机，群众虽已起来，但党并不认识群众的力量，作战时全靠军队），同时第十师（蔡廷锴部）又有即赴琼崖的消息。如果是事实，以主观力量这样孱弱的琼崖党，必然又是不能支持，今日已去函详细指示，并加派人去

---

[1] 陈家善：《螺岗暴动前后回忆》，中共广宁县委党史办公室：《广宁县苏维埃政府》，1988年2月，第53—54页。

[2] 《中共广宁县委给省委报告——目前形势及党的工作情况》，中央档案馆、广东省档案馆：《广东革命历史文件汇集》（中共广东北江、西江、琼崖等县、市委文件，一九二八～一九三一），1982年12月，第330—331页。

[3] 中共肇庆市党史研究室编：《中共西江地区党史大事记》，中共党史出版社，2002年，第79页。

工作。"[1]

4月初 黄学增在广宁石涧,并计划前往香港参加省委扩大会议。

陈家善回忆:"不久(按指三月份从香港回来不久),他(指黄学增)通知我到石涧开会。我到石涧后见到狮村、黄田、宾亨、螺岗、江屯、石涧等各地都有人参加会议,约有三十多人,罗国杰这时也在场。黄学增讲,省开党代会,大家选代表参加。结果选到我和黄学增共两人。就这样我和黄学增第三次到了香港。"[2]

4月13日 中共广东省委第一次扩大会议在香港召开。黄学增根据要求,与陈家善前往出席会议。在会上,西江特委书记黄学增被选为省委委员。

下面是中共广东省委当时选举出来的委员名单及其成分等信息内容:"罗登贤(工)、彭湃(智)东江、冯菊坡(智)香江、李立三(智)香江、杨石魂(智)南路、黄钊(工)西江、李源(工)香江、沈青(智)潮梅、陈郁(工)东江、恽代英(智)东江、周松腾(工)中路、沈宝同(智)香江、林一人(农妇)琼、黄学增(智)琼、欧日章(农)北江、周颂年(工)南路、罗绮园(智)上海即到港;张善鸣(智)东江;杨殷(智)东江,杨殷(智)香江,王灼(工)、黄赤(工)北江,李海筹(工)东江,吴毅(智)广州,何源(工)广州,黄依农(农)东江,黄悦成(农)东江;郭经树(农)琼,赖松柏(农)、赵自选(智)东江,杨望(智)东江,王强亚(工)委任。""候补委员十人:陈强(工)广州、季布高(智)广州,卢永炽(工)西江,戴□□(农)惠州,王文明(智)琼,陈家善(农)□□。陈行(工)广州,袁炳辉(□);罗文淹(□)"。[3]

---

[1] 中央档案馆、广东省档案馆:《广东革命历史文件汇集》,一九二八年(二),1982年11月,第100页。

[2] 陈家善:《螺岗暴动前后回忆》,中共广宁县委党史办公室:《广宁县苏维埃政府》,1988年2月,第54页。

[3] 中央档案馆、广东省档案馆:《广东革命历史文件汇集》中共广东省委文件,一九二八年(二),1982年11月,第281—282页。

按：受中共中央委托、前来香港主持召开广东省委扩大会议的周恩来 4 月 4 日曾写信给中共中央指出：经过这一段时间的努力，广东"省委已近于集体指导，虽中经挫折和破获，但较前确大进步。"[1]

按：在 6 月中旬，根据情况，中共广东省委决定西江特委，西江下游的高要、四会、广宁、三水、新兴等县由省委直接领导，西江其余各县党组织工作由巡视员负责。

陈家善回忆："这次会议是周恩来同志主持召开的，不见李立三在场了。开始时是在一幢楼的二楼开，共有三十多人参加。周恩来在会上作了关于国内革命形势及如何深入群众转入地下斗争的报告，会议一方面总结了广州暴动及全省乡村暴动失败的经验教训，另方面认为今后要做深入细致的发展工作。后因会议被印度籍警察发现，便转到湾仔一个地方开。会议期间，我协助警戒。"[2]

4 月 13 日 中共广东省委扩大会议决议案中提道：琼崖全岛暴动计划之未能实施，特委负着很大的责任，第一，特委该求省委转去新军事计划，急速地将陆（陵）水攻下取得一出海港口，专待外来接济，而停顿了暴动中心区域万宁、乐会的夺取和向北发展以完成全岛暴动。第二，土地革命在琼崖还未能普遍深入，许多暴动区域没收和分配土地延长执行，使农民对于土地观念极不明了。第三，军事上也与海、陆丰犯同样的错误，专靠雇佣制的红军作一切暴动的先锋，群众只是以旁助威的力量，绝没有红军群（众）化的计划。第四，城市工作没有，农民中自耕农又占成分多数，党中还不少智识分子，故城市的无产阶级领导亦成为严重的问题，影响了许多政策，都是保守而非前进的。[3]

---

[1] 周恩来至中共中央的报告，1928 年 4 月 4 日，手稿，转中共中央文献研究室编：《周恩来传》（一），中央文献出版社，第 178—179 页。

[2] 陈家善：《螺岗暴动前后回忆》，中共广宁县委党史办公室：《广宁县苏维埃政府》，1988 年 2 月，第 54 页。

[3] 中央档案馆、广东省档案馆：《广东革命历史文件汇集》，一九二八年（二），1982 年 11 月，第 193 页。

在决议案中，省委对琼崖方面的工作以"琼崖的夺取"给予部署：

1. 琼崖是目前广东工农革命扩大各路暴动割据局面的重要区域，亦目前反动军队民团和一部分土匪在琼崖的统治并不统一，再加以乡村多为农民割据，城市形成孤立，乡村经济（农产品和购买力）对城市封锁，军队饷源枯竭，商业停顿，军阀、地主更没有方法维持他们长久统治，故琼崖工农群众在我们党的领导之下只要团结一致，以有组织的统一力量必能战胜敌人散乱而无组织的力量，实现夺取全岛的计划。2. 夺取琼崖全岛的计划，应以万宁、乐会为中心，速即夺取这两县的政权深入土地革命，挽救陵水敌围的局面。同时东路其他文昌、琼东两县，中路定安、琼山，西路临高、澄迈，一致发动夺取市镇占领县城，断绝敌人交通路线，回海上发展，完成全岛的暴动。3. 琼崖发动暴动在战略上须注意截断敌人的一切交通。敌人的军队留在海口失了作用，民团与军队想联络，初我方首先注□各区□场的夺取和交通路线的获得，使革命的势力能打成一片。4. 由斗争发展到暴动的策略，在琼崖暴动的进展中仍有许多地方应用。5. 加紧海口工人与交通工人的工作，建立琼崖城市的领导，加紧反动军队的士兵运动，增加琼崖工农群众夺取敌人武装溃散下军队□力量。6. 党与苏维埃的系统在琼崖亦宜分清，苏维埃的组织在琼崖人民群众中可普遍的成立，许多县苏维埃及全琼苏维埃都宜□速成立。7. 土地的分配在琼崖一开始免不了还是让原耕者耕种，但紧接着□须彻底分配，务使琼岛占多数的贫苦自耕农都多分给一点□地。8. 琼崖的红军，也须立即扩充，如海、陆丰的一样地吸收志愿的□农群众。9. 省委对于琼崖工作计划决议案亦须督促琼崖特委坚决执行。

在这份决议案中对"西江的工作"有如下提道：西北（江）本是有工农斗争历史的区域。自从党的力量在各县涣散后，西江的斗争便更沉寂。最近罗定暴动突起，也因为党的力量薄弱未能有很大的发动，其中主因虽然由地主在西江势力的雄厚且更与土匪勾结，但更重要的还是党的领导之不得法，尤其是缺乏发动斗争的方法而希望一下便跳到暴动。故西江暴动的发动必须从斗争做起或是经过游击战争。第一，省委须从实际工作方法加以切实的经常的指导,这是指导西江工作的第一要务。第二,西江各县乡村原有自发的斗争,党应努力使之在土地革命口号之下进行,并加紧此种斗争的扩大而汇合到暴动乡村的割据。第三,农民的武装在乡村亦有相当数目,党应使赤卫队的组织与农会同在秘密中广大的进行。第四,土匪在乡村中成为重要的力量,党应设法派人打入其群众中工作。第五,城市工作尤其是肇庆工运须特别注意,肇庆(向)来是西江上下游暴动汇合的中心。广宁至四会、三水的沿途农运和油业工人、交通工人运动,也宜同样注意。第六,党及群众组织的中心和指导机关的成分应建筑在城市工人和贫民身上,以树立斗争的基础。[1]

在扩大会议《军事问题决议案》里谈及:"广东省内可成立海陆丰、普宁、惠来红军二师至三师,琼崖可成立一师,北江若能合朱德部队,亦可成立一师。"[2]

《中共广东省委通告(第一号)——省委扩大会议经过及其决议要点》(1928年4月):"其编制暂以十二人为一班,三班为一排,五排为一连(步枪居五分之二,粉枪居五分之二,尖居五分之一),五连为一团,五团为一师。海陆丰、普宁、惠来暂编二师,琼崖编一师,由东江、琼崖苏维埃的军事委员会(同时即为两特委的军委)指挥。"[3]

中共广东省委扩大会议上,根据省委的初步安排,黄学增原计划是前往琼崖工作的。按,根据省委文件的内容及编排来推测,姓名后面的括号内容,当为委员的身份阶层,后面的地名,为委员工作或将要安排工作的地点。据此,黄学增应是以知识分子的身份、并已计划安排到琼崖工作岗位进入省委委员的。"智"当指知识分子;"东江""香江""南

---

[1] 中央档案馆、广东省档案馆:《广东革命历史文件汇集》,一九二八年(二),1982年11月,第208—213页。

[2] 中央档案馆、广东省档案馆:《广东革命历史文件汇集》,一九二八年(二),1982年11月,第276页。

[3] 中央档案馆、广东省档案馆:《广东革命历史文件汇集》,一九二八年(二),1982年11月,第330页。

路""西江""潮梅""琼""北江""惠州"等应该指的委员工作岗位所在地。如此看来，在从西江发动暴动回来后，在省委扩大会议结束后，黄学增将根据组织的安排，正计划前往琼崖开展整顿工作。

4月19日 宝安党组织协调当地乡村械斗，将村与村之间的矛盾平息，然后进行动员，集结群众力量，计划武装暴动。

宝安向省委报告中提道："田寮与玉律械斗在四月十九日已开始停息，现在立即加紧全体动员"

4月中旬 从香港返广宁。并相继到了四会、广州、香港等地。

陈家善回忆："大约五六天。会议开完后，我与黄学增又从香港回广宁。回时，我们带有许多文件，这些文件在上船前交给了梧州港客轮的餐厅船工——我们的联络员带下轮船。因为当时上落（按，即下字意思，广东口语）船都搜查得很严。船到马房后，我们转船到四会，后来我们走路去石狗。找不到联络员，又再行至黄田，也找不到联络员，这种情形使我们感到情况不妙。当时，黄学增坚持再上，上到石涧也找不到自己人联络，再上到横迳仍不见一个可以联系的人。面对如此恶劣环境，我与黄学增只好回头走，一直从山路走，经四会到了广州。在广州我与黄学增分手了，他去香港，我去了市桥。"[1]

4月 中共宝安党组织以黄学增名义来号召农民暴动。

1928年中共宝安党组织拟定的《宝安暴动计划》："宝安暴动有以下之任务：1.响应东江各县暴动，与东江各县（特别是惠阳）暴动联结一气，造成东江割据局面；2.实行宝安土地革命建立苏维埃的宝安。""四月十二日在□区□□圩召集全县农民代表大会宣布暴动，经过大会号召农民（以△△同志，省农会执行委员名义通告召集，因一般农民对△△

---

[1] 陈家善：《螺岗暴动前后回忆》，中共广宁县委党史办公室：《广宁县苏维埃政府》，1988年2月，第54页。

同志有特别信仰，如此可以号召农民广大起来参加）。"[1]

而在1928年6月一份广东省农民协会发布的檄文中，我们知道省农协常务委员有彭湃、罗绮园、阮啸仙、黄学增、周其鉴。相对其他四人而言，黄学增是长期在宝安工作，是宝安县农会的创办者。故文中的"△△同志"应指黄学增。

4月 在宝安积极组织宝安人民发动暴动。

《中共宝安县委给省委报告——各区暴动斗争情况》载："陈耀同志已回到，暂指定他在武装指挥（部）工作，□学增同志俟武装集中组织完妥且亲身参加进攻一、二处反动乡村才回省委当面报告。听候调遣。"[2]

4月29日 黄学增在宝安，领导宝安人民发动一次武装暴动。

中共宝安党组织向省委报告中提道："四月二十九日集中各乡武装于三十日晨早即围攻迳背反动派，击毙反动派男女四人，伤二人，焚烧反动屋宇四间"。

5月2日 黄学增以宝安县委名义向省委汇报了他过去后的情况。

《中共宝安县委给省委报告——各区暴动斗争情况》谈道："这数日来我们决定完全把武装集中组织起来，连续进攻福永、长圳、唐家村、塘尾□等处，乘豪绅地主统治阶级如此惊慌之际，一直猛干下去，可是各乡同志，尤其是负责同志，竟多散动摇起来，不说广州未暴动，即说敌人将派兵来攻，由自己之动摇影响群众"。[3]

5月6日 中共广东省委机关刊物《红旗》半月刊刊发"编者的话"，

---

[1] 中央档案馆、广东省档案馆：《广东革命历史文件汇集》（中共广东北江、西江、琼崖等县、市委文件，一九二八～一九三一），1982年12月，第290页。

[2] 中央档案馆、广东省档案馆：《广东革命历史文件汇集》（中共广东北江、西江、琼崖等县、市委文件，一九二八～一九三一），1982年12月，第283—284页。

[3] 《中共宝安县委给省委报告——各区暴动斗争情况》（1928年5月2日），中央档案馆、广东省档案馆：《广东革命历史文件汇集》（中共广东北江、西江、琼崖等县、市委文件，一九二八～一九三一），1982年12月，第282页。

提到，为解决"人力不敷分配"，刊物"不能如原定计划按期出版"的问题，决定黄学增与苏兆征、阮啸仙、邓中夏、周恩来、朱德、叶挺、周其鉴等13位同志被该刊确定为供稿员，"负责按期供给文字"，"以给予全省工农兵士的切实指导"。[1]

5月中下旬 黄学增前往香港，返回中共广东省委机关汇报工作。5月22日《中共宝安县委给省委报告——关于召集武装问题》里面说道："此间各种情形，已交学增同志回去报告，想已知尽一切了。"

另按，宝安巡视员（阮）峙垣给中共广东省委报告（1928年5月29日）里提道："东、宝现决定集队东山——东山是东、宝交界的大山，近在东莞大朗和宝安五区的中心地点，山上有一庙。昨日两方负责人已迁进东山，一部分武装亦到，开联席会议讨论，两方武装即刻到来集中，集中东山的武装编为红军制度，周光赤同志经到东山编队，一该武装集集（中），从游击战争到扩大红军和赤卫军的组织，土地革命的深入，以东山为中心，发展东、宝邻近，东山四周围的乡村，扩大发展土地革命的深入。"[2]

6月 黄学增与彭湃、罗绮园、阮啸仙、周其鉴一齐以广东农民协会常务委员的身份发表《广东省农民协会檄文》与《广东省农民协会紧急传单——为重兴农会事》，号召"贫苦的自耕农，以至于佃农雇农，无业农民，一切有田无田的农友们！从今年起，不交租，不还债，不完税，不纳捐，暴动杀尽一切豪绅地主，重新分配田地"；"全省总暴动的胜利，使一切贫苦的农友们有田耕，有饭吃，享太平！""我们现在要重兴农会起来，而且农会马上要开始领导各地农友，用自己的力量，与豪绅地

---

[1]《<红旗>编者的话》，《红旗》第21期，1928年5月6日。

[2] 中央档案馆、广东省档案馆：《广东革命历史文件汇集》（中共广东北江、西江、琼崖等县、市委文件，一九二八～一九三一），1982年12月，第258页。

主斗争。"[1]

后在1928年6月19日，中共广东省委发出《关于夏收总暴动及目前工作的决议》，里面明确指出："省农会简章传单，每县须尽力翻印，或从省委带去，无论有无党与农会地方，每乡村至少须散帖一、二份，能每家一份最好。"[2]

6月16日 黄学增从海口行抵位于乐会第四区的特委机关。是次黄学增是受中共广东省委的委派，前往琼崖主持工作，并要求对中共琼崖进行改组。

《中共广东省委给中央的报告（第四号）——关于夏收暴动的策略和各路、各重要城市的工作及反帝运动情形》（1928年7月4日）里面说道：

"特委对蔡师进攻，毫无策略，加以一部分同志之叛变，及同志对特委之不满，致应付招招失策，以致步步退守。最近东路乐会、万宁，特委在乐会四区已受敌人包围，且决以二团人力企图彻底解决我们。在这危险情形之下，省委曾详细讨论，除即派黄学增同志去主持一切外，对工作的决定是：特委应马上改组，坚决领导群众反攻，明白告诉群众除反攻无出路，并且应切实调查民众的生活状况，抓住实际的问题，鼓动反攻"。[3]

叛徒陈骏业（1928年曾任中共定安县委书记、中共琼崖特委委员，1930年任琼崖苏维埃主席）在1933年给国民党的自首书里提道："黄

---

[1] 《广东省农民协会檄文》（1928年6月）及《广东省农民协会紧急传单——为重兴农会事》（1928年），中央档案馆、广东省档案馆：《广东革命历史文件汇集》苏维埃、工会、农会文件，（一九二七～一九三四），1982年12月，第405—406页。

[2] 《中共广东省委关于夏收总暴动及目前工作的决议》（1928年6月19日），中共广东省海南行政区委员会党史办公室、广东省海南行政区档案馆编：《琼崖土地革命战争史料选编》，1987年8月，第66页。

[3] 《中共广东省委给中央的报告（第四号）——关于夏收暴动的策略和各路、各重要城市的工作及反帝运动情形》（1928年7月4日），中央档案馆、广东省档案馆：《广东革命历史文件汇集》，一九二八年（四），1982年11月，第28—29页。

学增为雷州人，在共党中地位颇高，来琼时正当大军痛剿，无法支持之际。"[1]

7月16日 黄学增完成给中共广东省委的报告，汇报自6月到琼后了解的情况，以及开展的情况。[2]

7月29日 中共广东省委建议黄学增回省委一次，切实讨论规划琼崖工作。

《中共广东省委致琼崖特委信（琼字第七号）》信件里谈道："特委以后之布置，必须特别注意琼崖广大的工人，尤其是海口到嘉积市一带各重要城市（无论是白的或红的）的工人，与万宁、乐会、陵水的贫农，及黎洞以内之贫农。西路儋县、崖县的工人、贫农亦须加以积极注意。特委必须切实执行省委一切关于群众工作之指示。……省委认为第五号信，关系于琼崖工作的重新布置，甚为重要。特委必须切实讨论执行，尤其要注意海口、琼山及西路工作之布置。""再则，假如不妨碍工作，学增同志能回省委一行，以便切实讨论规划全琼崖之工作，更所希望。"[3]

8月12日 琼崖苏维埃政府在乐四区成立。黄学增时任中共琼崖特委书记，王文明任琼崖苏维埃政府主席。

8月 琼崖的党组织已在乐会、万宁、琼东、琼山、陵水、文昌、定安、澄迈等县建立了县委，并建立了67个区委，10个特别支部，712个支部，党员26913人；[4] 当时广东全省的党员数量为64229人。琼崖约占广东

---

[1] 见《琼崖共首之自述》，（国民党）广东琼崖绥靖委员公署印，1933年3月，藏于广东省档案馆。

[2] 《中共广东省委巡视员黄学增给省委的报告——关于琼崖特委改选、过去工作错误和红军活动情况》（1928年7月16日），中央档案馆、广东省档案馆：《广东革命历史文件汇集》，一九二八年（四），1982年11月，第155页。

[3] 《中共广东省委致琼崖特委信（琼字第七号）——海口、琼山及西路工作，实行红色清乡联防》（1928年7月29日），中央档案馆、广东省档案馆编：《广东革命历史文件汇集》，一九二八年（四），1982年11月，第259—260.263—264页。

[4] 《广东全省党的组织统计》（1928年8月7日），中央档案馆、广东省档案馆：《广东革命历史文件汇集》，一九二八年（五），1984年1月，第109—111页。

党员人数 41.9%。

另，根据 1928 年 1 月琼崖特委的报告，至 1927 年 12 月，琼崖党员人数为一万五千人；至 1 月时为 17000 人；五月约二万人。[1]

8月 中共琼崖特委书记黄学增在海口白沙乡三旺村陆国宪家秘密召开党员会议，成立海口市委。"参加会议的有：严鸿蛟、陆国宪、苏天春、谭荣光、潘子裕等。严鸿蛟被选为书记，潘子裕当交通员，负责同琼山县苏维埃政府和东排溪郊区联络。年底，严鸿蛟往羊山开会，半路上被敌军搜捕去府城，成为可耻的叛徒。"[2]

8月下旬 黄学增率领中共琼崖特委以及琼崖苏维埃政府机关撤到中平仔山区。

8月底 国民党第一次进攻中平仔山区，受到中共琼崖特委领导群众制造的荔枝炮的轰击，败退。

9月 国民党又进犯中平仔，中共琼崖特委又一次击溃国民党军。[3]

11月8日 《中央巡视员毅宇给中央的报告》提道："扩大会议代表东江、海南尚未到，须稍候数日。"[4] 按，此次扩大会议应指中共广东省委第二次扩大会议；此次会议是在香港召开。

11月中旬 国民党军第三次进犯中平仔山区。

《中国共产党琼海历史》载："11月中旬，国民党军派精锐的第二十八团进驻乐四区，由国民党军营长陈国勋率领 500 余人，第三次进

---

[1] 中央档案馆、广东省档案馆：《广东革命历史文件汇集》（中共琼崖、南路特委文件，一九二七~一九三五），1983年12月，第14.32.100页。

[2] 王炳桂：《海口早期的工人运动（1923年—1929年）》，琼岛星火编辑部《琼岛星火》第二期，1980年，第134页。

[3] 见中共琼海市委党史研究室著：《中国共产党琼海历史》（第一卷（1921—1950），中共党史出版社，2011年，第100—102页。按有关中平仔抵抗战除根据《中国共产党琼海历史》外，中共海南省委党史研究室著：《中国共产党海南历史》（中共党史出版社，2007年，第138—139页）亦有相类似的叙述。

[4] 中央档案馆、广东省档案馆：《广东革命历史文件汇集》，一九二八年（六），1982年11月，第30页。

犯中平仔，但除了抛下几十具尸体和一大批枪支弹药外，仍然一无所获。中平仔战斗期间，红军和赤卫队除了开展军事行动外，还加强宣传工作，发动政治攻势，从思想上瓦解国民党军。宣传的形式有张贴布告、书写标语、散发传单、战地喊话等。宣传的内容有'苏维埃政权分配土地给农民''实行耕者有其田'等，号召'敌军内的贫苦兄弟们，和苏区人民一道，为保卫工农兵政权而奋斗！'国民党军排长海亭在红军和赤卫队的宣传感召下，带领全排士兵举行起义，投向红军。"[1]

11月16日—24日 中共广东省委第二次扩大会议在香港召开。

《中共广东省委第二次扩大会议关于目前政治任务与工作方针决议案》："广州、曲江的兵变，乐会矿坑守卫团的叛乱，亦是敌人武装崩溃的开始。至于农民斗争，则至今在东江、琼崖尚保有苏维埃的政权及其少数农军。"[2]

决议案还认为："党过去的工作，是乡村超过于城市，农运紧张于工运，因此工作的发展是畸形。"[3]

11月 中共广东省委扩大会议上，粤省委针对形势的变化，计划对机构设置进行调整，有意设立南区特委，以之代替琼崖与南路两特委："南路、琼崖党都有基础，且经过党的斗争，在群众中的影响，亦已相当深入。但在地域与工作关系上，南路与琼崖是有联系起来的必要。所以，应并设一特委，以海口为中心，兼顾南路与琼崖两地的工作。""南路与琼崖合设一特委，以海口、北海为中心，加积市、崖县（两地工人最多）、乐会、万宁、琼山、文昌、定安、儋县、廉江、化县、高州、遂溪、雷州、

---

[1] 见中共琼海市委党史研究室著：《中国共产党琼海历史》，第一卷（1921—1950），中共党史出版社，2011年，第102页。
[2] 中央档案馆、广东省档案馆：《广东革命历史文件汇集》，一九二八年（六），1982年11月，第47页。
[3] 中央档案馆、广东省档案馆：《广东革命历史文件汇集》，一九二八年（六），1982年11月，第64页。

防城等为应注意的地方。"[1]

为何考虑设置一个南区特委呢？为何如此考虑设置呢？可能与当时形势以及中共广东省委的工作重心有关——以城市工人工作为重点。按照恽代英的汇报所言："（一）就全省地位说，省委不能对南路、琼崖看得特别重要，故为人才、经费均以设一特委为妥。（二）经济影响上说，海口实际兼控高、雷、钦、廉；其次，在北海可以控制高、雷，但广州湾决不能成为南路中心。（三）南路交通，海口、北海有直接火轮航线，但两处对广州湾均只帆船来往；南路、琼崖合并，交通并无特别不便之处——又特别指出南路要注意北海、琼崖于海口外，要注意崖县（三亚港）。"[2]

此外，这次中共广东省委第二次扩大会议上，还对琼崖方面的工作有所涉及。《关于军事工作决议案（草案）》（1928年11月通过）认为：

"东江、琼崖的红军，虽然四月省委的扩大会议曾经指示，必须尽量扩大武装组织的重要。但省委都缺乏整个和实际的规划与指导。结果两地的暴动都表现无计划，而受很大的损失。"

《关于党的组织问题决议案》（1928年11月通过）则提出："党员对民主集中集的误解，而有极端民主化的倾向。负责同志动，同志才动（如琼崖、东江党的负责人要亲自上前线去打冲锋，香港市委书记、海支书记要亲自出马派传单演讲，好像非如此便不能得同志的信任）。……东江、琼崖、曲江负责同志，单独去打冲锋，致党遭了重大的损失。"[3]

---

[1] 中央档案馆、广东省档案馆：《广东革命历史文件汇集》，一九二八年（六），1982年11月，第66.200页。

[2]《恽代英给中央的报告——广东省委扩大会议的经过和内容》（1928年12月3日），中央档案馆、广东省档案馆：《广东革命历史文件汇集》，一九二八年（六），1982年11月，第283页。

[3] 中央档案馆、广东省档案馆：《广东革命历史文件汇集》，一九二八年（六），1982年11月，第172—173.189.192页。

11月29日 中共广东省委在致中共琼崖特委信中表示："省委扩大大会闭幕了。省委扩大会对琼崖过去英勇的艰苦的斗争,表示十二分的敬意!并希望诸同志继续前进以底于胜利的完成!"

同时向中共琼崖特委指出:"这次大会决议重新布置各路工作,定位城市为工作中心,在南路应注意海口、北海两城市工作的发展,并决定将南路、琼崖特委合并迁往海口,指挥琼崖全属及南路各县工作……限在一个月内实行合并。合并后,琼崖、南路二特委名义同时取消,改称南区特委。""整个南区以海口、北海为工作中心,琼崖则以海口为中心,嘉积市、乐会、万宁、陵水、文昌、琼山、定安、琼东、崖县等,为重要县份,海口须以汽车、起落货、船业、印刷、市政等工人为中心对象……尤其是海口工作须用绝大力量建立起来。"[1]

但由于南路特委在1928年12月受到严重的破坏,中共南路负责人黄平民、朱也赤等人被捕及被杀害,"负责同志差不多全部牺牲,一切工作完全停顿",南区特委"因为这个关系,南路二特委合并的计划,至今尚未实现。"[2]

按,有关黄平民、朱也赤被捕、牺牲的相关报道如下:

"广州通信 南区共党朱也赤黄平民等,迭在茂名信宜各县设立(机)关,杀人放火。朱自称为共党南路总司令,黄则自称为共党前南路执委,纠率党羽,到处糜烂地方。后经十一军第二十四师积极围剿,朱黄等遂窜匿广州湾,仍暗设暴乱机关,及分派党羽,潜入内地散布印刷品。二十四师一面派队在梅箓水东各处搜缉其党羽,一面派探赴广州湾侦查

---

[1]《中共广东省委致琼崖特委信(指字第一号)——关于成立南区特委以及中心工作》(1928年11月29日),中央档案馆、广东省档案馆:《广东革命历史文件汇集》,一九二八年(六),1982年11月,第271—272页。

[2]《中共广东省委给中央的报告(C字二十二号)省委扩大会后到现在的总报告(十二月、一月、二月、三月)》(1929年3月22日),中共广东省海南行政区委员会党史办公室、广东省海南行政区档案馆编:《琼崖土地革命战争史料选编》,1987年8月,第141—142页。

其机关。当先后查悉其总机关名曰大学堂，中机关名曰中学堂，小机关名曰小学堂，设置异常秘密。于是会同梅菉警察局长及南区善后署特派员，赤坎公安局警兵，在广州湾之赤坎埠，破获共党机关三处，拿获朱等反其党羽共十余人，并搜出广东南路总指挥大印一颗，各种印信重要文件反动宣传品三担，设法引渡朱黄等。旋据法领函复，除将无确□犯罪证据者释放外，其余悉照引渡，并谓此后广州湾政府，始终帮助。"[1]

"第八路总指挥部函开，现据第十一军军长陈铭枢呈称，呈为呈报并请特奖事。窃据联部兼第二十四师师长蒋光鼐呈称，据职师七十一团团长丘兆琛呈称，职团特派员冯文协同第八路总指挥部特派员梁武山军部特派员胡日贞，侦探结果得悉首要共匪朱也赤等，在法租界广州湾赤坎街内设有机关三处，并藏匿重印信文件，所在报告请示办法前来。当嘱梅菉警察局局长陈蓼楚，于十二月八日到广州湾与赤坎公局磋商，派出法差将共匪各机关，一律破获，交拘有匪首朱也赤及陈妹胡亚安（即刘汉）聂都山（即聂阳光）王进芬陈周鉴林伯全易永言张秀莲等九名，及方圆大印各一颗印刷品数担，解回赤坎公局，分别押存。讵该匪多方运动法官，借口国事犯不予引渡。职闻讯，即于九日亲往指明该犯等，均系杀人放火之土匪，历经我国通缉有案，几度交涉，方允通融办理。一面由法吏驱逐出境，并将日期地点，先行通知，一面由我方预派军队，在租界外作半引渡式之接拿。"[2]

12月初 由黄学增率领，中共琼崖党团特委机关撤离中平仔，前往海口。

12月 在中共广东省委收集上来的干部分子调查表中，黄学增的情况如下：

"成分：知识分子。

过去党工作的历史：历任广宁、西江各县县党部书记及农运、南路

---

[1]《申报》1929年1月29日。

[2] 广东秘书编译室：《广东民政公报》《公牍·令》，1929年第三期，第18—19页。

地委书记、西江巡视员、南路特委常委、省委委员、琼崖特委书记。

现在党的工作：省候补常委。

工作能力、活动范围：工作能力顶好，可做党的指导，及农运工作。

特殊技能：空白。

有无职业：无。

可找到职业否：空白。

家庭状况、家庭关系：空白。

对党的认识程度：深刻。"

黄学增工作能力一栏填写为"顶好"。

对党的认识程度一栏填写是"深刻"。[1]

12月 中共广东省委曾提出送部分琼崖红军出境休养的途径："琼崖红军尚存四、五百人，内有二百余病兵，多是受山崖嶂气足上生病，不能行走，病得非常厉害。此二百余病兵，若不早日设法医治送出，则必被敌人烧山以至完全牺牲。其余亦多不能在乡村立足，非送出境不可。省委以为琼崖红军，多是勇敢忠实的同志，如能把他们送到莫京去训练是很好的，未知中央意见如何？如同意请即复知，以便转琼崖。……不然，过去海陆丰、琼崖英勇斗争的红军将完全牺牲于敌人之手，诚可惜也。"[2]

按，在11月29日中共广东省委在致中共琼崖特委信中，有关琼崖红军的问题，省委认为："不过琼崖过去主观工作上的缺陷及敌人一致的加紧进攻，且因经济困难，子弹无法补充，给养发生问题，红军病饿交迫，战斗力比前锐减，并且单纯靠军事行动而欲战胜敌人，是一件比较困难的事。所以目前为要保存这部分势力及扩大群众武装组织起见，

---

[1]《干部分子调查表——干部的成分、历史、职务、工作能力、家庭状况和对党的认识程度》，中央档案馆、广东省档案馆：《广东革命历史文件汇集》（一九二七～一九二八），1982年12月，195—198页。

[2]《中共广东省委给中央的报告（普字第六号）——关于红军出境、省委经济问题》（1928年12月6日），中央档案馆、广东省档案馆：《广东革命历史文件汇集》，一九二八年（六），1982年11月，第349—350页。

只有尽可能地将这部分红军有计划的分散到各乡村（红色乡村）中去……可在红军部队中挑选七、八个忠实勇敢的同志送来省军委训练，然后分送回去做兵士运动工作。"[1]

是年　在香港遇到早期战友、失去关系的邑人苏天春前往琼崖开展工作。

苏天春回忆：1928年"春夏间，在港由黄学增报告省委派往海口搞工运。回港后与党失去关系，后遇黄学增，黄与我长谈后，叫我同去琼州。黄入去山地，有时也出来海口。我留在海口做工运，主要是雷州、钦廉州走去的难民、工人。我在海口工作约有一年。"[2]

---

[1] 中央档案馆、广东省档案馆：《广东革命历史文件汇集》，一九二八年（六），1982年11月，第273页。

[2] 《苏浴尘（苏天春）自白书（1950年2月4日）》，存于广东省公安厅档案室苏浴尘案卷第一册；1981年12月4日中共湛江市委党史研究室抄录。

1929年　29岁

1月　黄学增到香港向省委汇报工作。

黄学增战友新中国成立后回忆说，1929年"正月，周纪只好到香港，寻找他的领导黄学增同志。两人见面后，黄学增指示他回广州湾（今湛江市）继续开展革命斗争。并说自己先去海南岛海口市处理一些问题，然后再考虑回遂溪。"[1] 按，周纪是黄学增在广东南路革命时的战友，新中国成立后仍在世。

1月中旬　中共广东省委根据形势的变化，计划让黄学增递补上省委常委。

中共广东省委在是月计划作一次组织上的整顿与改组，"正式常委自石魂、菊（他现在有出狱的可能，省委已尽力去办）由中央另调工作后，省委决定候补委员，甘、学增补上。"[2] 调整后的中共广东省委常委包括：黄钊、卢永炽、聂荣臻、陈郁、周颂年、甘卓棠、黄学增。按，根据后面的文献的记载，可能由于形势发生变化，这项变动似乎没有正式实施；或者实施的时间比较短。如1929年3月13日《毅宇给中央的报告——广东省委组织及海员、济难会、训练班、团的工作情况》里面说道："省委工作情形　省委的组织经过几次的变更，现在常委委员：黄钊、陈郁、卢永炽、聂荣臻、周仲年五人。在扩大会议以后，省委常委被牺牲的有甘作棠、黄平民二人。冯菊坡被捕，杨石魂离开广东，卢济在西江工作，李鹏在俄国皇后船上不能调来，吴景德做海员工作，姚常自首了。其余巡视员有吕品牺牲，梁祖诒被捕。总之扩大会议所产生的新的常委已经

---

[1] 许和达：《黄学增的战友——周纪》，政协湛江市委员会学习和文史资料委员会编：《湛江文史》第23辑，2004年，第528页。

[2] 《中共广东省委给中央的报告（普四十一号）——关于省委工作的重新分配问题》（1929年1月18日），中央档案馆、广东省档案馆：《广东革命历史文件汇集》，一九二九年（一），1982年11月，第64页。

是破烂不堪了。"[1]

2月底 因中共广东省委常委杨石魂被中央另调工作，常委甘卓棠、黄平民2人牺牲，冯菊坡被捕入狱，姚常被捕叛变；中共广东省委根据中央的意见，召开常委办公会议，决定省委常委进行调整，并报中央批准。会议上选举出来的中共广东省委常委包括：卢永炽、黄钊、陈郁、聂荣臻、贺昌。候补常委为：周颂年、吴锦德、黄学增。军委是聂荣臻。这份名单在4月27日，中央常委会议批准了中共广东省委常委、候补常委名录，并作了组织上分工。书记卢永炽；常委：卢永炽、贺昌、聂荣臻、陈郁、黄苏。候补常委：黄学增、吴锦德、邝壁清。宣传：贺昌；组织陈郁；军委聂荣臻。[2]

3月24日 在是日中共广东省委向中央汇报中提及，琼崖特委在海口的数处机关被国民党破坏，部分人员被捕。但黄学增不在被捕名单。

《中共广东省委致中央信（C字二十六号）》载："据就，琼崖海口机关被破数处（特委常委处、工委处），被捕同志七、八人，姓名未确，因闻是工委先被捕供出机关所致。现在情形，尚未得确实报告，不得而知，不过据最近来人报告，学增同志仍在琼崖主持工作，并未牺牲云。"[3]

4月27日 中央常委会议同意了中共广东省委常委、候补常委名单安排。

5月 黄学增撰写的《五卅运动后广东农民运动的状况》发表在中共广东省委机关刊物《红旗》周刊第15期。

5月 黄学增前往香港的中共广东省委机关，并向省委作了详细的

---

[1] 中央档案馆、广东省档案馆：《广东革命历史文件汇集》，一九二九年（一），1982年11月，第191页。

[2] 中共广东省委组织部、中共广东省委党史研究室、广东省档案馆：《中国共产党广东省组织史资料》（上册），中共党史出版社，1994年，第144页。

[3] 《中共广东省委致中央信（C字二十六号）》（1929年3月24日），中共广东省海南行政区委员会党史办公室、广东省海南行政区档案馆编：《琼崖土地革命战争史料选编》，1987年8月，第146页。

汇报以及讨论规划下一步工作。

相关报告中提道:"(黄)学增同志回省委,对于琼崖情形报告甚详。"[1]

5月 本应该留省工作的黄学增却又决定义无反顾地返回琼崖。毕竟在黄学增看来:"总之,省委对于琼崖工作,要格外注意,琼崖仍是有最大希望,切不可与前一样等闲视之。""此间党部、军事均须派人负责,除黄雍、符亮马上命他们回来外,仍须找些能做党工作的同志来帮助,至好是能找几个坚决勇敢的工人同志来做各县委书记。党下级干部人材(才)及红军干部人材(才),多派来更妙,但观念不好的不要派来。目前省委派来之军事同志等,因为他们不愿在琼崖工作,或因敌人进攻利害,均要求拼命回去省委,如省委再派类此之人来,真是费事要不得!"[2]此次同行还有新任的、也是第六任中共琼崖特委书记官天民。

中共广东省委给琼崖特委、琼崖各级党部指示中明确指出:"(黄)学增同志此次回琼是以省委巡视员的资格指导琼崖工作,不参加特委,学增同志此行,至多两个月须回省委。至要!"[3]

按,中共广东省委第二次扩大会议的决议案里曾谈道:"巡视制度为使上级党部之一切策略、工作计划和指导能正确的被下级党部(直至支部)接受和执行,为直接帮助下级党部确定正确的政治、组织、工作路线和一切工作的方法,为彻底改造党的组织。巡视员不得担任所在地的工作,巡视期限不得超过四十天。巡视员所到的地方,应尽可能的巡

---

[1] 《中共广东省委给琼崖特委、琼崖各级党部的指示——关于形势、组织、宣传、武装、兵运工作等问题》(1929年5月26日),中央档案馆、广东省档案馆:《广东革命历史文件汇集》,一九二九年(二),1982年11月,第57页。

[2] 《中共广东省委巡视员黄学增给省委的报告——琼崖特委改选、过去工作错误和红军活动情况》(1928年7月16日),中央档案馆、广东省档案馆:《广东革命历史文件汇集》(一九二八年四),1982年11月,第165页。

[3] 《中共广东省委给琼崖特委、琼崖各级党部的指示——关于形势、组织、宣传、武装、兵运工作等问题》(1929年5月26日),中央档案馆、广东省档案馆:《广东革命历史文件汇集》,一九二九年(二),1982年11月,第69页。

视重要区域。"[1]

5月 已返回琼崖的黄学增前往文昌,和谢冠洲、云龙等同志在竹堆村开会,讨论布置化装深入到锦山市消灭该市民团局,并指挥队伍攻破一个民团局,缴获众多物质。

时人冯安全新中国成立后回忆说:"我和冯凤福、陈继盛为琼文县委经委委员。这时琼山县委领导人是冯正邦同志,文昌县委是谢冠洲(改名木森)、云龙等同志,他们经常在琼文交界地方的溪尾乡、马灵沟乡的竹堆、竹坑坡、山竹村、后坡、龙头山、南洋村一带活动,和我们联系行动,开展组织工作。一九二九年红五月的时候,黄学增同志来文昌县委,和谢冠洲、云龙等同志在竹堆村开会,讨论布置化装深入到锦山市消灭该市民团局。根据黄学增同志指示,由我带一路短枪班从左边冲入敌人兵房,但是由于敌人设有两层岗哨,严密监视,不能进去,所以我另外想办法,叫一位女同志冯月华,和我装扮成夫妻俩走进去,后被敌人发现,拖入团局办理,我们即借这机会,一直冲进去杀伤敌人,部分敌人惊慌失措,举手投降当了俘虏,我们缴获长短枪三十余支,子弹四千多发,并没收反动商店二三间,取得了胜利。回来后,文昌县委发给各人二丈布料,暂时解决部队的衣服困难。"[2]

6月13日 黄学增撰写的《盲动呢?不动呢?公开呢?秘密呢?》一文发表在中共广东省委编的《学习》半月刊第4期。

6月 黄学增撰写的《省港罢工时代之广州四郊农民》一文发表在中共广东省委机关刊物《红旗》周刊第16期。

7月1日 是日晚,黄学增写下《阅了农民问题决议案以后》一文,后该文发表在7月10日出版的《学习》半月刊第4期(中共广东省委编)。

---

[1] 中央档案馆、广东省档案馆:《广东革命历史文件汇集》,一九二八年(六),1982年11月,第67页。

[2] 冯安全:《海南革命斗争亲历记》,中国人民政治协商会议广东省委员会文史资料研究委员会编:《广东文史资料》(第三十辑)(内部发行),广东人民出版社,1981年4月,第127—128页。

文中，黄学增谈道："我阅了六次全国大会土地问题决议案与农民问题决议案以及省委第二次扩大大会农村工作决议案以后，觉得非常爽快而有兴趣。因为这几个决议案关于土地问题、农民问题分析得非常详细、具体正确，真正可以给予全党一个关于土地斗争的正确路线。我除完全接受与拥护整个决议案以外，尚有下列几点意见。"表达自己对农民问题的关注。

7月 中共琼崖特委、团特委机关在海口市被敌人破坏，黄学增在这次特委被破坏的事件中，于海口福音医院受伤、被捕；而在一起的中共琼崖特委书记官天民则被枪杀。以下是各科文件及资料：

中共广东省委给中央的信件中沉痛地提道："琼崖工作（多）次受破坏，党的基础几乎完全塌台，各县虽有工作，目前已无法联络，尤其最痛心的就是学增、天民二同志最近被捕牺牲，使琼崖工作受到更大的创伤，目前恢复琼崖工作实在困难万分。琼崖出来的同志，多因色彩太浓，无法回去工作，而且情绪多是不好的。"[1]

"到省委汇报工作的黄学增、官天民返回海口，借病住进美国教会在海口办的福音医院，由于叛徒告密，敌人当晚包围医院，官天民中弹牺牲、黄学增被捕，后被敌人杀害"。[2]

叛徒陈骏业在其给国民党的自首书中提道："民十七之末，黄学增竟秘密迁移琼崖特委机关于海口，以期在政治中心发展其组织。民十八春夏之间，琼崖特委机关在海口破获，主要分子捕捉殆尽。黄学增自香港返海口，在医院潜伏，亦被擒杀。于是琼崖共匪失去最高指导机关，

---

[1] 《中共广东省委要求将琼崖在上海的同学派回琼崖工作给中央信（C字三十八号）》（1929年8月2日），中央档案馆、广东省档案馆：《广东革命历史文件汇集》，一九二九年（二），1982年11月，第193页。

[2] 中共海南省委党史研究室著：《中国共产党海南历史》，中共党史出版社，2007年，第150—151页。

极形惶急。"[1]

"（1929年）8月，由于叛徒出卖，中共琼崖特委、团特委机关在海口市被敌人破坏。特委书记黄学增，特委委员黄照麟、陈大基，团特委书记官天民，兵运干部杨新培，学运干部熊侠等十余人先后被捕牺牲。少数同志如符彪，曹俊生（特委海口交通站长）、韩托夫（领导机关被破后抵海口，符彪通知他次日离开）等脱险。中共澄迈县委书记冯白驹同志，最先得到这个消息（县委和特委交通陈玉清回报）"。[2]

"一九二九年秋琼崖特委机关在海口市福音医院遭到敌人包围，特委书记黄学增以及官天民、黄昭麟、陈大机等同志顽强抵抗，最后弹尽牺牲。王文明在母瑞山病逝。琼崖党的骨干受到很大损失。"[3]

8月15日 广东信宜国民党在地方行政报告中，谈及该地农会时，仍说道："民国十六年设农会七所，为共党梁本荣、黄学增等所组织，会员一千四百余名，安分农民多未加入。"[4]

9月 周恩来对黄学增的牺牲感到痛心。

"一九二九年九月琼崖各县委书记联席会议（也称第四次代表会议）召开，冯白驹同志当选为特委书记以后，接到省委通知，赴省参加党代会。之后，省委派冯白驹同志到上海参加党中央会议，讨论李立三路线，研究全国斗争形势和任务。会议期间，周恩来同志特地带着李立三同志来找冯白驹同志，在询问了琼崖革命斗争情况后，周恩来同志对李立三同志说：'琼崖特委的损失，黄学增同志的牺牲和城市中心论有关。'

---

[1] 见《琼崖共首之自述》，（国民党）广东琼崖绥靖委员公署印，1933年3月，藏于广东省档案馆。另，注意，文中一些词语是叛徒、是国民党诬蔑他人之词。

[2] 郑放整理：《海南革命斗争大事纪要（上）（1909年—1937年上半年）》，琼岛星火编辑部《琼岛星火》第二期，1980年，第77页。按黄学增当时并非是特委书记，他是省委巡视员身份。琼崖特委书记时为官天民。

[3] 陈其美《曲折的道路》，琼岛星火编辑部《琼岛星火》第二期，1980年，第166页。

[4] 中共湛江市委党史研究室编：《南路农民运动史料》，广东人民出版社，1997年，第183页。

李立三同志承认：'这是血的教训，不可忘记。'"[1]

按，在1928年11月召开的中共广东省委第二次扩大会议中，通过的《决议案》：

（四）重新规定发展组织的中心　过去党的组织，农民是比较工人发展，乡村是比较城市发展。在乡村则偏僻与弱小的村落比较市镇大乡村发展，在城市则手工业者与城市贫民比较在业之大产业工人发展。这样，党虽然在数量上是相当发展，可是在质量上则异常散漫而无力，而不能成坚强有力能斗争的党。所以，此后党的发展组织的中心，在乡村则集中于政治经济所在的市镇、圩场、大村落，以及地主势力大的乡村与沿交通线（水路、陆路）的地方，而且要特别注意介绍农村无产阶级与贫农入党。在城市则偏重于大工厂大企业——以市政、交通为发展的主要对象。[2]

1930年1月17日　中共广东省委发出《"二七"纠集宣传提纲》，号召全省党员纪念包括黄学增在内革命先烈，继续奋斗：

"在二七纪念中，我们要纪念英勇的先烈！我们永远不忘记施洋同志的反抗精神，我们永远不忘记林祥谦同志临死不屈的态度……我们同时要纪念一切的革命烈士，特别纪念广暴的领袖张太雷同志，省港大罢工的领袖苏兆征同志，海陆丰农民运动领袖彭湃同志，东江工人领袖杨石魂同志和南路农民领袖黄学增同志！我们要号召群众募款来捐助烈士的家属！我们要起来反对国民党军阀的白色恐怖！我们要为革命的先烈报仇！"[3]

---

[1] 陈其美《曲折的道路》，琼岛星火编辑部《琼岛星火》第二期，1980年，第166页。周恩来与李立三的对话也可见《冯白驹将军传》，中共海南省委党史研究室编著，中共党史出版社，1998年，第68页。

[2] 中央档案馆、广东省档案馆：《广东革命历史文件汇集》，一九二八年（六），1982年11月，第68页。

[3] 中央档案馆、广东省档案馆：《广东革命历史文件汇集》，一九三〇年（一），1982年11月，第41页。

1954年11月 周恩来飞赴广州。邓颖超在16日给他的信中说:"羊城,是多么值得纪念和易引起回忆的地方!它是我们曾和许多战友和烈士共同奋斗过的地方,又是你和我共同生活开始的地方。……希望以后有机缘能和你再去共游也。"[1]

1960年2月6日—10日 周恩来视察海南岛。8日到文昌县;9日,到儋县;10日在海口约中共海南区委领导人谈话。[2]

1960年2月10日 周恩来总理来广东湛江视察,这是他一生中唯一一次来到雷州半岛。在这一次视察湛江中,他对当时湛江的主要负责人同志询问道:"有个黄学增,农讲所的学员,是雷州人,在海南岛被特务告密,牺牲了。你们认识吗?他家里还有什么人?生活过得怎么样?你们要去看一看"。[3]

1963年 黄学增烈士纪念亭落成。

根据1979年一份档案资料"黄学增旧居纪念亭修建经过和现状"的记载:

"黄学增同志出身贫苦,旧居原是一间土墙茅屋。一九二七年秋,国民党反动派在疯狂屠杀共产党员和革命人民的同时,放火把黄学增同志的旧居烧毁,夷为平地。一九二九年,黄学增同志在海南岛牺牲后,他的爱人苏莲,一个没有文化的农村妇女,遭受压迫剥削,无依无靠,被迫改嫁。黄学增同志没有子女,没有留下任何财产,仅有的一间茅屋也被反动派烧掉,他为中国人民的解放事业献出了自己的一切。

---

[1] 中共中央文献研究室编:《周恩来年谱(1949—1976)》上卷,中央文献出版社,1997年,第426—427页。

[2] 中共中央文献研究室编:《周恩来年谱(1949—1976)》中卷,中央文献出版社,1997年,第287页。

[3] 《周总理关怀湛江人民 湛江人民崇敬周总理》,《湛江报》1977年1月8日,第三版。按:中共中央文献研究室编:《周恩来年谱(1949—1976)》没有记载到周恩来总理在2月10日视察湛江一事;不知道是否是周恩来总理临时决定还是其他原因?10日上午周恩来总理仍在海口,中午飞至湛江。湛江与海南隔海(琼州海峡)相望。11日周恩来总理已到广州。

一九六〇年，敬爱的周总理到湛江视察。总理关怀党的干部，深切怀念为革命献身的同志。在座谈中，总理向当时湛江地委的领导同志问到：有个黄学增，农讲所的学员，雷州半岛人，在海南岛被特务告密，牺牲了，你们知道吗？他家还有什么人？生活过得怎样？你们要去看一看。湛江地委派人对黄学增同志身后的情况进行调查了解，采取了两项措施：（一）把黄学增同志的爱人苏莲（当时她已第二次成为寡妇，生活困难）接回遂溪县革命烈属敬老院赡养，直至一九七六年苏莲因病去世；（二）拨款三万余元，在黄学增同志的故乡遂溪县河头公社敦文大队敦文村建筑'革命烈士黄学增旧居'纪念亭一座，供后人瞻仰。纪念亭于一九六二年动工，一九六三年建成。

　　黄学增旧居纪念亭占地160平方米。四周有砖筑围墙，前面有正门，主体是中间的一座纪念亭式的砖木结构建筑，亭内有一厅，可供陈列之用，厅内悬挂黄学增同志遗像一幅，墙上刻有黄学增同志生平事迹简介。纪念亭的后面，有复原的黄学增同志的旧居土墙茅屋一间。此复原建筑现已毁坏无存；另有砖房二间，原作参观者休息之用，现敦文大队用作办公室……一九七六年，在纪念毛泽东同志主办广州农民运动讲习所五十周年的时候，遂溪民政局曾拨款300元对黄学增旧居纪念亭进行了一些必要的修缮……"[1]

2020年　黄学增纪念广场在遂溪县乐民镇敦文村落成。

---

[1] "关于黄学增同志的简历、诗抄和旧居纪念亭修建为省级重点文物保护单位的报告"，广东遂溪档案馆。

附录（一）
黄学增文集

竞争说[1]

1915 年

人当竞争时代,断不可无竞争心。

无竞争心不能立于竞争世界,竞争乃当今之要务也。

学问以竞争而精,实业以竞争而兴,国家以竞争而文明。

世界愈竞争,愈发达;愈发达,愈竞争。

人无竞争,诚不能立于竞争世界,能竞争,乃可以言富强。

---

[1] 中共湛江市委党史研究室编:《黄学增研究史料》,广东人民出版社,1997 年,第 245 页。按,该书认为黄学增撰写此篇作文的时间是 1916 年(即黄学增 16 岁),但笔者根据民国学制等史料推断,认为是 1915 年。另,下面此文献简称《黄学增研究史料》。

请愿书[1]

1924 年 5 月 26 日

1924年5月26日黄学增等人向国民党中央执行委员会发出请愿书：

为请愿事，窃查雷州伪善后处处长陈学谈即陈焕，委系通缉有案之悍匪。于民七（年）、民八（年）、民九（年）间勾结匪魁李福隆、杨陈仔等，以法界广州湾赤坎为巢穴，树帜招伍，运械济弹，雷州匪势之盛，遂为各处冠。统计数年来，商民之被杀达七八万命，村市之遭毁盈千百数余。如妇女掳卖，财产损失，尤难数计。该贼造祸之甚，定为历史上所罕有。至民十一（年）八月间，黄逆强调占雷州时，该贼胆又勾通匪绅冯凌云、李家驹、王栋、周维翰、黄玉同等，疏通黄逆，以其累年抢获钜赃，为之贿赂，竟以其狗彘不食身份，冒称遂溪县长。当时既喜以匪得官，乃阳藉官威而阴行匪业。凡有反对该贼乡团，以及前未被洗劫之村庄，概被枪杀，如湛川北座等村之受祸状，极为惨淇，罪恶贯盈，雷民久欲食其肉而寝其皮。但该贼怙恶不悛，愈弄愈凶，以其雷民身家性命，仍未尽遭伊之毒手。复于民十二（年）受叶逆举委为雷州伪善后处长，更以贼弟陈翰华，擅称遂溪县长，兹则大招土匪，益肆助逆枪械；不足则劫夺公枪，协编民团；饷项不继，则统率匪党明勒暗抢，且其公然开设铸银机关，扰乱金融。既于本年二月四日捕党员黄汝南梁竹生（均遂溪人），在雷垣惨刑处死。复相继通缉党员黄荣、黄学曾、黄河丰、方景、黄汝清等，种种罪恶实为罄竹难书。噫雷祸极矣，倘非迅即厉行绝对剿缉，该贼则残喘，雷民将必同归于尽。是以学曾等用特沥情呈诉恳钧会迅赐议决，分行指日痛剿，令缉该悍贼陈学谈，避免法外逍遥而

---

[1]《黄学曾请愿书》，中国国民党汉口档案，卷宗号：9448。中国社会科学院近代史所藏。按，这份请愿书寄出地址是长塘街金鱼塘遂溪学会，落款人包括如下这些人员：雷州国民党员 黄学曾（印）、薛文藻（印）、黄荣（印）、韩盈（印）、陈家聪（印）、陈光礼（印）、黄广渊（印）、田酒瑛（印）、黄斌（印）、余冕（印）、邓成球（印）、陈荣福（印）、陈进修（印）、陈荣位（印）、陈炳森（印）、黄杰（印）。

拯黎庶。再，雷州伪善后处长部之参谋长黄玉同、参谋李家驹、王栋、副官长周维翰、副官麦雨年、军需长黄焕如、执法长冯凌云、统领周秉年，又遂溪县长陈翰华、海康县长陈炳焱，均属甘心附逆助桀为虐，合请分行，并令通缉究办，以除敌氛，寔为公便，谨此请愿。

中国国民党中央执行委员会

党员黄学曾等呈为请求严办被拿恶探陈怀琦假名陈磊夫等情[1]

1924 年 7 月 29 日

"为请愿事，窃查雷州伪善后处长陈学谈恶探陈怀琦，一名陈禹铸，假名陈磊夫（遂溪人），乃系素日在县与各匪绅狼狈为奸，多行不义者，邑内人士久恨骨髓。自土匪头陈学谈受逆命，擅称雷州伪善后处长之时，该探以捣乱时机已至，始则合同陈逆学谈解散雷州各县国民党分部，捕杀遂溪国民党分部党员黄汝南、梁竹生，通缉党员黄学曾、黄荣、方景等。继则陈逆学谈以该探长于残贼手段，遂委海康分庭检察，专职以资肆害，其凡陈逆学谈之开铸伪银，强夺公枪，协编民团，勒诛商民，及拿捕学生各事，该探实实在在皆主其谋。至此次潜来省垣，确系唧奉逆命刺探军情，以思害国祸乡，尽人皆知。是于下榻旅店则假名为陈磊夫，即此可见。兹经广州市公安局侦缉拏获，学曾等除呈请其从严惩办外，用特沥情，请愿钧会恳进议决，函致严办，俾杜祸根，而张党务，不胜切祷之至。再该探前曾经学曾等请愿钧会函令缉办在案，合并声明。

此请愿

中国国民党中央执行委员会；

中国国民党中央执行委员会讲习所遂溪籍学生黄学曾；

中国国民党广州市第一区第一区分部遂溪籍党员陈炳森、方景、黄荣、陈材干；

省立工业专门学校遂溪籍学生国民党员黄广渊、余冕、田乃瑛；

省立第一中学遂溪籍学生国民党员陈荣福；

黄埔军官学校遂溪籍学生国民党员薛文藻；

中国国民党第一区特别区分部海康籍党员黄杰。

附两篇《广州民国日报》刊登当时相关报道。

---

[1]《党员黄学曾等请愿书》，中国国民党汉口档案。中国社会科学院近代史所藏。

其一：

陈学淡（谈）大捕学生　原来是土匪头

1924年7月23日刊于《广州民国日报》

以雷州伪善后处长兼广州湾赤坎公局长陈学淡（即雷州著名土匪头）历年勾结广州湾法政府之败类，焚杀雷州，雷人恨之刺骨，日益加甚，即印发传单，宣布该匪罪状，因此该匪甚含恨雷州旅省各界，尤其是含恨黄学曾陈家聪等。上月该匪侦知学曾有行李书籍印刷品等件，放在坎义利号，即差人到店将物件搜去，并将店伴三人拘去监禁，后经各商店盖章取保，赤始将三人放出。迄本月初八日，留省学生陈鹏陈善等六七人，由香港搭河内船经广州湾西营返家，船抵西营时，该匪侦知，命伯长将陈等六七人拿入西营绿衣楼，越日将陈等押赴赤坎公局拘禁。该匪党徒梁道济等，多端凌辱，状极难受。现雷州在省各界，以法政府无故拘拿学生，交与该匪，甚为愤激，拟联请政府向沙面法领事提出抗议，以保学生自由云。

其二：

又捉获逆党恶探陈磊夫　原来是陈怀琦

1924年7月26日刊于《广州民国日报》

雷州伪善后处长陈学谈，派海康分庭检察官陈怀琦，一名陈禹铸，假名陈磊夫，潜来省城，刺探军情，以思祸国害乡，于廿三晚十二时，为公安局特别侦缉处侦知，不动声色，在西湖街公益旅馆二十七号房，将该探捉获。于廿四日解赴公安局。查该探为陈逆学谈健将，所有陈逆解散国民党部捕杀通缉国民党员，强夺公枪，开铸伪银，协编民团，诛勒商民，及拿捕学生各事，均为该探主谋。现雷州在省国民党员，以该探罪恶贯盈，经联名到局指证，请求严办，但尚有与该探关系密切之吴某谢某等，极力为该探奔走求保云。

雷州青年同志社代电[1]

1924年11月18日，雷州青年同志社致电孙中山及中央执行委员会等，请严办各地捣毁农会之军队及劣绅土恶，以慰农民。孙总理、中央执行委员会、广州民国日报转东莞农民协会、香山农民协会、花县农民协会、广宁农民协会、钟村特别区农民协会、南浦农民自卫军、本部钧鉴，双十西路军谭启秀部邓营在东莞农民协会第一区宵边乡拉伕、滋扰并将执行委员长蔡如平、会员蔡兆两君殴至重伤。九日东莞怀德乡团长邓远昌邓国修等督率团丁数十人持枪实弹闯入东莞农民协会第三区射击会员，捣毁总理肖像、党旗、文件用具等，并将会员邓雨君兄弟二人护去谣刑禁殴。十三日香山劣绅土豪商团陈思敬陈革新刘恒等纠众八名持枪实弹闯入香山农民第九区小黄圃□将会内一切文件书籍用具及总理肖像党旗等撕毁，并劫去各职员行李等件。第九区坡头沙北侧乡农民协会所有文件用具党旗农旗等□被福军胡部洗劫撕毁，并将会员三人护去客所禁押。最近南浦农团被滇军第三军围攻，缴去团械十二杆，折毁团部，并将雇役一名护去。花县农民协会被田主维持会江耀中刘寿朋等纠集商团乡团土匪攻击。广宁农民协会被李济源纠党破坏。钟村特别区农民协会被钟村商团护去会员二名，囚禁商会。窃维农民组织协会为本党所提倡，在本党政府旗帜之下，所有农民协会应绝对得本党政府保护。何物谭部滇军福军商团田主维持会李济源等竟敢任将各农民协会蹂躏似此。倒□逆犯殊属不法已极，若不严厉痛剿，难平公愤，而慰农民。□请总理、中央执行委员会分别按照各该地农民协会历次文电所陈，各□通行惩办，并派员前赴各该地农民协会慰问。　　　　雷州青年同志社□铨印

---

[1] 1924年11月18日。《雷州青年同志社代电》，中国国民党汉口档案；中国社会科学院近代史所藏。按，1924年8月雷州青年同志社在广州恢复合法化的身份后，但从事农运方面的社员并不多见。而黄学增从此年8月于农讲所毕业后，逐以国民党中央农民部农运特派员的身份奔赴广东各地开展农民运动。故这份1924年11月即上书孙中山及国民党中执会的请愿书，应与黄学增有着密切的关联。

宝安梁张惨杀农民详情[1]

1925年10月

农民部特派员黄学曾调查宝安协会被梁县长张团长摧残详情，报告农民部。

（一）战前之农军状况。常备农军四十七人，分驻云霖十七人，黄冈三十人，两地相距八里，有茅洲一河为间，云霖在河之南，名为河南（包各乡地方），黄冈在河之北名为河北（包各乡地方），此农军是打倒谭启秀军队之后而组织者。

（二）军队时之状况。九月二十四日，县长梁树熊给信县协会说，闻张我东团长奉蒋校长命令日间派军队到西路保护罢工工人纠察队，县协会接信，知军队来并非好意，即回信给县请其转知军队不可来，讵县协会之信刚送自半途黄田地方，而县长率游击队长曾祺、队兵六名，同张我东之营长钟尧光带兵二连，约一百八十人，徒手约四十人，果于二十八日从南头方面而来，是日下午三时许即经黄田、福永、灶下、沙头而到沙井。

（三）军队来后之布防。军队一到沙井，营长县长皆在劣绅陈炳南处寄足，而劣绅土豪陈伯苏、陈植庭、文吕辛、文淑仲、文泽臣、文冠臣、文槐轩、汇齐恩等即联翩到陈炳南处见营长县长，军队一连驻沙井，一连驻衙边，□县长营长到云霖农民驻所（原日西路联团总局）同特派员乃武同志及一班农会职员坐，交涉地方驻兵，乃武即允将国民党第四区党部地方（大仙庙原日警察区署），他即茬沙井调二排兵驻云霖大仙庙，而国民党部所有物件，概搬入农军驻所，二十九日他又将沙井一排兵调驻衙边，忽闻各劣绅土豪声称，要农军于二十四小时内，将联团局交回，否则火烧，同时衙边农会职员见营长，营长亦说军队不够地方驻，至好农军一概退出去河北，将农军驻所交与军队驻，以免误会，校（营）

---

[1]《广州民国日报》1925年10月22日—27日。

长县长又与乃武及一班农会职员坐，营长说，此处农军办得这样好，本无需要我来，但蒋校长叫我来保护纠察队，不得不来。县长亦说，我此来任务，第一是办塘下涌掳人事件，第二是办黄冈福生店击毙农友事件，明白上午十时我即到黄冈办福生店事件。乃武等以县长如到黄冈，要派农军护送，但县长拒而不要，只说他自己写信通知黄冈农军便可以。是日晚间，辛养与沙井衙边接近农会职员来信报告乃武说，衙边方面军队，即晚已买便菜，明日一早食饭，轿□亦已预备，方知到何处去。三十日一早，营长果调衙边军队一连，到沙头方面布防，以控扼福永方面，在云霖及留驻衙边之军队，即散驻各山岗，以控扼附近各乡，而县长亦带游击队长曾祺、队兵六名，于早七时往黄冈。

（四）军队异动后之农军状况。军队一来，驻云霖黄冈农军及各乡农民，已极不满意。及其步步压迫云霖农军并节节布防，云霖及黄冈农军及各乡农民即决心武装自卫，二十九日晚黄冈农军及后亭沙蒲各部农民亦预备抵抗，并以后亭为河北方面抵抗军队之冲要地点，预备军队如来进攻黄冈，农军即从此后击。

（五）黄冈农军扣留县长情形。二十九日县长令游击队长曾祺率队兵六名往塘下涌办掳人案，回经黄冈与农军小队长王满坐，该小队长声称，此时本地戒严，日后如有武装到来请先行通知，以免误会，该游击队长说，县长明日十时有游击队兵同到，无军队来，该小队长又声称，来兵少则可以，多则恐误会，入夜县长来信说明早十时即来黄冈，三十日早七时，县长即带游击队长从云霖来黄冈，将到石冈山，是时农军已戒严，放出步哨，突有武装军警前来，且与游击队长约定时间不合，究不知其是县长，即除其武装，后黄冈农军小队长王满赶到，县长对他说，我是县长，有信给农军，为何还误会，王满说，县长约十时来，你许早就来，不知是真是假，你如果是真县长，我们必定保护你，就将县长带回黄冈，迨至上午十一时，各乡农军与军队开始打仗，至第三日（十月二日），县长写信给军队退去南头，八时农军即护送他及游击队过后亭，交回枪支给他，并送他到沙井而去。

（六）农军与军队作战情形。三十一日早，云霖一带山岗完全为军队占领，各山岗早掘有战壕并筑有阵垒，而福水入云霖之沙头方面山岗亦为军队占驻，此时在云霖之农会职员即逐个散去，农军因人数少，已陷入危境，故农军亦逐个从间道逃去，只农旗一支、党旗一支为军队掳去，农军退去，而农军驻所协会所为军队占领，军队并将农旗、党旗竖在山岗，诱陷各乡农民。农民分三路抵拒，一路在后亭，一路在莹头岗，一路在沙头。三十日早七时，县长在黄冈被农军扣留，河北之沙蒲、溪头、江边一带农民及东莞之霄边农民，皆击鼓集合，十一时黄冈农军三十六名（加入山尾八人）开到云霖陈桂新村地方，当时河南各乡农军尚未与军队接触，军队先在山岗散开，迎击农军，并在云霖抢获农旗一支、党旗一支，以诱农军，农军见农旗，误信彼处以为河南方面农军占领，皆拟上去，小队长王满□止，先开枪二响射击，军队仍未还枪，且大声称他们是农友农军不可打。王满听得他们声音小（不）同，即连开枪五六响射击，军队至此还枪，农军立分开两路包抄军队，一路十六人向新村冲上，一路廿人向岗头冲上，新村一路已向前冲去，因岗头一路无人指挥，不敢直冲只埋伏停守，遂被军队八人冲进到新村一路，此时有农军蔡□因土枪不响，被军队四名包围，王满即持驳壳绕道打开军队，救出蔡□，军队猛向王打，拿旗者怕，拔旗而走，王满转头喝拿旗者勿走，他仍走，军队□来，西路抵敌不住，即收队退潭头茶亭。片时，沙蒲、江边、溪头、朗下、罗出、燕川、薯田、莆楼村各乡农军总共一百二十人齐集后亭，会合后亭农军二十余人，直进磨盘岗打军队，要潭头茶亭之农军，闻后亭（亭）方面枪响，又冲过新村，再被军队退击，绕道会合后亭方面逐军攻打军队，将入夜，农军冲不入云霖，即收队守后亭，东莞霄边农军十一人亦赶到同守后亭，军队守云霖山岗，农军无死伤，军队死一人，伤连长一人，扛入沙井医治，此后亭一路第一日作战情形也。

（七）河南方面，新桥马鞍山、莹头冈各乡农军六十余人，以后亭方面农军已与军队作战，即从莹头冈冲出云霖高地，因莹头冈一班地主劣绅压迫农民，不准与军队战，并关闭闸口，不准与军队作战之农军退回该乡，作战农军后路受绝，遂退回万家朗方面。农军一退，军队即追入茔头冈乡，击毙农民二名，伤农民男女各一名，全村淫掠，并掳去数十人，各勒百数十元，因阻止军队淫掠被枪伤者甚多。退在万家朗之农军鸣鼓召集各乡农民，又从茔头冈冲出云霖高地，因无子弹，又被军队击退，此茔头冈一路第一日作战之情形也。

河南方面，福永、黄田、固戍、桥头、大王山各乡，农军百余人集中万家朗，从沙头方面进攻军队，初由仔松山与军队战，继退在大王山与军队战，双方互相冲锋，各不能夺其战地，后亭茔岗两路停止作战，此方农军亦收队固守，桥头塘尾军队固守沙头，军队有无死伤未知，此福永一路第一日作战情形也。

十月二日，茔头冈、福永两路已不战而退，军队亦不追击，后亭一路各乡农军因无子弹粮食，后亭人多逃走，亦多数退去，只分十余人守毛洲河上渡头，三十人守毛洲河下渡头，二十人守后亭，一百人守毛洲河口，盖恐军队渡毛洲河进攻各乡也。上午十一时，军队又从南头调多一连到沙井，上渡头之农军退回黄冈，下午三时半，军队到大步涌会合民团土匪进攻后亭，将后亭全村抢掠一空，又直进衙边南本各乡抢掠，在衙边掳去十三人，由陈炳南经手款项赎回十人，其余三人要勒千五百元不放，大步涌土豪江齐恩（原日当匪首）绕道带民团土匪进攻毛洲河口，拟入江边，被农军独力攻退，农军被伤二人，越日（三日）一早开去南头，除淫掠各乡之外，并掳去衙边三人，四日东莞农军开来黄冈，已无战事，越日开回东莞，此后亭一路第三日作战之情形也。劣绅土豪带领民团土匪帮助军队与农军情形，此次劣绅土豪陈炳南陈伯苏、陈梿庭曾奕焦文冠臣文泽臣文吕帝文仲叔文槐轩等费了几多心力（闻报效县长军队一万元），然后得张我东派营长钟尧光带兵前后三连（二百六十余人），同县长到云霖，目的在恢复联团筹饷局警察区，以压迫农民协会，故军队于九月二十八日到云霖，即在陈炳南处与县长开秘密会议，并担任军队伙食，带军队分驻衙边、云霖、大仙庙等处，三十日，带军队占领云霖、沙头各岗高地，并同军队在山岗建筑阵垒，战争起，沙井大步涌原有大班土匪民团，新桥之三房亦有许多民团，即由劣绅土豪带领，抄袭农军并供给大批粮食子弹于军队土匪民团上火线，帮助军队攻击农军有百余人。

（八）战时在乡农民逃亡东莞情形。战事最烈是第二日（十月一日），本日农军本是要用猛力击败军队，但因各种困难，不能达到目的，第三日军队又多一连从南头到，因此各乡妇女老幼及无胆农民，纷纷逃走东莞，人数千余，只霄边一乡有六百人。

（九）战时双方之死伤人数。农军死五人非会员，伤七人（轻伤不计），军队据张我东来信云一人伤二人。

（十）战时农民之损失。农村被淫掠者莹头冈、筲边、马鞍山、大王山、南本、后亭六乡（损失最大是筲边，次是莹头冈），农民被掳而勒赎者五十人，筲边有三人被军队掳禁在南头钟尧光营部，要勒一千五百元，未赎回农军失去左轮一支、九响二支、六八一支、无烟仔一支、耗去子弹无数。农旗失去七支（有五支在后亭失去），云霖及各被破陷之乡协会会所被抢劫。

（十一）军队及县长去后之农军状况。军队及县长虽去，但反动势力尚未消灭，县协会为维持现状及镇压反动势力起见，在西路河南河北两方仍决定组织常备军一百二十名，分驻黄冈、云霖、福永，人数现尚未到齐，并想进一步自卫沙田。

（十二）军队及县长去后劣绅土豪及土匪民团状况。军队及县长去后，劣绅土豪有的逃亡香港，有的逃亡广州，有的逃亡太平虎门，有的潜在沙井、大步涌、新桥等处，有的逃亡往南头、而沙井、大步涌、新桥民团非常戒严，大步涌且加紧建筑炮垒，而土豪文泽臣、江齐思，当学生军开到虎门时，带领土匪二百余人，鏖集东莞鸟沙泗兴基与塘罗基团。现在学生军出发东江，该土豪即带领二百余土匪鏖集大步涌村前河口，骑□蚝船二只、大拖渡一只，侵龙艇五只，预备收沙田费并打行水。查西路一带沙田一百顷，历来皆被沙井大步涌各乡土豪劣绅带领土匪征收，每年晚造征收每亩四毫，另收黑标二万元，一个月内晚造禾熟收割即举行霸收。

（十三）此次农军受挫之原因。此次县长到云霖西路，实与军队劣绅土豪串通一气，谋陷农民者，但他表面仍虚图狡卸责任，他在九月二十日通知黄冈农军，说明三十日上午到黄冈，但他上午七时即带同游击队到黄冈，盖他见云霖军队已准备作战，他即先到黄冈，其原因不外是：一、试验黄冈农军有无抵抗；二、如军队与农军作战，他可以不负责任。

（十四）（缺）

（十五）此次血案之负责者，军队团长张我东、县长梁树熊、劣绅土豪陈炳南、陈伯芬、陈植庭、曾奕樵、文冠臣、文吕辛（即文为任）、文泽臣、文仲淑、文槐轩、文树桂、江齐恩、文槐西、曾炳桓、曾直仔、文凤俦（以上劣绅土豪皆二十年压迫农民之罪犯，其称农民名为三大害四大寇五大臭）。

（十六）应向政府办理此案之条件。一、拿办团长张我东、县长梁树熊，并解散不法军队；二、通缉劣绅土豪陈炳南等并抄封其家产；三、剿办沙井大步涌土匪民团，解除其武装。

（十七）目前应急速做到两点。张贞军队如是驻防东宝，即使其赶快来一部分，到宝安西路驻防。一则协同农军剿办在大步涌河口之土匪，一则帮助农军办护沙，若能做到此点，则农会之基础可以强固。当此东江战争时期，宝安县属重要区域，且驻在此间之工人纠察队，因受土匪地痞之压制，不能执行职务，而接济香港粮食之民船，可以一只二只，从沙井大步涌河面来往香港，此点又应告诉工人部者。

黄学曾于宝安 十月十三日

附农民死伤损失报告表

姓名	伤亡	年岁	伤处	村名
文七	死	五十六	胸部	山尾
陈水泽	死	四十	同上	水贝
陈亲通	死	二十二	膀胱	莲岗
陈添寿	死	三十二	胸部右腿	同上

曾胜仔	死	四十五	割耳割腹	上寮
萧贺平	伤	十六	右足	江边
萧石头	伤	三十一	右肩	同上
赖创	伤	四十	左足	罗田
陈昭	伤	三十二	左腿	塘尾
曾水旺	伤	三十	背部	新桥

陈念恩、陈怀瑞、陈尉宁三人被掳去，山尾文七被缴去毛瑟枪一支，后亭□昭被缴去九响枪一支，山尾文洗被缴去曲尺枪一支，新桥曾胜被缴去七九步枪一支，上寮曾水旺被缴去六八步枪一支，（第一区）江边、楼岗、朗下、谭头各村被抢去农旗各一支，水贝及第四区协会均被缴农旗各一支，茔头岗、大王山、后亭、马鞍山、交塘、牙边等村均被洗劫一空，猪鸡牛羊狗□椅衣物俱无。

南路办事处最近进行计划[1]

一、通告所在地各军师部、政治部、南路行政委员公署、各绥靖剿匪委员会、除盗安良会、各县公署、各县党部、各县区乡农民协会，说明设立本办事处之意义。

二、召集所在地各特派员，及负责农民运动者会议，报告及讨论各地协会进行。

三、调查全路交通线，及绘画全路地图。

四、调查各县行政区数目，及该行政区内乡村数目。

五、调查各县土匪及民团状况；因南路土匪多受魏邦平指挥，而与帝国主义有关系的。

六、调查各县特殊情形。

七、调查各县农民在经济、政治、文化各方面的状况。

八、调查各县方言类别。

九、调查各县学生、智识界、商人、工人等对于农民协会的态度。

十、调查各县区乡农民协会状况。

十一、分配各特派员到各县工作，并因某特派员对于某县工作适宜而调遣之。

十二、已有农民协会组织之县，有海康、遂溪、化县、阳江及廉州，均须努力扩大其组织，并施行各种训练。

十三、茂名之茂南地方（公馆附近）有纯粹组织用以反抗地主阶级之生理会，应注意改组其组织，变成农民协会，并以此地为茂名全县农民运动之发起点。吴川之第五区杨屋村、文屋村已有农民倾向农民协会，应从此着手运动，为吴川全县农民运动之发起点。

十四、除此整个计划外，另按照各县情形，规定各县进行计划。

---

[1]《犁头》第4期（1926年3月5日），湘潭大学出版社《红藏·进步期刊》系列影印本，2014年，第95—96页。按，此计划是黄学增1926年2月回南路办事处主持制订的。

广东省农民协会南路办事处通令、文件存稿（节录）[1]

1926年2月28日

训令遂溪县第六区农民协会　第一号
令遂溪县第六区农民协会

案查农民协会之组织，乃系根据国民党政纲及政府第一次宣言，原为合法机关，凡对于一切行为，自应率循一定的轨范。前奉广东省农民协会执行委员会第一十二号通令内开：有对于各级农民协会不良分子，尤需极力淘汰，遵照铁的纪律淘汰，不可稍事姑息，并须指导各级农民协会只许于定章范围内做事，不得逾越轨道，致与农民运动之目的相反，等语。现据该区农友报告，该区农民协会竟有违背定章、干涉行政及种种非法行为。似此弁髦法纪，殊属可恶。本办事处为维护宗旨，巩固纪律起见，特提出严重训诫如左，仰即遵行。此令。

（1）该区协会所属各乡协会及农民自卫军，务须依照农民协会章程及农民自卫军组织大纲组织。

（2）下级机关必须服从上级机关命令。

（3）该区协会只准办理与农民有关系事宜，不准包办其他与农民无关的事。

（4）关于警察行政之事如争讼等项，应归警区办理，该区协会不得任意干涉或任意拿人。即认定此事与农民有关，亦须以协会名义照会警区办理，不许直接行动，致干法理。

（5）市面税项应由警区征收，除警区应得之费外，其余拨归协会支配。

（6）区协会常务委员规定由一人至三人（正副执行委员长及秘书），什役一人，视协会收入经费多少而定，但常委委员生活费至多不得超过十五元以上。

---

[1]《黄学增研究史料》，第5—16页。

（7）原有农民自卫军四名，现无设立之必要，应即撤销以省经费。

（8）该区协会以后非有公事，不许在协会内用膳。

令中央特派员　第二号

令中央农民部特派员黄杰等

现奉广东省农民协会执行委员会第七十一号令开……因奉此。当经彻查该区各乡农民协会，尚系依章组织，应予成立，旗印俟即颁发。城角乡农民协会职员其中间有不甚妥当者，合行令仰该特派员就近指导改组可也。此令。

令　　第三号

令尖岗南乡农民协会筹备员李秀冬等

据呈及名册均悉。该乡农民协会既系依章组织，应准成立。但仍候广东省农民协会特派员卢宝炫同志前往考察，监选职员，并定期举行开幕典礼，授旗授印方符手续。至于旗印一项，本（处）业经定制妥当，仰该农民协会即便遵照并备资来领可也。此令。

令　　第四号

令海康县第四区筹备员

据呈及名册均悉。查该区各乡农民协会，其中纯粹农民固多，而不良分子亦属不少。如该区候补委员兼肇榄乡正委员长卓子藩者，本系一方的大地主，与农民利益绝对冲突，并有以重利剥削农民事实，与章程第一条规定违背。卓子藩着即免去本兼各职，且不许名列会籍，并仰该区筹备员迅将肇榄乡农民协会极力淘汰，依章改组，仍将改组经过情形再呈察核，方准成立。此外各乡尚系依章组织，准予成立。至于旗印一项，前已令仰该就近特派员依式制定，分别颁发矣。为此令仰该区筹备员即便遵照审慎办理可也。此令。

令 第五号

令特派员黄杰等

来电悉,已经商定补救方法如左:

(1)所有特派员尽行分头下乡工作,其生活费拟每人暂向纠察队存款内借出八元。(此款现存韩盈同志处已经函知照给矣。)

(2)所有筹备处一切员役尽行解散,只留程赓一人干理后方一切事务,其用膳已商允县党部暂行供给,仰该特派员即便遵照可也。

再,嗣后各级农民协会成立报告内须签有该负责组织特派员姓名及盖私章方为有效,该特派员并须注意入会分子并选出职员,切不可潦草从事,致违定章。如会员中有不守纪律者,尤须极力淘汰,毋稍姑息。至于经准成立各乡,旗印着即就近依式制定,分别颁发可也。此令。

令 第八号

令仰特派员周永杰

兹派执事前往廉江县负责组织各级农民协会,仰即赶于四月四日前到该调查各乡农民协会,分别指导成立,并将调查详情及各级协会成立日期、选举结果造具表册报告本处察核备案,并制定旗印以便资请领。除分行该县党部筹备处及县署外,为此令饬,仰即遵行。此令。

令 第十一号

令电白县第三区簧花乡筹备处李英等

前后呈均悉。该团董李公录胆敢在青天白日旗帜下作此反革命行为,殊属弁髦法纪,可恶已极。当经先后函咨该县县长严拿究办外,合行令饬,仰即知照可也。此令。

令　第十一号

令电白黉花乡农民协会筹备处

令及两次缴来会员名册均悉。该乡农民协会是否依照定章组织，当经本处派遣特派员杨枝水前赴考查。候该特派员回来报告，当行定夺办理。至于黉花段民团团董李公录故作谣言，煽惑农民，并派团员李培珍、催收李锡龄等持枪压迫农民退会，实属不法之至，前经本处函请电白县长严办在案。兹派杨特派员前赴面促电白县长依法办理，仰即转知各会员知照。此令。三月廿九日。

令　第十二号

令遂溪县第六区农民协会

呈报该区田西乡农民协会开会情形并拿解庞贼玉清至雷州除盗安良会惩办已悉。应即备案，仰即知照，此令。三月廿九日。

令　第十三号

令遂溪县第六区农民协会

呈悉。该区乐民市邮柜代理同安号果有偷拆信件情弊，实属有干刑律。所请转致雷州邮局将乐民市邮柜调委荣泰号代理，应即照办。但至好能将同安号偷拆信件事实检举出来，以便雷州邮局有不允许调委时提出。

《布告各县（第一号）》

为布告事，照得农民协会系根据中国国民党政纲、第二次全国代表大会对于农民运动的决议案、革命政府对于农民运动第一第二两次宣言、迭次通令，并遵照广东省第一次全省农民协会代表大会宣言及议决案而组织，其旨意在集中全国农民力量，增进农民生活，改良农村组织，进而要求中华民族之完全解决。苟非丧心病狂、叛党叛国、残贼农民之徒，谁肯稍加破坏！苟非真正纯粹农民或真正卫护农民利益者，尤不许其借名组织。乃近查各县有劣绅土豪大地主，竟肆意破坏协会，或妄造谣言以恐吓农民，不予其加入协会，或以民团暴力压迫已加入协会之农民退名，甚至假借国民党区党部区分部各种名义，以抵抗农民协会。有等劣绅土豪大地主，又以农民协会为奇货可居，妄思包办，或自称已向省农民协会领得公事，或自称已在县署立案等谎言，以欺骗农民，令农民群堕其术，任其宰割。此种奸狡叛徒，实属不法之至。除函情各县长暨驻防军分别查禁惩办外，亟应布告各县农民知悉。须知农民协会是代表农民利益而奋斗，是完全独立不受任何方面拘束之合法团体。所有劣绅土豪大地主一概不得破坏，尤不得妄思包办，只有帮助农民，不许有压迫农民。我农民不要为彼辈所愚，务须一致团结起来，集中在农民协会旗帜之下，受广东省农民协会及本办事处的监督指挥。

中华民国十五年　月　日
广东省农民协会南路办事处特别委员会
主任
书记
委员

令　第廿九号
令电白第三区黉花乡农民协会

呈悉。案已下令严驳门前乡筹备员李景山等，着刻将门前乡农会名义取消，所有会员准即转入黉花乡农会，俾易统率，以符定章。并附发门前乡会员名表一册，仰即切实考查，仰即将原卷送还据实呈复可也。此令。

指令　第卅号
令电白第二区那笈乡农民协会

呈及名册均悉。查该乡农民协会未经本处核准，擅行成立，手续不合。至于是否依照定章组织及会员分子是否纯粹农民，均未经查视的确，碍难照准。仰候本处派员指导改组可也。此令。

令　第卅三号
令电白县黉花乡农民协会

呈悉。该乡准即依章成立农民自卫军，并将组织成立之经过情形及队员姓名造册呈核为要。此令。

令　第卅八号
令特派员苏其礼

呈悉。所请发给该乡协会旗印，现已准备制发。但各该乡协会是否系执事或特派员指导组织，来呈未详。并未经省农民协会令遵，未便遽行颁发。仍仰执事前往各该乡调查情形，依第一第二次报告表填竣寄上备案，以便核准成立，随发旗印可也。此令。

外附第一第二次报告表各四份，组织农民协会手续十份。

令　第四十一号
令电白县第三区福船岭乡农民协会

呈悉。准予依章组织农民自卫军，并仰将组织经过情形及队员名册呈缴本处察核备案可也。此令。

令　第四十六号
令电白县第三区白马乡农民协会

呈及名册均悉。查该乡尚系依章组织，应准成立。兹随文颁发农民协会印一颗，文曰：电白县第三区白马乡农民协会印。农旗一面一并颁发。仰即定期举行授旗授印礼，仍将启用日期填表报上备案可也。此令。

令 第四十号
令电白县第三区湖塘乡农民协会筹备员黄乃昌黄耀枢

呈及二次名册均悉。查该乡协会不依法定手续组织，且会员分子尚欠纯粹，碍难照准成立。并查湖塘乡农民协会经由本处派员指导组织，已发给旗印作为正式成立。所以该筹备员黄耀枢等所组织之湖塘乡农民协会，仰刻即将名义取消。至该乡协会会员准即加入经准成立之湖塘乡农民协会，以照统一，俾符定章。为此令仰该筹备员即便遵照毋违。此令。

令 第四十九号
令电白县第三区簧花乡、儒芎乡农民协会

呈悉，准即咨呈广东省团务委员会请下令裁撤民团矣。此令。

令 第五十六号
令阳江特派员吴铎民

函悉。该乡农民协会既经执事迭次宣传，且系依照法定手续组织，自应准予成立。仰即就近指导成立，并依式制就旗印颁发，定期举行授旗授印礼，以昭慎重。仍仰将启用旗印日期填表呈报本处察核备案可也。此令。

第五十七号
令电白第三区文山乡农民协会

呈悉。所请撤销民团案，已经转请军事委员会团务委员会饬令各县县长照办矣。此令。

第五十八号
令电白第三区文山乡农民协会

呈悉。所请成立农民自卫军一分队，尚属依章组织，应准成立，仰即将队员姓名造册呈核可也。此令。

第六十号

令电白第三区福船岭乡农民协会

呈悉。所请已照转电白县长切实惩办该团董林春玉、林福祥等矣。此令。

第六三号

令电白县第三区农民协会

呈悉。准即函请电白县长饬令第三区团保局将第三区旧团总所收的款，尽数拨归该会收管，仰即知照。此令。

第七十一号

令特派员陈材干陈克醒等

查得海康县第六区良马等乡农民自卫军，未经报告上级机关，擅行缴去第四区农民自卫军枪弹及掳去队员数名，肆行凶殴捆送，此等越轨行为，本会认为显违纪律，应予严办。但现姑恕其初犯，格外示宽，特拟定下列条件，仰该特派员即便遵照执行，并以最精诚恳切的语意向两方调解，务使革命势力不致分裂为主要。如双方不能体谅此意，则惟有执行铁的纪律，给以淘汰，以符本旨而肃纪纲。仍将办理情形迅行报告，切切此令。计开：

1.第六区自卫军应将缴去第四区自卫军枪弹如数清还。

2.第六区自卫军掳去的第四区自卫军队员，应护送还第四区队部。

3.第六区自卫军殴伤第四区自卫军队员，应由第六区自卫军负责调治至痊（如系互殴则互调）。

4.第六区自卫军应退回原防，将坡塘市还第四区自卫军驻扎。

5.第六区自卫军应具悔过书与县农民协会，并须向第四区自卫军道歉，表示嗣后和好。

第七十二号

令海康县第六区农民协会

查得第六区农民协会自卫军未经报告上级机关，擅行缴去第四区自卫军枪弹及掳去队员数名，任意凶殴捆送。似此越轨行为，本会认为显违纪律，应予严重惩办。现姑念其初犯，格外示宽，特为拟定下列五条，仰该区农民协会即便遵照办理。须知本会之组织，原以亲爱互助为精神，岂容自划鸿沟，秦越相视？为此令仰该会嗣后务宜破除无意识之争，言归于好。俾巩固本阶级之势力，革命成功有厚望焉。切切此令。

令 七十八号

令电白县第三区牛眠乡农民协会

呈悉。该乡农民自卫军既已组织就绪，应准成立。仍仰该分队长实施训练，以副自卫的本旨可也。此令。

令 第七十九号

令电白县第三区牛眠乡农民协会

呈悉。所请悉免捐牛，到底捐额如何，是否苛抽？应俟查明核办，未便照准。此令。

呈省农民协会

吴川遇险情形[1]

绮园同志：

六月廿五日，我刚从广州到梅菉，因为雷州面方（方面）党务和农运工作，须我去指导，故于廿七日又从梅菉起程赴雷州。本来从梅菉赴雷州，经过广州湾路程较近而且易行，但广州湾法帝国主义及其走狗——一般反革命派极其痛恨我，每想伺而食之！不得已，是日从梅菉绕道吴川，决定从吴川之黄坡、龙头岭、企坎、直趋遂溪之新埠以入麻章，出安铺而抵雷州城。讵刚到龙头岭，附近大路上时，约下午三点钟，即被土匪二名，年均约廿余岁，手持驳壳枪，一匪且多持曲尺一支，向我行劫，掳我到匪巢去，以为我是机关中人，且是吴川第四区人，要将我枪毙！

该处土匪最痛恨的，是机关中人，无论军队中人也好，衙门中人也好，党部中人也好，凡遇着都是要杀，因为军队、衙门、党部、农民协会中人，都是主张打土匪，而农民协会更是与土匪势不两立。至于吴川人，特别是吴川第四区人，被土匪拿获，都格杀勿论，日来在路上被土匪杀死的不分老幼男女有许多人，因为凡是吴川人特别是吴川第四区人都是直接与土匪冲突，故遭土匪如此痛恨。

当时被掳，除我之外尚有二名挑夫，挑着党部及农民协会许多宣传品印信文件等类及些少行李，亦被掳去。我一路跟着土匪行，便一路想计。我想如果承认是机关中人当然是不得了，但许多文件都足以证明我是机关中人。差幸该匪不识字，虽怀疑我是机关中人，却被我瞒过。我不承认自己是机关中人，诡称是学界。初我尚想诡称是学生，但再想一想，如果诡称是学生，该匪必以学生系属有钱人，虽一时不致死，必被掳到匪巢，终归于死，或者侥幸不死，最低限亦须巨款吊赎。因此，诡称是当教员——是在遂溪城高小学校当教员，并说明我不是机关中人，不是

---

[1] 黄学增：《吴川遇险情形》，《犁头》第十一期（1926年7月21日），湘潭大学出版社《红藏·进步期刊》系列影印本，2014年，第290—291页。

吴川人，是遂溪人，与夫当教员之苦楚。我的说话是：（一）我如果是机关中人，必有军警或民团护送，无此轻身与步行之理；（二）我如果是吴川人必知到（道）此路有你们大哥，不敢向此路来；（三）我的说话并非吴川话。

该匪以我所说，尚属有理，且看到我的胆子非常壮足，一路行一路与他谈笑，于是掳到大（涠）地方即停止，喝令挑夫打开箱笼等件，给他搜索。当时，该匪搜去各项印信文件、印章、纪念章、舟车免费证，及我的咭片，即当我真是机关中人，但经我再四诡辩，以上各项均是学校内的用件，均是友人从广州代购寄到梅菉，令我来梅菉带去遂溪学校使用，他才放过，只劫去银两（卅元）、手镖（表）、衣服及国民党第二次全国代表大会纪念章一枚、省农会第二次全省农民代表大会纪念章一枚、中央党部职员证章一枚，即放我回来。该匪尚讲些义气，以我去遂溪路途尚远，给回银毫一元六毫、衣服一套，并给二元于挑夫作酬劳费，才呼啸而去。

此层险关既过，我即从容去龙头岭。到龙头岭时天已将黑，暂入该处警区就宿。讵到夜深十二时，又有小班土匪来打劫。当时我正从酣睡醒觉，虽有土匪再来，心胸却非常镇定，走上警区屋面协同警兵民团开枪抵抗土匪。计该处警区有警兵八名，保卫团廿名，土匪因为自己力量薄弱，压迫警兵民团不来，却又呼啸而去。越日该处派警区人带我去企坎雇帆船入遂溪转赴雷州，一路危险，至是得脱。

本来此处经过吴川之龙头岭一路（带），在梅菉早已知道有土匪的，不过为着党和农民的利益，不得不去，而且一个真正的革命党人，时时是准备牺牲的，故大胆地绝不畏怯，从此路去，以致被匪掳劫。我回想自实际做农民运动以来，被土豪劣绅土匪及一切反革命派之劫杀，大小几已十次，其所遇算以此次与去年花县一月十八日之役为尤险，此真农民之运动中极堪纪念的事情也。

一九二五（六）·六·廿八于雷州　黄学增

广东南路各县农民政治经济概况[1]

甲、总说

南路范围，依广东省农民协会划定南路办事处所统辖之县共有阳江、阳春（两阳）、茂名、信宜、电白、化县、吴川、廉江（高州六属）、遂溪、徐闻、海康（雷州三属），合浦、灵山、防城、钦县（钦廉四属）十五县。已有农民运动之县，共有阳江、信宜、电白、化县、吴川、廉江、遂溪、海康、合浦九县。遂溪、海康比较发展，阳江次之，其余正在开始。遂溪、海康在邓本殷占据时代，已秘密运动，阳江收复较早。全路农民状况，在经济政治文化各方面除钦廉方面尚未经过调查无从知到（道）外，其余各县梗概略说如下：

（一）南路地理位置：南路皆滨海，从阳江东平（与大澳接近）起，至防城东兴止皆海。雷州半岛为中国三大半岛之一（辽东半岛、山东半岛、雷州半岛称中国三大半岛），南接琼州岛，相隔以琼州海峡，峡中水流颇急。雷州徐闻之海安，与琼州之海口相望，水路之长，几与广州市之于黄埔相等。从琼州而南，可与非（菲）律宾南洋群岛相从，（从）雷州半岛起沿钦廉海面至安南东京止，中间海湾名东京湾（按，即现在的北部湾）。在此海湾中，与雷州廉州陆地相隔不相甚远，有围（涠）洲、岭仔两小岛（按，斜阳岛，岭仔岛是遂溪民众称呼斜阳岛的俗名），晴天在雷州乐民江洪一带，海峰伫立可见，前归雷州遂溪管辖，今归廉州合浦管辖。雷州遂溪与高州吴川之间海安湾名广州湾，中有湛川（一名东海）、硇洲大小两岛，湛川原属遂溪，硇洲原属吴川。此湾于亡清光绪二十五年被法帝国主义占去。阳江之南有海陵岛，去年邓本殷曾典卖与英帝国主义。西有高州之信宜、茂名、化县、廉江，廉州之灵州（山）、钦州之钦县，西南由钦州之钦县防城接法属安南，并与广西相接。北由

---

[1] 载《中国农民》第4期（1926年4月1日）、第5期（1926年5月1日），湘潭大学出版社《红藏·进步期刊》系列影印本，2014年，第388—416；531—559页。

信宜按罗定，阳春接新兴开平，阳江接恩平；东北由阳江接台山而至新会江门；从阳江东行，水路更可通澳门、香港；西沿广西境皆大山。内地两阳山岭亦颇多，高州、茂名、电白、化县及钦廉次之。雷州全境皆平原，但亦有雷高岭一小脉。徐闻有森林一片，纵七十余里，横四十余里，土人名之为徐闻山。内地鲜河流，就可通舟者言，阳江河流较别县较多，阳江西北沿阳春河可由（按，似有漏字）；梅菉西北至化县，东北至茂名，东南至吴川，皆有河流可通。雷州之通明港，从城月、斗门可通广州湾由（之）西营。廉州北海至钦州，亦有河流可通（以上两处皆海水冲入）。内地公路，雷州全境除徐闻外，所有干线，已有雷州至广州湾西营、赤坎一路，及雷州至城月、安铺一路，有汽车通走。从高州由茂名而化州而廉江安铺，而遂溪城月，及梅菉至水东，亦有车行驶。由茂名至电白、至信宜均在建筑中。电白至阳江儒垌，路已筑好，只未通车。由电白至水东，由梅菉至化州，各只建筑一半，不能通车。由北海至廉州，由廉州至防城，亦可通车。由廉州至钦县而广西，由龙州至南宁，及廉州至灵山而广西南乡江口（西江上游）两路，均在建筑中，此皆邓本殷时代，强迫人民出资出工建筑，以利便行军之建筑物也。

（二）南路交通状况：水路方面，阳江城有拖渡二只直走江门，阳江沙扒有火船一只（船名爹祖），直走闸坡、江门、电白。水东有火轮一只（船名丕亚）、拖渡一只（船名人和）直走江门。江门有火船一只（船名富利）直走广州。阳春至阳江、阳江城、闸坡，闸坡至黄村、平岗、织箕、儒垌、沙扒或闸坡，或由阳江城一直至梅菉、水东、电白、广州湾，或一直至台山、广海、荻海、斗山、开平、赤坎、新会、江门。或由电白至水东、梅菉而广州湾，而雷州，而琼州海口。或由梅菉至茂名、化县、吴川、广州湾、黄坡、斗头、薪（新）埠、雷州。或由雷州、海安、外罗、流沙、企水、乌石、江洪、乐民至安铺、北海、钦县、东兴而安南。而琼州各处，皆有帆船可通。内地各市场、乡村小商人，皆用此帆船运货载客。广州湾有小汽船二只通梅菉，有火船一只通海口，有小轮十一只通香港或澳门。雷州十年前有汽船五只，直走澳门或江门，兵燹之后，久已灭迹不行。北海有火船三只直走海口、香港。由灵山信宜步行，至西江上游，可从西江直达广州。安铺至北海至海口之间，北海至东兴与钦县之间，除帆船外，亦有小火船通走。帆船运费甚廉，如搭客一人，船行六七十里之水路，只收船费二毫，若火船及拖渡，运费甚贵，如从水东至江门，只二十四小时可到，每人收船费十元，由广州湾至香港水路二十四小时至卅小时，如人收银十元，阳江至江门，水路二十四小时，每人收银五元，北海至香港，水路四十八小时，每人收银七元至十元。从前由雷州至澳门，水路卅小时，每人收银竟超过十四元。汽船船费比帆船虽贵，因行驶较帆船为快，不致虚延时日，搭客均喜乘汽船，帆船不能与之相竞。陆路方面，从前交通非常不便，今公路筑成，搭客运货，多用汽车，从雷州起不及半日一直可至广州湾赤坎，而遂溪，而安铺，而廉江，而化县，以至高州城。但公路建筑不甚好，崎岖之处颇多，车行多轰动，且该项汽车完全是买了香港购的旧车，腐败难堪，乘坐极不自在。至于车费尤贵，从赤坎至遂溪城仅三十余里，每人收费一元，由遂城至安铺路只七十里，每人收费一元六毫，由安铺至廉城百一十里路每人收费二元四毫，由廉江至化县城一百二十里路每人收费三元，由梅菉至水东不过六十里，每人收费一元四毫。各路路政，虽由民办，费竟由官收，且收费太昂，贫穷之人，对于此等交通便利之益，就享不到了。

（三）南路实业情形：南路实业可说完全筑在农业上面，市中曾有多少手工业，但亦不过是几家打铜打铁打锡的人罢了。在数年前北海曾有公司开掘煤矿，因该处煤源不足，故开采者亏本停办。蚕业在围（涠）洲、岭仔两小岛中，一年出产颇多，制成之丝式，而多消（销）售于内场，而北海高德钦州等处，每年出产约值廿万元，多消（销）售于香港、上海、广西等处。

（四）南路各市场商业状况：〈一〉北海与外人订约，开埠最早，中外人民杂居，人数在十万以上，帝国主义的工具基督教徒更多，福音堂、天主堂、教会学校遍地皆见。昔时商务最发达，自广西南宁设立省会，直接与法属安南发生关系后，北海商业被夺去大半，但现仍不失为南路第一大市场。商人多贩卖农产品,如花生、米谷、蔗糖、鱼类。各种手工业比较别处亦发达,市内早已设有电灯电话,今省政府划为独立市。〈二〉梅菉在南路中心,水运甚便,居民有十万之谱,土人称为小佛山,商务颇发达,与北海相差亦不甚远。自法占广州湾后,商业受极大影响,手工业工人颇多,今省政府亦划为独立市。〈三〉阳江城水运交通甚便,与江门、广州、香港、澳门各处均有发生关系。居民数万,工人多营皮箱生意,因皮箱为阳江工业特品,其余经营事业与北海相似。〈四〉东兴市场不甚大,但商业发达,因水运便利,与安南之东京、河内、海防及钦廉、广西方面均发生关系。近年商人多贩卖鸦片。此外,高州、廉州、钦州、安铺、黄坡、高德各城市,商业尚呈佳象,其余各县商业多是零落不堪了。

(五)南路物产状况:雷州之蒲包、番薯,化县之桔红(地只有礞石)茶,合浦海面之珠,围(涠)洲、岭仔及钦州之蚕桑,灵山之花生、白尖米、第针茶,皆南路之特产。其余各县皆产谷米、薯、甘蔗、花生等,且沿海各县杂产鱼盐,牛羊猪鸡等亦多蓄养。各种出产品除供应本县应用外,其余多运往香港、澳门消(销)售,蒲包则运消(销)于日本。灵定(山)之第针茶,钦州及各县之盐,多消(销)售于广西、云南、四川各省。钦州更有一山洞,专门养牛,每年出售牛价约有二百万元之谱。

(六)南路人民职业之分配:南路的人民,工商人皆少,农民大致占全人口百分之九十六以上,但滨海一带,多在海面捕鱼,有的年中专以捕鱼为业,有的除耕种外,暇则捕鱼,此为农民副业之一种。在钦廉方面,除耕种外,作贩卖鱼盐谷米等之小贩亦多,有的专以小贩为业,有的半耕种半小贩,此亦为农民副业之一种。年来政局变动,地方政治不良,土匪骚扰,经济恐慌,又因接近广州湾之故,农民多卖身当猪仔,到南洋方面去作苦工,高州方面(特别是信宜、化县)每年都有五六千人到南洋去,今年一二月之间已有五千余人入广州湾,经西营奸商锦纶泰号(高州人设)手卖到南洋去的,刻下尚有六百人左右在西营候船。在现代资本主义组织之下,此等景象,想各地正多着哩。

（七）帝国主义势力侵入南路后，对于经济政治文化各方面之变化：
安南与钦廉接壤，广州湾为南路中心，两地极关重要，均被法帝国主义占去。因此南路新经济的不能发展，完全被法帝国主义势力压服了，且广州湾与香港遥相涵接，广州湾与香港发生关系，法帝国主义与英帝国主义的联合进攻。因此南路更难堪了。广（廉）州之北海与琼州之海口，早与帝国主义订约开埠，两地满布英美帝国主义势力、教会学校与外国商店、银行，多比中国人所办为多。围（涠）洲、岭仔名义上虽不属法，实际上已完全被法帝国主义的工具基督教势力所支配，该地民众几乎完全入了基督教会。阳江之闸坡（海陵岛），去年曾被英帝国主义垂涎，英之兵舰已寄泊闸坡口内，英人已绘了全图，且加以测量，如何开辟成商港，早在计划中。根据以上情形，南路之经济、政治、文化当受极大之影响，兹分析言之：〈一〉经济方面，就农业而言，花生为南路各县出之大宗，自帝国主义势力入侵，即以煤油代花生油，今城市完全用火水而不用花生油，农民之业花生者，日益减少，今则煤油专卖，价格非常昂贵。乡曲农民，日间所用各项物品，昔时完全是用土货，当内地交通未便，洋货亦不得充分运进乡曲消（销）售。今则公路筑成，汽车通行，洋货即充分运输于乡曲，而农民尽用洋货矣。就商业而言，一般有钱商喜欢洋人势力保护，大半抛弃内地商业，而就商于广州湾各处。且广州湾各处有鸦片经营，可以发财，因此广州湾各处之鸦片可于大消（销）特消（销）于内地矣。英法两国之纸币，可以通行于内地，乡间之农产品，虽然比较十年前价格增加倍余，但舶来品如火水、火柴、布匹各种价格，比较十年前却增加二倍至三四倍，农民受了此痛苦，焉得不日益加甚。〈二〉政治方面：第一，南路土匪，昔时虽不敢说完全没有，但（有）的是绝少。民国五年以后，广州湾变成土匪大本营，土匪可以全队驻扎在赤坎各处。土匪劫杀凶品——枪弹特别是驳壳枪弹——可以从香港购回及广州湾法帝国主义者之成千成万供给。土匪所劫掠之对象人口，可以在广州湾发卖吊赎，因此土匪人数众多，枪弹充足，所向无敌。雷州因与广州湾比较接近，受祸遂比较别处为惨。十年来雷州农村人口几消灭至二分之一，农田荒弃千万亩，妇女被劫而发卖到外地当娼者，犹复不少。土匪在广州湾、香港的人数各在千数以上，江门、澳门、海口、北海、安铺、梅菉、水东各有数百人。此帮匪类，不但为害雷州、南路、琼州各处，而且为祸于广西，现在广西陆川、博白一带，许多土匪系从高雷方面窜入，为害人民实在不浅。第二，南路的军阀贪官劣绅及一切反革命派，均麇集在广州湾。龙济光割据南路时，法帝国主义已庆祝其成功，及其失败，又收留其枪支。邓本殷及其一般逆徒割据南路时，法英两帝国主义助力不少，及其失败，法帝国主义又收留其枪支，并招致一般逆徒，如陈禹铸、陈宅中等（皆雷州劣绅），在广州湾西营当审判官。

〈三〉文化方面：帝国主义者到处皆设有福音堂及各种教会学校，以引诱一般头脑不清的民众入其圈套。基督势力最凶者为北海、涠洲、岭仔三处，其次为阳江、水东、梅菉、雷州各处。围（涠）洲、岭仔两处民众，几乎全数加入了基督教会，传教的神父奉了法国政府意旨，发给许多枪支与当地民众，统共归化他们。在雷州之纪家地方，此种情形较别处为甚。北海之教会学校，英、美、法、德各国皆有设立者。在满清时代，教徒完全包揽诉讼。邓本殷时代，教徒更凶焰万丈，气势逼人。以上情形，乃帝国主义势力侵入南路后之大概。然而帝国主义侵略和压迫，多引起一般民众——特别是农民之反抗为烈。当法占安南时，钦州人刘义与冯子材曾率军大战，法人且败之，今钦廉民众念念不忘法帝国主义，一提起打番鬼，即距跃三百。法占广州湾时，雷州农民与吴川农民，曾与法兵血战三月之久，黄略村农民鼓其勇气曾战抵法兵数次，后虽失败，法人仍怕其难服，不敢占其地。麻章一带农民以勇敢之气，压迫法兵，故此间与广州湾相距咫尺，法人仍让回华人统治，可见农民反抗帝国主义之势力矣。现在国人知道欲求解放，必先打倒帝国主义。此次革命军恢复南路，许多人就反教会了，于是遂溪、雷州之福音堂、天主堂、教会学校，完全停办。遂溪纪家地方农民，更相约不入基督教徒之村，围（涠）洲岭仔之神父更怕民众反抗，完全收回枪支，而民众亦多脱离之者。

乙、农民经济状况

（一）**农民人数占全人口百分之九十六以上**。自耕农占总数十分之二，半自耕农占总数十分之二·五，佃农占总数十分之四，雇农占总数十分之一·五。吴川与雷州之农民比较为苦，所食均是番薯，所住几全是茅屋。因农民一年辛苦所得之谷物，大多数要纳地主的租，剩下的则为军阀贪官污吏攫去矣。

（二）**农民每家普通约五人，均系小家庭制**。自耕农与半自耕农所耕土地，丰年大抵够食，若遇水旱之灾，则入不敷出，尚要典卖家常什物，或借债营生。则佃农无论丰年与否，皆要亏本，因为田租过贵，普通中等每年两造每亩收割五担谷，田主至少掠夺去二担半。在雷州方面的田，大半数是旱田，一年两造，旱造种禾，晚造种薯，其收获之谷，完全交与地主，收获之薯，则归佃农，或者除田中所收之谷外，佃农尚要补贴若干斗谷与地主，而佃农才能完全取得薯，这是因为田主所定之租额如是，若田中收获不丰，佃农要求田主减少租谷，田主那是不许可的。至于佃田在立契约时，要纳笔金，纳租时要给予各种多多少少田（谷）。各县情形略有不同，但大概还是一致。雇农工资甚廉，特别是雷州及信宜方面，普通工资，要好汉子一年才得十六元左右。其余各县，好汉子全年只得卅元之谱。信宜方面，雇农多往新会各处找工做，因本地虽廉尚无工可作。所以一般雇农或佃农以田租太贵，无法承佃；以工值太廉且无工可做，相率卖身当猪仔到南洋去当苦工者，每年约以千百计。

（三）**农民副业**，则有男子或捕鱼，或取盐于海面，或卖劳力，与人挑担子于城乡市井。女人或在家结网、织布（旧时的织机），或到山中斩柴伐草。至于牧猪牛羊蓄鸡鸭鹅等，则男女兼营，此是补耕田之不足。

（四）**农民借贷，分借银借谷两种**。借银普通每元每月利息三分计算，有的借银以谷计算，普通粘仔谷每斗价格以钱计算，值一千二百文至二千文，借银伸为钱算，每借钱一千文，利息谷一斗。有的借银一百元，由债权人先扣回十元之谱，仍要当借一百元计算。借银时要有抵押品，或以田押，或以屋按。大若（约）田屋契据价值千元者，可以借得二百元之谱,若利息过高,债权人并约定在三年内必要还清,盖债权人之意,以为田屋所值过高,若三年后债务人无力偿还,田屋即归债权人所有了。

借谷方面,有的借谷一石,先由债权人扣回二斗之谱,还时以一石计。有的每斗谷时价只值银八毫,借出时即以一元四毫左右计算,并须在一定期内偿还,否则债主还有严厉方法对付农民也。

此外有一种宰猪会,当夏历正月初旬,农民之中有钱者,联合若干富户,组织一股份资会,每股出钱若干,合在一块,即以该款借贷于贫苦农民,夏历年末收回,此种款项的本利尽数买猪来宰,按股分肉,以过年关,俗人称为猪会。此会放出之债,其利甚贵,普通借银一元,按月还利一毫至三毫,且以一月为限,到期本利须一概还清,否则以利转本计利。农民中每因借债累息,几年即有破产者,至若极穷苦之农民,因借债累息,无力偿还,或卖身为猪仔,往南洋一带去作工,其苦状诚不堪言了。

(五)有钱人掠夺农民的方法虽有很多,垄断谷价以渔利尤其是重要方法之一。当农民收割时,要钱使用,而自己无钱,每不惜以低价将自己之谷卖与有钱人(地主或商人),及至农民要谷食时,又要以高价向有钱人买谷,农民不知被掠夺去血汗若干了。此法原来如此尚不足怪,新近发现一种掠夺农民的惊异法子,是将农民与农民间所用之散钱,可一文散钱可制一个铜仙,每个铜仙可买散钱八文至十文,这种掠夺的方法,真是苦而刻矣。在雷州方面,调查所得已知有八副此种机器,但秘密制造,仍未破获。国民政府方面,须注意及之。

(六)邓本殷占据南路时代,铸造不少伪银,成价(色)甚低,强迫人民使用,人民久已苦之。今邓本殷打倒,伪银完全不用,乡间农民留存不少,农民聪明不及城市商人,各城市久已不用,农民尚被骗不知,尚拿了在乡间使用,此亦农民新近一大痛苦也。

(七)邓本殷占据南路时代,久已诬蔑广东国民政府要实行共产。向农民作反动宣传,革命军来经过各县,地主大起恐慌,廉江、化县、雷州之地主,多将田地卖去。闻廉江地主某,大卖田地,以换取金钱,其愚真不可及了，况国民政府未实行共产么，后几经解释方始了然。

丙、农民的政治状况

（一）田赋状况。邓本殷占据南路时代，各县钱粮已预征到民国十六年。一县在数月之内可易几十县长，其征收新旧钱粮，不要问其能否完纳，只问其受差丁刮去的杂费亦用去不少了。各县署设立之粮站，更包办收粮，榨取杂费。今革命军来，各县依照广东财政厅办法，对于新旧钱粮，设有附加，且过期惩罚，农民不知真相，多说邓本殷收粮尚无各种附加，多有闲言，现在农民相率提出要求官厅豁免了。

（二）田赋以外。在水东、黄坡、阳江各处有厘金局，高雷钦廉各处有府税，梅菉、水东、北海、雷州各处，有航政牌税、印花税、盐务税、盐埠税、海关税、酒捐、屠捐各种。或向广东财政厅承批征收，或向各属财政处承批征收。邓本殷占据南路时代，所收之各种苛细杂捐，革命军来，未见完全取消，但比邓本殷时代要好多所抽及之糖捐了。

（三）南路各县长，大半是头脑陈腐。虽挂名国民党籍，若问及国民党政纲如何，均是莫名其妙。前日南路行政委员会甘乃光先生召集在阳江开个各县长会议，在会席上曾经议决许多议案，如何改良地方警察、民团、建筑公路、安设电话、建筑中山公园、中山林等，但若辈离开议席已多忘去议决案矣。在表面上看来，各县长曾有建筑公路、改良民团各种有利于民众的事业，且各县如吴川、遂溪、海康，曾有召集全县人民代表大会讨论地方建设事宜之事，但在此民众尚未有组织以前，此种人民代表大会当然是代表少数人（因为代表大多数是绅士及民团局中人），只可供其县长利用，以欺骗民众及沽钓上峰之名誉而已。

如遂溪先后曾召集人民代表大会两次，第一次是前县长黄河沣召集，第二次是现在县长伍横贯召集。当第二次人民代表大会开会之际，我用国民党广东省党部南路特别委员会会员名义参加，讵该县长及一班随人，完全无开会常识，又视此会为自己御用的，所以开会之前，会场设在师范学校，完全无布置，亦无来宾座位，只用学生课堂上座椅写各代表名字，令各代表就座，不挂国旗党旗及中山先生遗像，不用开会秩序，讲坛设一座椅，供主席——县长坐，似全无一件开会事，只外边鹄立几位游击队兵而已。将开会时，遂溪党部人教他去党部取国旗党旗及总理像来挂在会场里，写出开会秩序单，他才照办。而秩序中无演说一项以便我们演说，他坚持不肯，无奈他宣布开会后，才呼各人有什么伟论可以发表，我当登讲坛，将要发言，他叫标出座号数，形形式式都是非常好笑。他们第一次大会议决案完全不执行，此次亦只是讨论建筑公路、中山公园、中山林、建设电话数项而已。其代表虽然有各界人士及各区乡农民协会亦有代表参加，但仍是长衫者之民团局先生占最多数，若辈对于农民运动不闻亦不问，我们若到衙门里请其帮助，他却是不理。遂溪县长我们请他执行全县第一次人民代表大会议决的"裁撤各区保卫局，将所有款项拨给农民协会支配"一案，并请他如何设法帮助全县农民运动，他却不允许。该县第二区农民因受该地保卫局长鱼肉过甚，要更换该局长，该县长反责难农友，暗示对方到法庭去起诉。他并不满意党部和我们去做农民运动。化县县长我们请他裁撤旧时农会，以免与农民协会名称相混，且可留存一宗公款。他却以此乃改良农业之机关，设立已久，不应裁撤，并加委一个会长，给以养优费每月廿五元。我们由化县县党部请他每月津贴农民运动费五十二元。他就以给款要财政厅允许方可照办答复。

海康县长对于农民运动颇帮助，除首先拨给六百元作筹办费外，又拟裁撤各区民团局，将所有之款拨给各区农民协会支配，各区协会成立，他亦亲到参加，此亦无中仅有也。

（四）**土匪状况**。南路土匪之多，为广东全省冠，亦可说为全国冠，而雷州土匪之多，又为南路各属冠。土匪多的原因，上面已经说过，是因为广州湾制造出来的，但经济与政治之压迫，亦土匪产生一大原因也。雷州方面土匪（多）的原因，在民国十年以后该地多被旧土匪压迫良民，不能安居，并压迫其作新土匪，因为作土匪可以保自己及家人性命。当邓本殷占据南路时代，不但不剿土匪，且借土匪之力以保存地位。故土匪与兵士合混，匪即是兵，兵即是匪，匪首越大其获官越大。革命军来驱逐邓军之后，即着手清剿。而两阳绥靖委员会负督促防军陈章甫部清剿两阳之匪，高州六属剿匪委员会负督促防军姚之荣、吕春荣、陈济棠各部，清剿高州六属之匪。雷州除暴安良会负督促防军陈济棠清剿雷州之匪。陈铭枢负清剿钦廉之匪。目前两阳阖境已告安靖，高州电白与茂名之间有徐东海部之匪，吴川与化县之间有阴鹭仔部土匪，廉江有雷州方面及广西博白陆川方面侵入之土匪。吴川经姚之荣部力剿，化县经吕春荣部力剿，廉江经陈铭枢力剿，陆路虽颇告安靖，而水路仍梗塞如前。现在陈济棠已开一团人到水东、梅菉进剿，高州不久想可安靖。雷州匪首几完全击毙，遂溪、海康境内路上已可行人，逃亡的人民亦渐次回乡。而大股土匪，几完全走去徐闻森林内藏匿，三五成群之匪，有的潜回乡间，或自首于军队，或要求乡人容纳，许多要求农民协会容纳，愿终身变为良民，从事耕种，有的逃去围（润）洲岭仔两小岛，今仍派代表回本地要求自新。陈济棠今开大兵去徐闻进剿，并设法斩伐森林，使匪类不能匿迹，如此进行，雷州不久想无大患矣。钦廉方面情形如何，须俟调查也。

（五）民团状况。南路各属民团，没有什么组织，不过在县城乡村设有空洞的民团局，或称为保卫局，或称团保局，县称为民团总局，或联团总局，或称为保卫总局，或称团保总局。区称为某区民团局，或某区保卫分局，某区团保分局。乡称为某乡乡团局。局内有的设置十数团兵，拥护局长局董（皆绅士）坐局苛抽农民田亩谷、牛捐、猪捐、户口捐等，以保护田主阶级之利益。其余不说，就阳江、电白两县民团征收亩捐计算，一年各在六十四万元以上，化县、廉江、吴川、遂溪各县保卫团总局，或团保总局之局长权力甚大，可以支配全县行政，即县长亦须依赖他们，因县中财政收入，多要赖局长辈之助力故也。农民对于团局之苛抽久已知其惨刻，唯敢怒不敢言。今阳江、海康之农民有组织地方，均以解散民团为请。遂溪海康之保卫总局已解散，各区保卫总局亦决解散，一般局绅均知农民协会与自己利益有关，绝（极）端反对，但此乃时势所趋，欲罢不能，又以协会有相当势力，且在国民党和国民政府之下，不敢明白反对吧了。

丁、农民的文化状况

（一）南路各县农村里绝少有学校设立，贫农子弟极难得到读书机会。其中有兵燹匪祸未曾骚扰地方，虽有几个蒙童馆，但贫农子弟为迫于谋生，至多亦读不过三四年，离开学馆。乡间全无书报可阅（即有钱人智识界亦绝少购书报），地方状况、国内外新闻一概不知。有的男子尚留很长的辫，有的农余在空旷地方或老大树下坐谈世事，尚称道满清好处，并以民国以来之战乱都是因失掉了真命天子，不久就有真命天子出世，可见农民知识之一般了。

（二）农民因迫于经济生活困难，如孟子所说"救死唯恐不赡，奚暇治礼义哉"，故五六岁的稚子，已牧牛于野，六七十岁的老翁，尚负重于田间。他们一生只知应该作苦工，供役于人，并不知自己农民阶级之意义，因此稍有争执细故，即殴打起来，缠诉于官场或民团局里，受贪官污吏及局绅们之宰割。而大村的农民，欺凌小村的农民，大姓欺凌小姓，强房欺凌弱房，是一个更普遍的现象。

（三）各县农村，每村皆设有神庙，奉拜某个木偶，谓之地头神。在年首夏历正月上旬或十几日、三月廿日前后，游神赛会，演戏酬神，或打斋建醮，所费甚大，此乃一村公共之事，至于个人仍时有念经拜佛，求神祷鬼，算命占卦，乞求风水等迷信行为，这虽是农民知识程度太低，大部原因还是宗法社会之遗毒，特殊阶级欺弄农民之所致耳。

（四）婚姻制度系买卖式的盲婚制，甚至有指腹为婚及童养媳之制度。幼年夫妻若有神情不合，夫则卖妇，妇或逃夫，其痛苦之状不可言喻。老幼尊卑、男女界限甚严，子弟必屈服于父兄，妻必受制于夫，否则为逆伦，照家规族规处以相当惩戒。

（五）男子装束与东西北各江相同，唯濒海一带农民，冬季均用长布一条缠束头部。高州各县一般人的手足颈三部，多带白铜制成的圆圈。阳江方面，大半头部戴竹藤织成的大笠。钦廉方面的女子，大抵头部戴顶一面用竹子一面用布织成的大笠。高州方面的女子，头部遮盖很长的帕，其手足颈三部，各处均与高州男人一样的带白铜制成的圆圈一个。据阳江土人云，彼方妇女如此装束，即是有礼义。雷州方面，妇女头部间亦盖帕，但无似高州方面之长至足部也。

（六）各县妇女在满清时代，有许多缠足，特别是吴川为多，今多数已放足。从梅菉至吴川城，路上所见之妇女，几完全是缠足者，因为俗人均以女子缠足为贵气，故有如此现象。

（七）南路语言，可分白、客、海三大系。雷州及高州电白虽杂有些少客、白二种话，但完全懂得海话（即福建话，与潮州差不远）。廉江、阳江亦杂有海话，信宜客话居多，茂名化县吴川钦廉白话居多，唯钦廉及吴川言语，各具一种特别口音，非惯难懂。

（八）各县宗教，大半数信孔教、道教二种，亦（有）信仰佛教及基督教者。近年来一般复辟派之缙绅，及失意官僚政客军人，别具一种同善社，所有城市乡曲，皆设有事务所，只梅菉市及吴川县城尚少，社员亦不过三千人。

（九）南路印刷业及报纸状况：印刷业方面，阳江、高州城各有一所印刷局，雷州城有二所，安铺新旧（开）雷州道南印务局分设一所，北海一所，广州湾赤坎有一所，梅菉新购来印刷机一副，尚未开印。报纸方面，阳江城有两阳公报一所，言论多反动，民国日报正在开办中。高州城新办民国日报一所。统计南路有十五个县，关于印刷及报纸事业，只有此数，其一般文化可想而知矣。

戊、南路农民运动之状况

南路在邓本殷盘踞时代，已由农民部派遣特派员黄杰、陈材干、黄广渊等，在雷州方面秘密运动。革命军南下，首先派遣何毅、欧赤等同志，在阳江方面运动；苏其礼、王会东、廖华衮、敖华衮等同志在钦廉方面运动；次派遣卢宝炫同志在化县方面运动；刘坚、冯振腾等同志在雷州方面运动；吴锋（铎）民、冯年同志在阳江方面运动；廉江方面受雷州方面之影响，电白方面受阳江及梅菉南路办事处设立之影响，已由各该县党部自起运动了；信宜方面由梁本荣去做运动农民的工作。现虽未得普遍到南路各县，然其空气已普遍到南路各县矣。统计雷州方面农民协会会员将近一万，遂溪、海康两县农民协会即日均可成立。阳江有农民协会会员三千人上下，信宜有十余乡农民协会之成立，电白、化县、合浦各成立农民协会了，廉江、吴川均有三乡以上农民协会之筹备。兹将各县的状况，分述如下。

一 遂溪县

甲、总说。遂溪土地平原，颇宜种植。全县划分为十区，第一、三、四、五、八、九等区，地质颇干燥，因无河海之故，而第二、六、七等区皆濒于海，第三、五、四等区毗连广州湾。田地以第四区为多，次为第二区，再次为一、五、八等区，其余三、六、七、九等区，皆以坡园为多；但各区荒地亦不少。全县人数约卅万左右，而农民占十分之九·五，自耕者占十分之四，佃农十分之三，雇农十分之一，半自耕农十分之一·五，其余则为绅商辈。其地主以沙罗塘村苏庆衔家资约二十万，第二区荳坡市郑行可家资约三十万，第四区古芦山村洪维奇家资约十余万，其有家资十万以下者，各区均有之。第三区平石村郑练愚有家资二十万，第一区遂城北门外梁陈两姓（约二十家口）共约有家资二百万，但各地主剥削农民亦颇利害，但其势力不大。自民国七年至十四年，兵匪祸民，均无虚岁，计全县三十万民命中，被兵匪杀毙及饿死者，达五万余人。全县高小学校，现只七间，师范学校现只一间，其各校员生，均为资产阶级，或属小资产阶级，而农民之子弟，则绝无入校求学者。

乙、历年来政治变更状况。溯自法人以帝国主义侵占广州湾之际，第三区之黄略、文章（车）、平石等村民众，群起反抗，故该村等，均得免法帝国主义之鱼肉，皆民力团结之效果也。民国七年龙军（按，指龙济龙部队）既败溃，所余之残兵潜伏于各小乡中，遂与土匪作动，而匪风之猖獗实基于是。民国八九年间，黄强驻雷州城清乡，赶杀数千民命，并借请枪为名，欺骗民间巨款三千余万，同时勾结帝国主义及其走狗陈学谈者，经陈炯明令其为雷州处长后，即勾结土豪劣绅，擅作威福，私铸伪银，大开烟赌，胁抽民枪，纵公劫掠，无所不至；同时复勾结邓本殷，而愿为之手足，后为邓成先所夺，是时残害人民，与邓本殷不相上下。至十四年间，黄广渊潜身县之第六区，实行秘密组织农会，先后成立共有数乡，乃至本年十一月（按，指1925年11月）中，为邓贼所察觉，竟派兵捕拿黄广渊等，并解散农民（协）会，其时适革命军南来，使邓贼自顾不暇，而该乡农会之组织得无障碍矣。

　　丙、遂溪县之位置。在广州（东）省城之南，东连广州湾，南接海康县，东北界吴川县，北毗廉州，西濒大海。

　　丁、交通状况。西通安铺及转达廉江，东通广州湾，南通雷州，均有马路及汽车路。东有新埠，西有江洪港及乐民港，东南有斗门、通明等港，但港水不甚深，只可通帆船耳。

　　戊、物产之概况。全县生产，以甘蔗、糖、莳、香油、猪、牛、鸡、鸭等物为夥，渔业亦有之。

　　己、人民职业之分配状况。第一、三、四、五、八、九等区，人民多业农，其第二、六、七等区之人民，多数业农，少数业渔。

　　庚、团局抽收农民之状况。农民获得谷一担，则团局抽四升，牛一头每月税银二毫至八毫，猪一只抽税银一毫至二毫（指既被宰而言），片糖每百斤税银二毫至四毫，此外市上之担头杂物，每担抽收二仙至二毫不等。

　　辛、借贷状况。普通生钱，如无亲属担保，均须将田屋或妻女抵押，其生钱利率，以按月二成至四成为度。

壬、雇农工资状况。每日工资有二毫至七毫。

癸、农民之生产品及其消耗之状况。食品仅可支应，其他日用品多购自外面，及衣服均向外埠取求。

子、现在用品价与十年前之比较。凡一切食用品，比前均增加四倍至十倍不等。

丑、本县政治之状况。县长伍横贯，台山人也，其带来办事人员有二十余名。他对农运方面，颇不满意，在十五年一月间全县人民代表大会之议决案，均无执行。近为个人色彩起见，又拟于三月三日另行招集全县人民代表大会，但未知其如何。

全县最近分区活动之报告如下：

1. 第一区——本年一月十四日起，始派周纪、薛经辉从事农运。现在成立乡农会的村，共有六条（沙坡村、坑里园村、南和村、欧屋村、桃溪乡、东市乡六乡）。查第一区之农民，素受团局联防队之苛抽杂捐，及连年所受邓贼之摧残，而农民非常觉悟自身之痛苦，如非旧历年关之阻碍农运之进行，定当无若是之少。

2. 第二区——在本年一月十八日始派人去活动，现在乡农会已成立者有八乡——同文乡、合沟乡、东边乡（其余乡名称未得正式报告）。按该区农会这么容易发展，都是环境造成的。该区所派邓足恒往办党务，该区保卫团局长杨文川恣意苛抽，各市面新抽税捐，民众因之哗然，遂群起反抗，且一方面见邓足恒悬贴标语，更加愤激，农民皆曰"如能打倒杨文川那毒蛇，我们尽数加入农会。"于是数日间能够成立数个乡农会，并定于本年二月五日在界炮市举行示威巡行。

我们（接到）这样报告，即派周纪、薛经辉前往参加。当开会时，所派人员见群众激愤，诚恐发生意外暴动，及（乃）改名为反对日本出兵满洲示威运动大巡行，冀销群众激愤。至巡行时，大呼口号"捕毒蛇""打杨文川"……巡行至街，适有联防队兵，因收税重次，与小贩者争论，触起众怒，便大呼"打！打！"于是该兵被民众包围，微受民众打伤。继群拥至界炮团局，将杨文川拉出，拳足交加，甚至妇孺女子，亦以一击为快。此时非有县所派之委员极力制止，则文川成肉酱矣。但至打杨文川之时，人数增至数千，虽十万雄兵，亦难制止，其暴动实意外事也。此事发生后，有一班怯恶的官僚派，及绅士们，佥谓"此风一开了得吗？"又谓此次变举，实为国民党所使，而此地县长伍横贯亦同一口吻。可是我们对此坦然自在，而农友们犹以为文川不死，运动不止。

伍县长为调解此事，乃于党部特派韩盈、薛经辉同赴界炮市（时在本二月八日）。抵步时，即行召集各人民大会（露天的），到会者约五百人（因为是临时的，且伍县长不欲多集农民而以农民为主者，我们几[经]运动，始克招集此会，盖伍县长总以集合团商界，才可得公理而解决），大半农民。首由县长演说，其大意：（一）农民不明法律，不应擅自殴人，倘果杨文川有罪，应呈请县署查办。（二）联防队之租捐，原为维持地方之治安费起见，倘人民对租捐有负担不起者，应具禀县署减少或撤销，不应擅自反抗。（三）殴伤人民案，属于刑事范围，应归法庭办理，本县长无裁决权，倘伤者不服，可向法庭起诉。继而韩盈同志宣解组织农会的意义及今日农民团结之必要。

当开会时民众大骂杨文川之恶，当县长演说既不能把杨文川杀死，甚不满意，旋即散会。先是我们已知县长之下界炮，是：（一）敷衍职位，（二）向农民解释仍须纳税之理由，（三）敷衍团绅。多是要我们和他们进行的意见，这是：（一）不使他和团绅勾结，重行压迫暴动人民，（二）解释并安慰人民，（三）敷衍他的要求。然此案可算再没有问题发生了，盖伤者三人只望农民宽恕其生命，不敢有什么要求。唯农民仍未遂意，恐杨文川等再行压迫他们也。

3. 第四区——农会已于一月二十七日正式成立，所属乡农会现有八个。查自去年邓逆败走后，黄杰即起手在该区活动，计自他手成立有农会三四个。但自他回去海康活动后，该地的农运便交与黄荣等负责，但黄荣不会应付事实及做事没有计划，致该区农会虽成立，然乡农会与区农会不能发生关系，变成很空洞的（该区乡农会是——寇竹乡、文里乡、竹叶塘乡，城月市乡，嘉埠乡、朝栋乡、五里塘乡，土扎乡），且其区农会之职员，选举不甚妥当，如黄荣（他是该区区长，颇肯努力工作，但名利心稍重）是正委员长，叶语（他是留穗学生，现已辍学）为副委员长，因为该区农会成立时，党部不知，故没有派人去参加监督。

4. 第六区——在去年邓逆将倒时，黄广渊等已在该区活动，计至今已成立正式农会十七个（乡农会），即乐民城乡、田西乡、海山乡、内塘乡、敦民（文）乡、调神乡、芋园头乡，共有会员一千五百余人。该区区农会在本年正月廿一日开成立大会，并示威巡行。是日到会代表者有十余乡代表，每乡农会派代表员六人至十人，计共百余人，均是武装。至参加农民巡行者八百余人，每人纸旗一杆（写各种标语）并各种农具，化装军阀、土豪、劣绅、资本家、各帝国主义、学生、革命军、农妇、帝国主义所征服之印度、非洲各等人。巡行时由各纠察督队，大呼各种口号，声振如雷，并狮子班、麒麟班参行，并派出演讲队，人如山集，至下午四时才散。是日劣绅土豪，闻声心怵。此为最近之状况也。

5. 第七区——区农会在本年二月六日开正式成立大会，乡农会共五个（恬神乡、上朗乡、西月塘乡、蓢仔坑乡，房膏乡），即系黄广渊等所组织也。

6. 其余。第五区现已有人在该区活动，但未得正式报告。第三、八、九、十数区，现未从事组织，不久必开始运动，后容再报也。

以下统计农民协会及会员之目录：

第一区——乡农民协会共六个：沙坡乡、坑里园乡、南和乡、东市乡、桃溪乡、欧屋村乡，约共会员共二百五十个。

第二区——乡农民协会共八个（按，根据下面统计应是十个）：大塘乡、海田乡、枫树乡、山猪窟乡、曲港乡、老马乡、东边乡、同文乡、山塘乡、斗仑乡，会员总共三百人。

第四区——乡农会八个：寇竹乡、文里乡、土扎乡、五里塘乡、朝栋乡、嘉埠乡、城月乡、竹叶乡、竹叶塘，共会员约三百二十人。（区农会地址在城月市白马庙）。

第六区——区农会有十七个乡农会：盐仓乡、调神乡、芋园头乡，松树仔乡、内塘乡、敦文乡、海山乡、田西乡，挟仔乡、余屋乡、乐旺乡、乐民城乡，共会员一千五（百）三十七人。（区农会设在乐民市正街）。

第七区——区农民协会有五个乡农会：恬神乡、上朗乡、西月乡、箣仔坑乡、房膏乡，会员人数未得确知。

全县农会会员数共约二千八百人。

武装农民系统之报告

第一区——共有枪支三十余杆，种数：七九、六八十余杆，九响、村田共十余杆。

第二区农会——共有枪支五十余杆，七九、六八十余杆，九响、村田共十余杆，其余均是土制的单响。

第四区农会——共有枪支四十余杆，凡七九、六八七杆。其余均是九响、村田或土制单响。

第六区农会——共有枪三百二十余支，七九、六八凡七十余杆，驳壳四支，村田、九响共六十余支，土制之七九枪五十余杆，其余均是土制单响。在于三月四日黄广渊召集各团兵作体操大会，并向各有匪乡进行，作剿匪示威。时到会操者二百七十余人，已划定某乡为第几队，尚未选队长，殊以无军事学校之操练故也。

第七区农会——共枪支一百一十余杆，驳壳五支，七九、六八三十余支，村田、九响三十余支，其余均为土制单响。

附加报告

第六区——田西乡农会会员经第二次大会决议，组织"义农社"，定于三月四日开成立大会。当成立时，该乡农会会员亲来迫使黄广渊去指导参加，各农友皆已齐集，宰生猪，焚香烛于孙总理遗像，拟饮血酒，向孙总理遗像宣誓。黄广渊见此革命精神、阶级觉悟，乃令其秘密组织，开会时个个签名，不识字者令印指模，各向总理遗像致跪，恭读其遗嘱，继诵誓词，饮血酒，誓词略谓"继续总理遗嘱以奋斗牺牲，如当有事发生时，农会有命令，则不顾生命财产父母妻子以身救国"云云。后由黄广渊演说各国革命及苏俄革命之失败和成功，及阶级斗争等由，乃散。

第六区农民连年受土匪劣绅土豪地主的祸，生活好生危险，前年曾饿死了许多。对各资产阶级之生钱，约每千文，每年须纳谷四升半，或六升半，或七升，计每升谷值钱一百七十文（因谷价高，故算谷不算铜钱）。现各乡农民要制止他此一手段，以免饿殍，拟由今年旧历二月十五日起，所有生款，不得以谷计利，还转回铜钱计利。限每千文，年息作二分计算。

自法占广州湾后，雷州各处均起教堂。第七区圣三教堂，共计农民之入教者，五百余家。已入教者每恃帝国主义以作不入教者之压迫。黄广渊在六七区农民运动时，曾组织"反天主教宣传团"向各入教者宣其利害。现六七区退出教堂者几六拾家，神父（即教师）见此情形即返广州湾。第七区对面之围（涠）洲岭（仔）教堂，岛住二千余家，完全入教。神父前数年间，曾在法国运来九响枪二千支分散给入教者，自革命军南行和第六、七区反对教会之民声，现将所散之枪支收回运返法国。

雷州匪首陈伯烈，经邓逆本殷编为统领，当革命军打化州时，陈伯烈早知邓逆之败，与部下十余人逃至第七区之荣盘乡陈敬斋家藏之。查荣盘乡素是匪乡，陈敬斋又是接匪的，陈敬斋现是团局长，陈伯烈所掠之巨款数十万元，完全在他家收藏。陈敬斋父子图财，将陈伯烈毙命。该区人民见（其）私通匪首，罪不容逭，后经县长黄河沣到区严办，则陈某自愿交出驳壳一支，曲尺二支，毫银四百元，然该区人尚未满意，现河沣下台，此案仍未究决。

工人运动

遂溪——江红（洪）港，住口约四百余户，均以采渔为业，计有船二百三十余艘，每艘用采渔工七人，年中得利，多得二千七百元，少亦二千元。年来受土匪焚去船一百二十艘，现只存得一半。但渔利所得，总归该处盐埠及局绅之手，船家苦之，乃于民国之十二年每船各备土打枪（单响）四五支。在邓本殷盘踞的时期，已由黄广渊去秘密组织，但各工人脑根已深印入庄压里故尚不敢反抗，及革命军南下时，黄广渊复对各渔人大加鼓吹，后各工人觉悟起来，遂组织雷州江洪渔业工会，在本年元月二十二号已正式成立，计加入会工人已有九十。现黄广渊已无时间在该处运动，而亦不甚明白工会组织。至本年三月二号工会工人武装巡行，计其数凡三百七十余人，其余参加巡行者，亦有许多人。

二、海康县

甲、总说：

全县分八区：一区分东关、西关、南关、关部四关；二区分大浦、白沙、黎郭、塘尾四社；三区分南禄、略斜、安苗三社；四区分武郎、安榄二社；五区分官和、那里二社；六区分那山、渡南、调排、调贤四社；七区分扶柳、调襖、淡水三社；八区唯英风一社，兼有乌石港一埠。一区从城厢内外至南渡、麻亭、城角、上坡共十二乡；二区从东洋至舛黎约百二十乡；三区从客路至阿（河）头、公益、和家、土塘约共五百余乡；四区从杨家至唐家、企水、岗塘约二百二十乡；五区自平湖至潭头、英万约八十乡；六区从渡南、南兴至松竹、巷桥约二百二十乡；七区自雷高至官贤、东坡、东海约二百乡；八区从北和至乌石、那澳约一百五十乡。一二三四五六七八区，其中受过匪祸最甚者，是三四五八等区。三区农村消灭去大半，四五八区农村消灭去一半。全县人口十年前原有四十万,今只有三十万左右,农民占百分之九十六以上。

1. 县之位置:东西皆面海,南界徐闻,北界遂溪,其东北附近广州湾之东海岛及硇洲。

2. 交通状况:东面有雷州港,船只可通广州湾、海口、江门、香港、澳门、广州各处,在民国元年至九年,有七八艘轮船常往来其间,至九年迄今,因兵匪骚扰,惟有帆船往来而已。西面有流沙、乌石、企水等港,帆船可通钦、琼、崖、安南等处。南有公路,由县城起至英(利)止,由县城至遂属茂连渡达广州湾西北,由县城至遂属城月市达安铺,汽车均可以往来。

3. 物产状况:蒲包出产最盛,每年出二千余万张,值银三百余万元,销售于东西两洋。田出谷最富,一年可供全县二年之食。花生民国前每年出产,约值银二十余万。甘蔗约值银四万元。九年前每年出口的猪,值银三十万元,今每年约十余万元。牛羊每年出口约银四万元。

4. 实业状况:全县无工厂,商业在九年前,由澳门香港水运货品入口,贸易颇称发达,今则非常衰落,运货往来,全凭广州湾。农村经济为帝国主义军阀土匪等摧残后,农业更为衰落。

5. 农产品前十年之价格比例:蒲包前十年每张沽银四先(仙),今沽银一毫二先(仙)。谷前十年每石值银四元,今每石沽银八元。花生前十年每石四元,今每石沽银十元。甘蔗糖前十年每斤三先(仙),今每斤一毫。莳菜前十年每斤铜钱八文,今每斤沽二十文。

6. 各市场状况:雷州城居民约二万余人,商店约六百。城外二桥街,民国七年五月间,被沈鸿英、林虎、刘志陆等驱龙济光时,焚去商店三十余间。九年被土匪李福隆等烧去城外南亭街一百三十余间。十一年,被土匪魁黄宗海烧去曲街十三间。十四年,被邓逆党羽黄文龄烧去十三行二桥两街二十间。城外南门市,在十五年常被土匪劫掠,现稍安靖。第三区之河头市,客路市、公益市、路亭市、石坡市、土塘市、水美市、田头市,概被土匪烧毁,人民皆散去,但今已稍恢复原状。第四(区)土塘市、羊塘市、冈塘市、王排岭市,概经土匪烧毁,恢复甚少。杨家市、田西市，交通贸易尚如昔日。第五区覃斗市、平湖市、英利市、田头市、将军市、头港市，概为土匪烧毁，今则原状未恢复。第六区南兴市、东市、花桥市、调排市、松竹市、排楼市，概是原状，惟公平在十三年间，被土匪烧去。第七区雷高市、调风市、官昌市、官贤市、东坡市、娘轩市，比较以前贸易有一落千丈之势，官昌市常被土匪掳掠。第八区北和市、海康市、乌石落（港）、北怀市，前均被土匪烧去。

乙、政治状况：

1. **县长之设施及思想**：县长苏民对于公路尚未着手建筑。在治安方面，伊已提倡成立雷州除暴安良会，从事肃清土匪。税务公开设批。前有黑银，兹将黑银六百元为县党部筹备临时经费。六百元为县农会经费，二百元为学校恢复经费，现正在筹办女学校一间，清查寺庵、斋堂。对农工会颇有帮助，区农民协会成立时，均来参加，思想颇新。

2. **司法方面**：轮回书记官、代行推检职务。罗士伟勾结劣绅土豪吴守清等，压迫农民，如第一区西门南关保卫局长游赓藩纵兵诬诈，殴打农民陈其遵，陈受重伤，首扣案审究，继则以无罪释放，于此可见司法状况一斑矣。

3. **民团状况**：县中民团，皆为劣绅土豪地主所把持，用以压迫农民，非常残忍惨酷。自民国五年以来，更较前为厉害。区社均有团局，或二三乡合为团局，团费概收农民田亩捐、户口捐、猪牛捐、村捐。东团属第七区，约有千余杆枪。南团属第五第六区，约有五千余杆枪。西南团属第四区第八区，枪械约有三千余杆。西北团属第二第三区，约有千余杆枪。土法制造，并收农民捐款，用以购办，名虽为保卫地方，实则用以保卫局长局董并土豪劣绅而已。民团缉到土匪时，土匪有钱给局长则生，无钱则死，甚至被诬良为匪，累死妻子，或及村中亲疏兄弟，如某村有匪，该村之物，均抢归团局。因此一般贫苦农民，受了重重压迫，多走而为匪，雷州土匪之多，其原因大半在此。农民工人集会结社时，（局长局董并土豪劣绅）每每制造谣言，非至摧残解散不止。

4. **土匪状况**：十四年前有匪二千余人。匪首石合三，有长枪约二百余杆,驳壳短枪三百余杆,曲尺左轮枪约二百支。革命军南下,经邹武招出,驻在沈塘市一带,无恶不作。得革命军第十二师莅雷往剿,击毙匪石合三及匪孽百余名,拿生匪返雷的男女约百余,并石合三之妾及马二十余匹,同时在罗村围捕枪毙三百余名,拿生数十名。当时徐闻属有千余人驻在山内,抢掠四邻,甚为猖獗,现均走散。海康等处藏匿约有六百人,曲尺驳壳短枪等,约有百余支。

5. 文化状况:

(1) 学校:县城内有省立雷州中学一间,校长梁连岐,经邓贼本殷蹂躏,不开课已二年有奇。该校原有学田,租为梁连岐收为私有。高小学校五间,兹仅留第一高等小学校上课。国民学校十五间,惟附城第一校第二校第三校第四校,有少数学生,其余均是供校长作养老院。

(2) 私塾:私塾共有百余间。塾师分上级中级下级三等,在开学时与东家议定薪俸,下级者每年薪金三十元至七十元,中级者在一百元左右,上级者二百元至三百元。米柴由东家担负。但须规定学生名额,由十名至二十名,束脩交东家扣除。其余谓之帖学,学金概归塾师,所有儿童每名修金每年银二元至五元。当学生入塾后,即不准学生退学,如退学时,除食外每名缴银二毫给予塾师。五月端阳节,学生缴银一毫至四毫。到了夏历九月即散学,至长亦到十二月。

(3) 图书馆阅书报社概况:原来没有图书馆阅书报社等,民国九年才设立通俗阅书报处一处,管理员一人,甚腐败。

(4) 宗教:县人大多数信仰道教,城乡市镇多祠、经堂、神庙,打斋建醮,悼亡间(问)花占卦算命乞求风水等,无奇不有。其次信仰佛教,城乡市镇,多斋堂庵寺,内中男女大半皆是为环境压迫而来,只雷州一城(即是县城)尚有庵堂廿间,正在清查。其青年之尼则令改嫁,老者仍留庵堂内。其次信仰基督教,县城设有福音堂天主堂各一间,教会中学一间,女学校一间,革命军来,即完全停办。

(5) 习俗:婚姻方面,系买卖式的盲婚制度,只凭媒妁之言,举行一次聘合礼,二次讲日礼,三次娶亲礼,即结婚。日后双方即有感情不和，泥于习俗，亦不能脱离。此外尚有指腹为婚者，童养媳之制亦有。嫁娶礼仪，系行旧礼。女子在嫁前数十日，则招村中姐妹团聚送嫁，每晚相邀坐哭，"俗谓之哭嫁"。及嫁期到了，夫家装木轿到女家迎亲，女家检装衣服银饰装在箱内，扛到夫家。女子到了夫家，要在夜行合卺礼（俗谓之打外茶），至翌早行谒祖礼。

（6）方言：县城居民有能讲正音白话者，三四五六等区讲客家话者亦有，其余均皆雷州（话）者。

丙、农民状况：

1. 农民成分之分析：佃农占有百分之四十，雇农占百分之一十五，自耕农占百分之一十五，半（自）耕农占百分之二十，大地主占百分之四，小地主占百分之六。

2. 自耕农、半自耕农状况：自耕农每户所有田地最高限度有百亩，最少四亩。半自耕农所耕田地每户最高限度已有五十亩者，佃人家五十亩者，最低自有二亩，佃人家二亩，但各视其家人口之多少而定。

3. 佃农及雇农情况：佃农承佃，每户最高五十亩，最低限度有二亩。雇农每人，上等每日工价银五毫，中等四毫，下等三毫。

4. 佃农在佃及纳租状况：佃农承佃每亩要交定头银五毫，设批约限五年为期，期满退耕田主，其定银即按期向田主收回。如欠租时，田主即将定头银扣除，倘无可扣或扣不足，则借势追。佃农纳租于地主分早田、晚田、夏冬两季田三种，夏冬两季田即一年两造，全年每亩租谷二石五斗。早田夏季纳，晚田冬季纳，租谷每亩约要谷一石五斗。

5. 农民副业：东西近海者，或捕鱼，或炊盐，居全数百分之三，其得利胜于耕田。养猪牛羊鸡鸭等，居全数十分之八，其得利可以代购鱼盐之贵。

6. 地主所有地，最大限度两千亩田，最小限度之地主，有一百亩田。大均（地）主有林连无、陈毓祺、林鉴营、温芝琼。

7. 农民借贷状况：农民每年揭来之银利息，最高有三分至十分。

8. 每亩田地最高价格，值一百二十元，最低价格，每亩值十元。

9. 每亩田，上等收成，每年可获谷三石，中等收成，每年可获谷二石，下等收成，每年可获谷一石。

10. 农佃每亩每年所出之本及其收之利息比较：用谷种一斗二升五合，可以获二石五斗，要纳一石五斗于田主，计用去肥料费三元，牛工费一元，农具消耗一元，谷种费一元五毫。除纳租外，尚获一石，以时价论，可沽银七（四）元。本利比较，尚失本银二元五毫。

11. 地主对农民之待遇，初批田时，佃丁须送课或送鱼物于地主，方得耕田。地主对佃丁待遇于犬马，如欠租谷一升一合，即将竹烟筒、或鞋底打之，若欠未清纳，则请团局兵或警察兵扣押，如土匪提人勒赎一股。

12、包农制：有一种佃农，承佃祠堂庙宇学校之田，则别批列，若承批别人十亩田，自己只耕八亩，余二亩给别人分耕。

丁、农民运动经过：

1. 邓本殷时代之农民运动。民国十三年十一月间，黄杰同志来县，开始做农民运动。从一区城角、西门等乡，四区雾陵等乡，六区西宁、桥头、大桥、麻廉等乡着手，均秘密号召农民，组织农会共约四十一乡。但逆党官兵，因不许声张，乡间土豪劣绅更造谣恐吓，以致一区东门、夏和等乡，二区夏岚、调爽等乡，三区水标等乡，四区深来、杨家等乡，六区山口、东后等乡，均被压迫不敢成立，所以秘密行动未得多少效果。当邓逆占据雷州时代，农民被摧残，非常痛苦，土豪劣绅，怂恿邓逆党羽邓承苏拔农民之薯，而种鸦片烟苗者，在在都有。城角各乡农民，因感受痛苦过于厉害，故易于从事运动。后伪县长陈炳焱知觉，声言要抵押运动农民者，于是黄杰同志行动诸多不便。及该伪县长退职后，黄杰同志又得藉雷州改良蒲包会演说员，入各乡村市镇讲农民协会之利益，使农民得知自身团结必要。

2. 革命军克复雷州（后）农民运动状况。当革命军未克复雷州时，在邓逆压迫底下，关于农民运动，不过是秘密进行。至于革命军克复后，对于农民运动，始得公开宣传和组织，同时并得到第四军政治部知（和）

苏县长帮助宣传，令一般农民信仰，故关于农民运动进行颇速。

3.县农民协会临时办事处状况。县农民协会由一九二五年十二月廿九日起，开始筹备，指定筹备员刘坚、黄杰、苏天春等，同时雇录士二人，丁役二人。对于筹备费，由海康县署拨出银六百元以资筹备。在筹备时期，每日指定二人出发各乡组织宣传，一人在内，每日推定值日员，至晚开会报告，讨论进行。在初进乡宣传的时候，农民听讲者甚少，而各乡农民同时都发生许多的误会，说我们组织此会，不过借以收租税的，故关于农民运动，未免发生许多障碍，现在农民渐知道此农民协会之设，是为农民谋利益的，谋解放的，后才信仰，后来进行也较易。

4.农民协会数目统计。第一区农民协会共有六乡，即城角乡、城内乡、西门乡、调会乡、上坡乡、桥营乡等。

第二区农民协会共有十四乡，即度含、拓桃、官村、全式、北营、南门、白沙、官幕、马湾、龙西、东湖、东井、大埔、沙村各乡。

第三区农民协会共有七乡，即和家、郭宅、迈哉仔、新兴、夏安、西边塘、后河各乡。

第四区农民协会共有十四个乡，即杜陵、清井、北田、郎武、草地、乌黎、白雾、肇榄、郑家、赖吴、榄桑、元奏、斑鸠坡各乡。

第六区农民协会共有十二村（乡），即港西、菜园、大桥、南沙、下初、西宁、桥头、度廉、那山、东井、内港、北边各乡。

第八区农民协会共十三乡，乃文堂、和家、交寮、足荣、金竹、半离、谭本、乡党、迈炭、鹅感、乌树、博怀、英兜各乡。

第一区农民协会会员共二百七十四名：城角乡五十六名，西门乡三十九名，调会乡三十四名，上坡乡四十七名，桥营乡三十名，城内四十名。

第二区农民协会会员共五百二十六名：麻含村农民协会会员三十六名，拓桃乡会员五十名，官村乡会员三十三名，全式乡会员三十九名，北营乡会员四十名，南门乡会员三十三名，白沙乡三十三名，官慕（按：上面写为"幕"）乡三十三名，马湾乡三十二名，龙西乡三十五名，东井乡三十名,东湖乡三十名,大埔乡四十六名,沙村乡五十一名。

第三区农民协会会员共二百九十八名:和家乡四十九名,郭村(宅)三十名,遵哉乡仔乡三十六名,新兴乡七十一名,夏林(按:上面写为"安")乡四十七名,西边乡三十五名,后河乡三十名。

第四区农民协会会员四百六十八员:杜陵乡三十名,清井乡三十名,扶桥乡三十二名,北田乡三十一名,郎武乡三十名,草地乡三十二名,乌黎乡三十一名,白雾乡三十名,肇榄乡五十一名,郑家乡三十名,赖吴乡四十九名,榄桑乡三十名,元奏乡三十名,斑鸠乡三十名。

第六区农民协会会员共七百六十二名:度廉乡二百九十名,那山乡三十二名,东井乡三十二名,内巷乡三十一名,北边乡四十一名,港西乡九十一名,菜园乡三十五名,大桥乡三十一名,下初乡六十三名,西宁乡四十四名,桥头乡三十三名。

第八区农民协会会员共五百三十二名:文堂乡四十九名,和家乡四十二名,交寮乡四十九名,足荣乡五十五名,金竹乡五十九名,半离乡三十四名,谭本乡三十三名,乡党乡三十六名,迈炭乡三十名,鹅感乡三十四名,乌树乡三十九名,博怀乡三十一名,英兜乡四十三名。

以上六区之农民协会统计共会员二千九百三十名。

三 化县

甲、总说:

化县褊幅甚窄,地颇平阳,罕有高山,水多淡性,地质腻软,颇胜种植。土地之肥瘠,各区互有参差。其全县划分为七区。第一二三区地较低落,且近化梅沿河一带,故土地有五分之一系沙田,第四区亦有些少沙田,其余各区,均系水田,故其农产(谷米)每年能供全县之食,或有多少出口。唯第一二三区常患水浸,因近化梅一带之故。若第四五六七各区,其地较高,且有天然水沟,既不忧水浸,且不致旱涝之虞。以各区相比较,其土地最优沃且多集中者，则首推第三区。其最窘穷瘦僻者，则为第二区，故化县土匪之出产及集中，多在第二区，其出没于一三区劫掳者，每年数百次。唯第一二三区与各处，为交通所必经之途线，客旅交通，无因此常觉困难。自高属组织有剿匪委员会，土匪虽稍戢迹，然亦不能铲除土匪之根源，不过如梭来如梭去耳。近据乡间农民报告，谓第二区匪首李龙、劳子谦、李文书、李亚鸡、曾猪窖、林茂功等，去年八九月间，常向第一、五区勒抢巨款千余。但李龙、劳子谦等，现闻有剿匪委员会到，伊即投到第三区驻防军吕春荣，用招安充副队长，带匪徒百余，枪支以驳壳为多，步枪且多半系新七九枪云。可见土匪之用心，亦因时局之旋转，为兵为匪，同出一辙。

1. 地理位置：化县位置于广东省西南部，东与茂名县交界，南临梅菉，西与廉江相毗连，西北与广西玉林属之陆川相交角，北与玉林之北流相交界，东北与信宜相接角。

2. 地理面积：由北至南，纵长约一百八十里许。自东至西，可分为三段说：

北横段纵横约有一百一十里，中段纵横约有七十里，南段纵横约有九十余里。东西南北周围三百余里，其地形似一长方三角形。

3. 人口统计：全县人口男女约共三十二万人。

4. 交通状况：水路只有自北至梅菉，能通船只，然河水浅窄，仅能驳开细小帆船，向来每因此处土匪时常出没骚扰，致交通极形困难。陆路——西南通廉江良垌，有手车夫或肩挑夫由广州湾运转洋货来化，现在尚有水火油来化，由浪洞细拉地方帆船转运来化，每日络绎于途。化北公路，由化县通广西北流，化梅公路，由北（化）县通梅菉，此两路现在筹划建筑中。化县公路，由北（化）通茂名，化廉公路，由化通廉江，此两路已于民国十三年间开行汽车，然只能搭客人来往，不能载运货物。盖货物重滞，恐土匪见货出劫焉。

5. 与政局关系：化县虽非战局必争之地，然每一次战事发生，军队过往，必由地方酌量供应军费，供给台椅铺板，亦在所不能免，遂沿为成例。闻此项经费，多由地方钱粮项下并附加费项下抽取云。

6. 物产：以谷米为大宗，每年能自供应内地外，尚有些剩余出口。副产有番薯、花生豆，为全县普遍农家所靠以帮补。如第一二三等区，亦各有些竹蔗糖，或专靠为生活。第四第六等区，间有专靠蚕茧为生活者，约共有一二百家。在城内有赖家园、李家园之橘红，每园千余支，年中出息约三千元左右，颇称为化县的特产物，然亦仅有赖李两园而已。

7. 化县人民职业之分析：化县人民业农为多，除第四第六区有少数专靠蚕为业，及附城第一区及第二区沿河者些少昭（船）业外，各区均以农民居多，亦甚少人出埠。唯各区亦有些少为泥水木工，其数未查明。

8. 化县实业情况：除农业外，其余并无什么工厂或公司，商业因交通不便，向来亦属冷淡。

乙、关于农民的经济状况：

1. 化县农民之分析：化县农民，居全人口百分之九（十）六，以自耕农约占十分之二，半自耕农约占十分之二，佃农约占十分之四，雇农约占十分之一，手工业约占十分之二，小地主约占十分之八（按，应为百分之八），大地主甚少。

2. 地主所有地之最大限与最小限：化县地主，最高限租额二千余担，以亩计算，化县每百亩适合二百五六担租，三千余担租，即千五六百亩田。家资约计三十余万元为最大限，然不过第三区杨梅属间有少数个。其最低限度自四百亩至五百亩，未能查确，然以一百亩至百三四亩为多。

3. 佃户租额的最大限量与最小限量：佃户租额最多以二十二亩至三十亩为多，耕至五六十亩之佃户者，在第三区杨梅属间有些少，因该处土地多集中，又有多少大家庭。其最少限者，以全县普遍计算，约有八亩至十五六亩居多。

4. 押租额：租额因各区而异，如第一六七等区佃农向地主领田耕时，须得亲实兄弟随往担保，始免纳批头，惟地主能随时将田收回，转批别人，故农民常有今年耕，明年失业，变为雇农。如第二四三五等区则不同，佃农每向地主领耕，必须亲弟兄或亲戚同往写押担保，并须缴押租额十分之五。余尚未查确。

5. 丰年：因照上例完纳租额，若年歉时，农民可以向地主请求减免成数，然地主亦每因此即于明年另易其耕。农民因此种困难，又不能不忍痛向地主自订明年补缴。若第二三等区，则无论年度如何，租额断不得减免，惟有订明年候补缴，如今年欠租一担，明年必赔缴担半，再若三年不缴者，即易其耕，并没收其批头。

6. 每亩生产费额及总收额：此项未能从实调查。

7. 农家金融关系：往年邓逆在八属制铸伪币，其数极多，不特在近附城各乡农民直受影响，即全县皆受其祸。至借贷普通年息二分半至三分，如借银一百元，每年缴息廿余元或三十元。若月利由每月借银十元本须缴息五元（按，疑为"五毫"之误）。农民向债主借贷，必须有殷实兄弟或亲戚随往担保，并须写明契据订明几时利息本清还，否则又以何项抵押等，交债主收据。化县押店甚少，只第三区杨梅属有多少押店，但未查确，又化县无三益会也。

8. 雇农关系及工银：雇农以第二区为最多，次系第四第六两区。工银：化县地主雇工，多系包给火（伙）食，惟另给年（每）年工银约二十六元至三十五六元为最高限度。

9. 租田契约内容：未有查确。

10. 兼营何种副业：普通以番薯、花生或蔗，此几种副产外，其余不有什么手工业。

11. 自耕家与半自耕农状况：自耕农与半自耕农的经济宽裕，能自给，并有些剩余。

12. 农产品的种类及其价格：米每百斤十二元至十三四元，糖每百斤约值一十八九元，如番薯花生及蚕各种价格未查出，因甚少出品。

13. 农家生活状况：普通颇均自给，每一家约四口至七口居多，次自八口至十一二口。若二十余口一家，除第三区或有少数家，其余各区，均不有。化县农家妇女，虽穷蹙，亦甚少做农工，只能自练衣绣鞋，以供其家用，并代炊□而已。至于每年一家以四口计算，每年须要耕十四五亩田，方可维持其生活。

14. 农产品销路：销路以梅菉居多，高州甚少。

15. 农产品价格比前十年：米前十年每百斤值银六七元，今则非十二三元不可。糖前十年每百斤银八九元，今则十七八元。其余物（价）无不增加倍。

16. 农业需用之各种器具肥料价格与十年前之比较：耕牛前十年每一壮健耕牛价卅余元至四十余元，今则至六七十元或百余元。耕具前十年，如能八毫购得，今则必须元五六，其余每样必加半倍或一倍。

17. 水旱蝗害：第四五六七各区，地势稍高，且各处有天然之沟水，既无水浸之忧，旱亦不足以尽伤，飞蝗虽有，亦不十分伤害。惟第一二三等区，附近化梅沿海一带七八十里左右，常忧水浸，且多有蝗害云。

18. 以何种田为多：第二区附近化梅沿河沙田最多，第一及第四区亦有些少沙田，然各区均以水田为多。

丙、关于农民的政治状况：

1. 田赋以外的附加费、杂捐之种类及征收机关：有牛宗（中）捐（按，"牛中"指买卖牛的中间人、经纪人）、猪捐、牛皮捐等。牛宗（中）捐——如农家买卖牛只，须由牛宗（中）担认无私，始允交易。每条牛收银六毫至一元六角，现此项款拨为学堂云（每收四毫）。每收八毫猪捐牛皮捐为警费。以上各捐均对于农民极大侵略。

2. 驻防军队属何机关所管：现在驻化军队，系前邓本殷残部之叶大森一团，现已归编革命军第四军管辖。叶系化县第三区人，其部下多系土匪出身。现在农民协会未有发展，未知其所取的态度如何，然就人民心理观之，都是一个剀地皮官。

3. 绅士对于农民协会之态度：除最有权力最著名在城里之团保总局局董陈声翔、宋福孙等，屡屡放出谣言，煽惑农民，谓共产共妻、人头税，使农民迟疑观望外，宋福孙等且声言谓国民党不有农会，若有人到本乡宣传组织农民协会，定以铁烟对付等语（铁烟指枪）。其余乡间之乡绅，因农民未有几多组织，未知其所取之态度如何。间有的乡绅，亦欲借办农民协会，为其变换侵略之手段。

4.县长何人：现在县长江鎏，到任约有月余，未见有如何设施，每日惟与劣绅陈声翔、宋福孙等同住宿。对于化县党之议决案，不惟不协助执行，且或反有相背，如党部议决将团保总局解散及整理地方财政各案，请伊执行，伊既迟迟不肯执行，不知如何用意。至化县农会，系民国十三年，仅一二劣绅陈瑞芝等自行创办，只每年向地方钱粮项下附加项下收抽二百余元，其性质既无存在之必要，当经执行委员会议决，请县长将其解散，并请提该款暂充作农民运动费。县长不惟不执行，今反欲委一人充该会会长，实属虚耗公款之极。

5.民团之对于农民收团费：农民得一担谷，须缴团费四升或六升，或收牛捐，每条牛收银八毫至一元六角。如农民有不缴团费，团董即押解县署或警察署，处以科罚或监禁。

6.乡团对农民协会之态度及内容：有很多乡民团团董，欲请将民团改组为农民自卫军，并欲办农民协会。但伊的态度，不过欲借此以变换其剥削农（民）之手段耳。化县民团，各乡各自组织，或两三乡共组一团，各顾各乡，向无相互助之性质。其第一二三区组织较密，因该处土匪出没较多。至其主持姓名，各乡多未能调查清楚。惟在县之总局董，系第三区杨梅属人之地主兼劣绅陈声翔，此人思想极其陈败，且极反对农民协会，常与土豪宋福孙为伍，依附县长江鎏，欲图保存其地位，但其势力不能呼辖全县民团，因化县民团通系直接县署委任，有事亦直接县署办理，团保总局不过徒有其名耳。

丁、农民运动之经过：

1.化县自有农民运动以后，那班土豪劣绅财主佬，即大发狂病向无知识的农民，发出共产共妻、收人头税种种谣言，以图惑众。共产与人头税，现农民已颇解疑，唯公妻农民仍未免怀疑。

2.土豪宋福孙、劣绅兼地主陈声翔等，极端的反对农工运动，乃欲取媚县长江鎏，拟图捣乱县党部执行委员会，因执行委员会议决案有取消团保总局、整理地方财政，故为其土豪所害怕，他并谓国民党是不应有农会，如有的是不合，定取一种对付云。

3.化县县长江鉴，系南路行政委员甘（按，指甘乃光）委任，思想极其陈败，终日与宋陈两豪劣同窝，对于农民协会不有表示协助。如化县不良旧农会，自民国十三年间成立，系乡人陈端芝一人创办，此人系小地主，头脑又极陈腐。该农会并无工作，只每年向地方钱粮项下地方附加费项下抽收钱二百余元，经审查其性质，已无存在之必要。旋经县党部执行委员会提议决，请县长将不良农会解散，并将该会存款若干，暂拨归为农民运动费，及组织农民协会。今县长江鉴既不协助执行，他反欲自委一人充该会会长，以图再欺靡公款。

4.关于党部内：化县党部各执行委员，至少都是小地主，他表面虽赞成组织农民协会，但谓打倒地主，他极不赞成，他且不赞许雇农加入农（民）协会，用意更属奇怪。

5.化县党部前有革命青年周刊一种刊物出版，完全是反动的右派的论调。

6.化县第四区尖冈南乡，现有三百三十四名会员，现请省农会南路办事处立案成立。唯第一区北龙乡、东胜乡和里堂乡、北镇乡，此四乡尚在筹备期间。

四 电白县

甲、总说：

（一）全县警察区分四个，自治区分九个。警察区：一区附城，二区博贺，三区水东，四区沙琅。自治区：一区附城，二区马踏，三区博贺，四区沙琅，五区霞洞，六区羊岗，七区观珠，八区水东，九区其头（按，疑为林头）。各区均以该区所在之圩名为名。警察区所以分四区，系为减省警察费起见，自治区所以分九者，系为便利起见。县人皆以自治区通行，故组织农会，亦以自治区为标准。

（二）全县人民，约四十余万，而农民则占百分之九十六以上。

（三）全县比较繁盛圩场，一水东，二县城，三沙琅，四博贺。

（四）该县位置：东界阳江，东北界阳春，西及北界茂名，南面濒海，内地山脉河流交错，但均不大。县城第一区及水东第八区，均三面环海，而博贺第三区则系海岛。

（五）该县职业之分配法：耕种及捕鱼者占最大多数，采盐者，畜牧者，纺织者，劳工者，手工者亦有之，但都为农民之副业，即捕鱼者亦一副业也。渔船多由资本家设置，雇工人以渔鱼者。博贺之渔工人甚多，设有渔业工会。

（六）物产状况：谷米、花生、薯、糖蔗为出产大宗，而渔盐之利更大。牛、羊、猪、鸡、鸭等亦富。城内有白色盐场，盐运使署，设盐场知事理之。

（七）该县有中学一所，高小学校十五所，国民学校卅余所，农村多设私塾。

（八）该县方言之类别：第一、二、三、五、八、九等区，皆海话，唯第三区内杂白话。第四、六、七三区皆客话，唯第六区内杂白话。

乙、农民经济状况：

（一）农民之分析：佃农约占十分之五，雇农约占十分之二·五，自耕农约占十分之五。（按，此处三者的比例疑有误）

（二）地主年终所收之租额：最大地主，每年可收租谷四千担，如邵镜河、许廷魁、黎兆松、崔立宇等。其次可收租谷二千余担，如黄惠之等。再次每年可收租谷千余担，如杨德甫、邓瑶林等。水东地主普通可收租谷卅余担。

（三）自耕农及雇农状况：自耕农每年所耕之田，最大限度有卅担谷种，最小限度有一斗谷种或半斗谷种。雇农每年之工资，头等六十串钱，二等从十五千文钱至四十千文钱，三等从四千文钱至十千文钱（此第三等最占多数），均食雇主，杂用衣服均由雇农自理。

（四）佃农与地主之关系：每年两造中等田每斗种纳租谷二担（指谷种言），上等田纳租谷三担。凶年之减谷与谷不一定。佃农批田时，请地主与批纳，要纳笔金若干，并待以饮食。有的要由农民送租给地主，由地主补回工钱，每斗十文，廿文不定。农民收割时，因要急用，将谷廉价卖（每斗约五六百文钱）与地主，农民要谷食时，又高价买回（每斗约一千文）。

（五）农民因贫苦，故卅岁以上未婚者约占百分之七，娶一个老婆，普通须费一百元至二百元。童养媳约占十分之二。

丙、农民政治状况：

（一）农团状况：（1）最高机关，有保卫团总局，总局之下有各区保卫团局，各区保卫团局下有各段保董，保董为民团之基本组成。（2）保董由区局荐与县长委任，总局绅由诸总局绅联名荐与县长委任。（3）各级团局均设有局长，一切大权均操诸局长之手，其余局绅不过伴食而已。（4）各区有游击队，由区内各段保董派团兵组织之，其队长由区局荐任之。（5）各级团局之团兵费，系收抽农民田亩谷以自养，其抽收之数不一定，大抵按农民收入，仅十分之一至十分之三，此外尚有地租税、牛捐、人头捐（水东七镜一带）各种名目。各段二收并行，或收单行一税，因地而殊。（6）各级局长每人月薪十六元，各段保董每人月薪三元或六元不等。（7）各区游击兵由三十名至五十名不等（无业游民），不打土匪，只随局长收团谷，随地主拿农民。兵士每名每月饷六元。乡内民团，大半系农民，与游击队不同。（8）全县团谷，年收约六十四万元。民团对于农民协会，因与其主人利益冲突，极端反对，如电白第二区簧花乡农民协会正在筹备间，其乡团总李公录，即责令农民不得加入，并谣言惑众说：广东政府已崩，宣统已入北京登殿，其办农会之人不日必逃等语。

（二）土匪状况：沙琅、观珠、林头皆有土匪，人数分股，股首系徐东海。

丁、农民运动之经过：

该县农民因受民团压迫过甚，极思组织农民协会，以图反抗。在邓本殷盘踞时，该（县）莘坡乡农民已联合千人，组织农会，爰因邓氏监视不果。革命军来，该乡首先组织，于二月廿五日开成立大会，出席会员三百人。第一区露海乡、第二区黉花乡之农民，均起来组织。但此间办事处未有派人去指导，由该县党部指导组织。

五 吴川县

（一）该县位置：东南二面皆海面，西界遂溪、化县，西北界廉江，广州湾在其南。硇洲岛及坡头（原属吴川）亡清时已被法人占去。

（二）该县行政区域之分划：本县分十区：第一区附城，第二区芷苧（按，即芷寮），第三区黄坡，第四区龙头岭，第五区振文，第六区板桥，第七区山墟，第八石门，第九区塘缀，第十区坡头（该区已被法占去），均以各区警察厅署所在地为名。县城太偏僻。居内部最中心、交通最便利、可以策应全县的系黄坡，故现任县长苏鹗元已将县署移去该处。

（三）该县人口及其职业分配法：全县人口廿万，农民则占百（十）分之九·六以上。内地皆耕种，而沿海一带甚业于捕鱼，最多系芷苧（按，即芷寮），黄坡、梅菉一带多业商。

（四）该县文化状况：全县中学一间，高小三间，学（国）民学校之数未知，私塾则大乡才有之。一般人鲜阅书报，思想甚陈腐，同善社人甚多。

（五）该县特别情形：本县分东西两水（即东界西界），西水皆贫苦农民，东水多田主，且系林李二大姓之住地（在县城一带），豪绅甚多。亡清前林兆（召）棠曾中状元，故林李之人特别骄横，比较普宁之方姓为尤甚。县中民团局权，采（操）于二姓手中，不但鱼肉小乡小民而已，并且强夺历任县官，一般农民，甚恶而畏之。现任县长苏鹗元将县署移去黄坡，失去林李二姓操纵县行政脚步，又将各级民团局改为执行委员制，又失去他们独裁局面，他们豪绅大为不满。

（六）该县土匪颇多。第七区石狗塘地方有土匪数百，黄坡附近亦有上匪数百，而海面更多，自黄坡至广州湾或至遂溪及石门、新埠一带，水路已为梗塞，匪首名阴鹭仔，虽经防军姚之荣痛剿，其势仍不衰云。

（七）农民状况：塘尾乡农民康月初及杨屋村农民杨绍和报告：塘尾乡有二千多农民，每百农民中，至多有五人系自耕农。每斗米（谷）田，每年两造好的，可收六七担谷，不好的，只收三四担谷。佃农要将其收入自己一半于地主（杨绍和报告他自己本村一带地方纳租均是主六佃四）。临割禾时，由农民请田主去看过，方才均分。租由佃农送到田主家，遇着好的田主则加以招待，否则空劳一场而已。农民为结欢于田主起见，多送礼物于田主（海鱼之类）。谷价每担值五元，每斗田价格二百多元。肥料多用猪粪，每斤价格十文钱。牛甚贵，值卅元一只者尚未能耕田。甘薯每斤价格廿文钱，秤重一百六十文钱。农民耕不够食，多向海面捕鱼。农民许多无饭食并无屋住，有食的只是甘薯，有住的只是狭窄之茅屋。卅岁以上未完婚，有二十至卅人的（之）多。娶一个老婆要二三百元费用。青年农民无书读，有的只住（读）三二年之子曰馆（私塾），每年学金小的三四元，大的学生束脩五六元。借债利息三分。附近一带无绅士，大姓大村并不见压迫小姓小村，但杨屋村一带则不然。该农民报告完了。我与陈荣位同志于去年十二月二十五日至二十六日，从梅菉至吴川，又从吴川城回梅菉，一路农民皆以共产相问，他们并不怕共产，而且喜欢共产。他们极赞成农民协会，第五区杨屋村农民杨绍和、文屋村农民文庆随谈十余里甚投机，并请我们到他们处组织农民协会。

（八）易经同志在化县城高等小学校当教员，因热烈于农民运动，即跑回吴川本乡作农民运动，据云加入农会的农民已有数十人。

六　廉江县

（一）**该县地理之位置**：东界化县，南界吴川、遂溪，北界合浦与广西之陆川、博白，东面海，内地平原。

（二）该县行政区域之分划：全县分七区。第一区附城，第二区石角，第三区良垌，第四区安铺，第五区石岭，第六区青平，第七区塘蓬。商业繁盛在安铺，民智开通在一三四等区。各区皆以警区所在地方为名。

（三）该县人口：约共三（十）余万，农民约占百分之九十六以上。内地农民多耕种，海滨农民多捕鱼，商业不多，手工业更少。

（四）该县方言的类别：第一、三、四区讲白话的，些少的讲海话。第二、五、七三区讲客话，第七区些少讲白话。第四、六、二区讲海话。讲海话与讲白话的比较接近些，讲客话者另站在一块，从学校中学生可以看出。

（五）土匪状况：最多为第五区，而四区与五区之交界处亦多，六区份（则）比前少些。全县分几股，匪首陈其炳者系本地人，尚不能指挥各股。多数来自雷州，有的是苏廷友的散兵，顷由合（浦）博（白）廉（江）剿匪主任林国佩带兵三营来剿，地方比较得些平靖。

（六）民团状况：合县设一保卫团总局，内设正副局长，另有局董七人。今改为团保总局，每区设团保分局，局内设正副局长，另有局董三四人。各区局长、董，每人月薪十七千文钱，总局每人月薪十余千文钱。各区前设有常备兵二三十名，今已解散，打土匪时才出来。各区团局及县总局经费系抽诸农民的苛税杂捐，每乡民团每年向农民每担谷抽收六升，地主占四升农民占二升，此谷专供此乡民团用。顷现任县长陈敬召集"全县治安大会"，决定每区集合民团剿匪，设剿匪总队长一人，由县党部荐举李任杰充当之，经费由各乡团谷抽来供给。

（七）税收农民之状况：地方自治经费收支处——即保卫团总局现向农民收牛头税，交易时向卖主每只牛收银八毫、六毫不等，归女高小学校作经费。高州府税，又收农民牛革捐、牛猪货物等捐。计廉江一年承办七千余元由财政处办。

（八）最大地主每年收租谷两千余担：佃民纳租法，与电白同，唯一年分两造纳，早造纳三成，晚造纳七成。雇农最好一年之价则六十元。

（九）有童养媳制度。

（十）教育：该县中学校一间，内分三班，学生共二百余，女高一，高小全县各区均有一间，乡间有私塾设立。

（十一）农会：该县因受遂溪农运之影响，亦由县党部中人，起来组织农会。据该县党部报告，已筹备就绪的有第三区岐安、碗窑、白石、石涌各乡，第一区上县乡。此外尚有多乡在筹备中。

七 信宜县

（一）该县之位置：东界阳春，西界广西，北界罗定，南界茂名。与广州交通，多从罗定出西江。

（二）该县田地少而人口多，田租贵，雇工廉，一般农民无法维持生活，大半卖身南洋去做猪仔，今年已去有二千人之谱。

（三）农民状况：农民对田主之纳租额，大半是由其田所收入之半。计每纳租一石，要田信鸡四两、米一斤。每石租于批田时立写猪头一百钱，此数在冬至时供给。收割时佃客须无所偿将谷送交田主。如有串耕时则加租，不允则调田。每斗种田，一年两造，至好收割四担，每担约值银六元，在年中夏历二、三、四、五月之间，每担谷亦有值十元者。番薯每斤钱十文，秤重廿两码。耕牛黄、水牛均多，每只能耕田自在的，都要作九十元。借债一年一元之利息三毫，以每月计算，讲谷每年一元一斗。当铺亦利息三分。自耕农每百人中约有五家。卅岁以上尚未婚者，每百人中约十余人。娶一个老婆，要银一百八十元左右费用。有童养媳制度。雇农至好汉子，只得六担谷左右。

（四）梁本荣灵（早）在该县地方与罗定附近从事农民运动，已成立乡农会十余个，今并拟在该处设立区乡（农）会筹备处，以资统率各乡。但无款项，拟请印金局给款五百元。其中详细情形如何，此间并未得其报告，不过看见梁灵（写）给何毅的信如此而已。

八　茂名县

（一）该县之位置：东界电白，西界化县，南界吴川，北界信宜，东北界阳春，西北界广西，而梅菉在其南，该地域占梅菉境十分之七。

（二）该县原分茂东、茂西、茂南、茂北四路，其地域之广，人口之多，为高州各县之冠，故原以此为首县。

（三）该县农民状况：与信宜完全相同，一般农民因无法维持生活，亦大半卖身去南洋做猪仔，今年已有许多到广州湾去，嗣被警察阻住。顷茂北方面，有猪仔百余人，不得到广州湾去，特向罗定方面出西江去了。

（四）茂南公馆之附近地方有纯粹农民组织之生理会，专反抗地主，但其拥戴首领不得人，年中须供给多少钱给首领。一般地主甚怕该会。据潘兆銮同志报告，该会可改组为农民协会云。茂东云炉乡，近由第五届农所学生容杰庵指导组织农会，但未得其报告，只在《高州民国日报》评指栏看见该乡农民协会组织之稿，题目是"农民受压迫之惨，及组织农民协会之必要"，内中所见，极为中肯。

九　阳春县

（一）农民纳租法与信宜相同。

（二）雇农至好汉子，年中得工值四十元至五十元。

（三）借债，每千文钱，年利谷九斤，借时须写抵押品，或田地，或屋舍。

（四）农村只有子曰馆（私塾），大的学生，年束修金十元，小的则三四元。

（五）牛只，以黄牛为多，水牛不合养，多发牛瘟，夏历二月八月最多。能耕种之牛至少要五十元。

（六）全县皆设有农团局，与阳江、恩平二县相连，每个墟场均有团局，其中固定团兵十名、二十名不等，其费用是抽农民之牛捐谷、田及于木税等。

附：更正

本书第五期黄学增同志所著之《广东南路各县农民政治经济概况》一文第四项关于党部内"化县党部各执行委员，至少都是小地主，他表面虽赞成组织农民协会，但为打倒地主，他极不赞成……完全是反动的右派论调"云云，据学增同志来函，与事实不符合，合即更正。

《中国农民》第 10 期（1926 年 12 月）

南路办事处会务报告[1]

南路办事处所辖的县：阳江、阳春、茂名、电白、信宜、化县、吴川、廉江、遂溪、海康、徐闻、合浦、灵山、防城、钦县，共十五县。

南路农民生活状况：南路农民在二十七年来，起了一个大变动，是各路所无的。此种变动即系农民死亡日多，土匪日多，卖猪仔日多，女人当娼也日多。这种变动是因为法帝国主义者占领了广州湾所致的。

广州湾系高、雷地方，在南路各属之间，在光绪廿七年（按，应为光绪廿五年，1899年）被法帝国主义占领。当广州湾未被法帝国主义占领之前，农民生活是很安定的，农民所食所用，都是自己造出的，吸食鸦片的人是没有的，跑去南洋当猪仔的人是没有的，男人当土匪、女人当娼妓也是没有的，虽有也是很少的，农村中更没有基督教。但自法帝国主义占领了广州湾后，就不同了。农民经济组织，被法和英帝国主义的洋货和鸦片烟等来冲破了！如旧日农民取火是用火石，今日用火柴了！旧日点火用花生油的，今日用火油了！此不过系一个明白例子，其余还有很多很多！！

英、法帝国主义又利用一班反革命派压迫农民，如帮助龙济光、邓本殷盘踞南路，剥削农民。这班反革命派、军阀，都系住在广州湾和香港，他们作恶的凶器——枪支，多是英、法帝国主义帮助的。及后龙济光、邓本殷先后失败，法帝国主义复收留其败军枪支。

这班帝国主义走狗——龙济光、邓本殷，怎样压迫农民呢？最厉害的就是设立种种苛捐杂税，娶老婆有税，人头有税，甚至猪牛鸡鸭也莫不有税。并造出很多伪币，农民损失尤甚。尤不止此，法帝国主义者复使一班走狗——军阀，强迫农民种鸦片烟，不种就要杀头，农民处此淫威之下，敢怒不敢言，更不敢不种鸦片烟，因种鸦片烟就闹出大饥荒了！

---

[1] 载《中国农民》第6.7期合刊（1926年4月1日），湘潭大学出版社《红藏·进步期刊》系列影印本，2014年，第209—214页。

去年"五一"以前统计，在六个月中，因被迫种鸦片烟而饿死者，不下十余万人。

乡下的劣绅土豪并且勾结贪官污吏、军阀、帝国主义，剥削农民的血汗，在香港、广州湾住洋楼，尽地快活。农民受了种种压迫剥削，以致生活非常困难，渐次失业，迫要跑去南洋做猪仔，当苦工。在十年前到南洋去当猪仔的不知确数，但去年由一月至二月，两月之间，高州、雷州两属农民往南洋当猪仔的，有八千人以上。

失业农民到南洋当猪仔，系做树胶工。近年来南洋树胶价格太低，经营树胶者日少，工人失业日多，因此高、雷失业的农民不能外出去当猪仔，就要跑上山去当土匪，尤以雷州为最多，统计雷州土匪，至少有二万人以上。

土匪的枪支由香港、广州湾英、法帝国主义者接济，以广州湾作土匪大本营。前二年无论何时都有一万几千人以上群集于广州湾。其中最受痛苦的却为雷州农民，该处农民饿死和被土匪杀死者，至少有三十万人。徐闻一县人口有二十八万人，被土匪杀死十九万，逃亡了四万，未死者食树叶，面色黄瘦，形同死人。

雷州全属人口被土匪杀死的、饿死的、病死的、逃亡的，占了一半人口以上。农民的屋宇被土匪烧了，田野没有人耕，道路没有人行，草高丈余。雷州徐闻有一最大森林，纵横约七百里，系土匪的大本营，土匪固然四出杀人放火，而四面之老虎，亦成群结队四出食人。雷州农民在此环境之下，很似居住在非人的世界。雷州一般女子，亦得不到安定的生活，被匪劫或逃亡到香港、澳门、广州湾等处当娼妓的，约有一万人以上，计在广州湾的约有千人，在香港的，民国十一年统计约有一千五百人，在澳门、江门的各有四五百人，在北海、海口等处亦各有数百人。像这样情形，实到处所无，亦千古所无。

现在革命军打下南路，肃清许多土匪，但一般农民逃亡回来，连耕牛农具等一件都无有，仍然是失业。至于高州各属，虽然无雷州这样惨，亦几乎有话都说不出了。

南路农民运动之经过　我们现在放开眼睛去看看，南路农民特别是雷州农民受帝国主义等的压迫，已死去一半，但帝国主义等，一个都未曾死。邓本殷军阀虽然打倒，但邓之枪支仍有一部分存在广州湾，且他们近以北京局势大变，广州且有中山舰事件发生，即认为时机将到，在广州湾招兵买马，希图恢复旧日反动势力。照这样情形看来，农民前途仍多危险。南路农民在这种情形之下，四顾都是死路，若要从此死路打出一条生路，只有一致起来反抗帝国主义军阀等，从事农民运动。南路各属之有农民运动，其需要即在于此。

　　但南路农民运动不是自今日始。当法帝国主义占领广州湾时，农民联结数万之众，用粉枪抬枪大刀等，起来抵抗，血战至数月之久，被汉奸勾结法帝国主义作内应，才打败仗，实属可恨。当时农民有此举动，大概已是知到（道）法帝国主义占了广州湾之后，必有今日的惨状了。去年，邓本殷压迫南路农民最厉害时，雷州农民曾秘密组织农民协会与农民自卫军，准备抵抗邓氏。此乃南路农民在历史上奋斗之经过。

　　南路肃清，省农会为使南路农民都能够组织起来，而且有系统有纪律的组织起来，遂在省农会监督与指导之下，设立南路办事处，以监督与指挥各县各级农会。

　　三月七日，南路办事处成立，各县农民渐渐在办事处统一指挥之下组织起来。但广州湾法帝国主义或香港英帝国主义，时时设法指挥一般反革命派，破坏农会的组织。他们破坏农会的方式先后不同，一般反革命派最初向农民宣传，是谓设立农会是为打仗的，为抽人头税的。过了片时，他们知到（道）此种造谣方式不等使（按，粤语，即不顶用之意），即由田主不批田与农民，使农民无田可耕，以恐吓农民，其次设立国民党区党部或区分部专与农民对抗。但农民知到（道）国民党是拥护农民利益的机关，不为所乱。他们又变更其方法，假办农民协会，捏词某个农会经在县署立案，或在省农会立案，压迫农民来加入他的农会。此个法子，又不等使（按，粤语，即不顶用之意），至是戴假面具，加入我农民协会充会员。各位兄弟！我们要注意敌人的阴谋，我们要时时注意乡中土豪、劣绅和一切反革命派破坏我们农会的阴谋。

南路有农会组织以来，最近发生几件重大事件：（一）遂溪农民反对日本出兵满洲，巡行有一千人以上，当时有土豪（即民团局长杨文川）出面阻止，农民激愤异常，打他一顿。（二）革命军肃清南路，雷州农民做最大的反基督教运动，不与基督教徒往来，以致基督教堂终日闭门。（三）雷州最著名的土匪庞玉清被农民所擒，送交防军惩办，有许多土豪劣绅来保，农民即联结三百余人，担番薯出雷州城充饥，请愿，防军五日内卒将庞某枪毙。（四）吴川农民因反对县长勾结劣绅土豪苛抽蒜头捐及蒜串捐办学，举行千人以上之大请愿，废除苛捐。（五）遂溪农民因反对县长伍横贯贪劣失职，联合各界上控于省府，请求革职。

南路办事处组织内容及工作状况。南路办事处与各处办事处无大差别，设主任一人，书记一人，委员一人，文牍一人，庶务一人，伙夫杂役各一人，另有特派员十多人，到各处指导农民工作。至各办事人，只知为农民谋利益而奋斗，不知有饥饿，所以经费一项，除开办时领过省农会一万元开办费外，迄今一文未有领过。各特派员也常常说不怕饥饿，但怕对农民不住。

南路已经组织有农会的，有阳江、茂名、化县、电白、信宜、吴川、廉江、遂溪、海康、合浦等处，统计一百四十六个乡农会，会员九千余人，雇农占百分之十五，自耕农占百分之十，半自耕农占百分之二十，佃农占百分之五十五。南路农民是特别穷苦，所以此次大会，吴川、电白、信宜各县竟不能派代表出席。

南路农民目前的要求。（一）肃清土匪。（二）取消火油专卖。（三）取消田主苛例。（四）取消高利贷借（南路要八分利息，至少也要四分）。（五）解决假银。（六）取消糖类捐。（七）取缔盐商垄断盐价（一年前，雷州方面每斤盐值五十文，今值一百二十五文）。（八）蠲免农民钱粮（特别在雷州方面）。（九）解决各县民团及保卫团。

兄弟们！南路农民状况及农民运动大概情形如此。我们大家应一致努力，使南路农民组织发展，并且使南路发展到广西去，共同打倒帝国主义，打倒反革命派。我们要为南路已死的数十万农友复仇，为未死的农友解除痛苦。完了。

按，此期《中国农民》在刊登广东农协南路办事处会务报告之后，附上一篇徐闻匪患的报道，此处亦全文附录，可见当时南路的概况。

沿路白骨之徐闻县城：全属人口二十八万，被匪残害大半；杀死者十九万，逃亡者四万[1]

徐闻多匪，前已有所闻，自第十一师大举剿灭徐闻积匪后，于是世人渐知该地被毒之深，兹更得身与是役之第三十二团邓世增团长致友人书一通，关于此事更为详尽，想亦关心除盗安民者所乐闻也，其书如下。

以甘我兄大鉴，弟由琼返至徐闻协助黄团长围剿徐闻山土匪，昨始返至安铺耳，第二三营现仍驻雷州，徐闻全属人民二十八万，先后三五年间为土匪杀死十九万，余逃亡者四万左右，现存徐闻者五六万而已，由海安经徐闻城而至英利二百余里，沿路白骨，见之泪下，用是不惜官兵辛苦，四路进剿，几及一月，始能荡平，敝团阵亡连长二员，排长一员，阵伤排长二员，死伤士兵四十余名（三十三团尚不在内），艰苦激烈，实倍于征沈鸿英、灭杨刘，及削平东江南路二役也。虽然滇军及黄莫京（按，指黄强）所不能办者，敝团业经办到，不绝如缕，徐闻灾民，今则甫见天日，则诸同志死伤虽多，又何憾也云云。

---

[1]《中国农民》第6.7期合刊（1926年4月1日），湘潭大学出版社《红藏·进步期刊》系列影印本，2014年，第214—215页。

为电白农民求救[1]

电白第八区蛋场乡农民协会于六月十二、二十三两日被土豪蔡仁卿率领团队破坏，捕去执行委员蔡笔吕等五人。第三区儒芎乡农民协会于六月廿八日夜被第三区民团局游击队长赖树勋率团兵卅余人围攻，捕去执行委员陈光良，并击伤会员四人，所有农家均被抢劫一空，捕去陈光良押在团局九天，绝以粮食并加以苦刑。

七月十五日，地主某，受土豪陈锡伦谣言挑拨，无故调批儒芎乡农民协会会员陈亚庆之田，经亚庆向电白县长禀告，得其判回照耕，似可息争。不料土豪陈锡伦初因包办农会计不得逞，嗣向地主造谣，挑拨强夺会员陈亚庆之田，计又不得逞，遂老羞成怒，纠集无赖数十人将亚庆围攻几至毙命，后只得将亚庆抬赴分庭验伤备案。

七月十六日，第八区井头坡乡农民协会被该段团董邓光儒率团兵十余名捣毁，会员邓振富与之理论，被捕去吊打重伤。现在愈闹愈凶，当此农民早造登场之际，正是他们土豪劣绅地主绑票之好机会，他们合伙所办的农团局，大大地增加起团兵来，决定从八月十三日起，分派团兵到各乡去勒收农民谷捐（每租一石，抽谷捐一斗二升，主七佃五），屠杀农民，摧残农会，抢掠农家。第三第八两区民团且设联合办事处于第三区那岌乡高小学校，各段民团凡有捕获农会会员均押解此处。这是他们土豪劣绅地主明的摧残农会、压迫农会的勾当。暗的呢？还有他们土豪劣绅地主秘密组织之八堡会。这会是随着农民协会而发生，它的目标，是要扑灭农民协会，使农民协会永不发现于电白境内。三个月发生之围攻捣毁协会、抢掠洗劫农家，捕禁吊打会员各案，都是这会暗中播弄出来。他们土豪劣绅地主天天召集八堡会议，筹商扑灭农会、屠杀农民大计。七月卅一日，查得他们又在第三区博贺开秘密八堡会议了，会议内容虽未探知，但总是不外进行他们如何扑灭农会、屠杀农民的了。

---

[1] 载《人民周刊》第21期（1926年9月8日出版）；转《黄学增研究史料》，第84—86页。

农民究竟犯了那条大罪,多劳他们土豪劣绅地主如此压迫?农民协会究竟有什么不法行为,多劳他们土豪劣绅地主如此摧残?原来如此,在农村里面,他们土豪劣绅地主原是个统治阶级,农民原来是个被统治阶级,农民原来是做统治阶级的土豪劣绅地主们的奴隶,不准有什么解放运动的。可是做奴隶的蠢材——农民们,现在太不恭顺了,起来组织代表他们奴隶利益而奋斗的农民协会和农民自卫军了,他们奴隶的组织,现在虽然未见扩大,力量也是很少,但总是给土豪劣绅地主们以大大的不安,使他们不得不惊心动魄,拼命来压迫农民,摧残农会!

土豪劣绅地主们压迫农民,摧残农会,在广东东西北各路如广宁、高要、郁南、三水、花县、普宁各县已成司空见惯,在南路,电白即算是创举。电白土豪劣绅地主们如此压迫农民、摧残农会,在他们土豪劣绅地主固然是以"农民该杀"!在一般普通人也许是不注意到。但是我们是主张公道的,于此,不得不说几句公道话。国民党的政纲,不是扶助农民的吗?革命政府对农民运动第一次第二次宣言与夫迭次通令,不是给予农民以组织农民协会、组织农民自卫军之自由并保护农民的利益的吗?

在国民政府统治下的电白,土豪劣绅地主们竟公然再四围攻、捣毁农会,抢劫农家,捕禁吊打会员,勒收会员谷捐,此种行为岂不是不法的么?我们认定土豪劣绅地主们此种横暴行为,是不法的,那么,革命政府统治下的地方长官,就应该执法以绳之,奈何二个月来电白的地方长官绝不惩戒或制止土豪劣绅地主们此种不法行为?农民的哭声已震动了全电白,也许冲到他们衙门去,难道他们还听不着?或者是和土豪劣绅地主们一样的异口同声说"农民该杀"罢了。

各界同胞们!你们忍廻(回)避电白多数农民惨受土豪劣绅地主蹂躏的哭声而加以援助吗?不!不!"公道之(自)在人心",我们应一致援助电白农民兄弟!我们应一致请求政府惩办电白不法土豪劣绅地主们,解散不法民团,取消团局一切苛捐杂税——谷捐、牛只捐、人头捐、番薯捐,解散八堡会,赔偿农民损失,这是我们对电白被压迫农民兄弟应该做的表示。

学增 八月十日于电白。

仲恺先生死了吗？[1]

去年八月二十日，仲恺先生在广州被反动派暗杀丧命，到现在已是一个周年了。当反动派计划暗杀仲恺先生时，他们心意中以为仲恺先生一经暗杀之后，仲恺先生之事业，就可以结束，他们就可以为所欲为了，所以当仲恺先生被杀死耗传出，他们反革命派个个都欢天喜地，长时间扬扬，庆祝他们刽子手的胜利，而庆祝得最热闹，是广东各地的地主阶级，特别是广宁地主阶级。那时，广宁地主阶级正勾结前粤军第三师及该县县长蔡鹤鹏、李绮庵，收买清远阳山土匪屠杀江屯农军，摧陷江屯农会与广宁全县农民斗争最激烈的时候，忽闻仲恺先生在广州被害，即欢声雷动，在江屯置酒高歌（共置八席），欢呼："廖仲恺已死，农民协会从此消灭"等口号，算是得意之至！

他们反革命派果真以仲恺先生死了，仲恺先生之事业就可以结束吗？死的，是仲恺先生的躯体，仲恺先生的精神——奋斗精神，并没有死，仲恺先生的事业，不但不因他之死而告结束，并且因他之死而愈扩大。看呀！仲恺先生平生最大事业，就是拥护孙总理农工政策，领导农工群众参加国民革命。他们反革命派之所以痛恨仲恺先生也就是以仲恺先生努力于此。仲恺先生死后一年以来，一般革命的国民党员都以先生之努力正是忠实于孙总理，忠实于国民党，忠实于中国国民革命，一致对先生所努力而留下未完之工作，加倍努力，继续与反革命派奋斗，一般革命的民众——尤其是工人农民都以先生之死，正是为着他们的利益而奋斗以死，一致加紧团结起来，誓为先生复仇，所以先生被杀害未久，一般革命的民众——尤其是工人农民，即与一般的国民党员通力合作，督促国民政府肃清广州反革命派，巩固国民政府基础，再进而收复东江，肃清南路，统一全广东，以至今日出师北伐，这些事实，不是出乎他们

---

[1] 载《犁头》周报第13期（1926年8月18日），湘潭大学出版社《红藏·进步期刊》系列影印本，2014年，第342—343页。

反革命派当日暗杀先生意料之外吗？

　　革命的农友们！一年以来，我们对仲恺先生之死，虽能认识其死的意义，一致努力，继续先生奋斗精神，与帝国主义、军阀、买办阶级、贪官污吏、劣绅土豪、地主土匪一切反革命派奋斗，使广东政治也许是中国政治得了许多进步，但我们自己本身的利益，一点还得不到，我们现在正在贪官污吏、劣绅土豪、地主土匪、一切反革命派蹂躏下生活，我们的痛苦还是十分厉害，我们对仲恺先生所努力而未完成的伟大事业，感觉到还要加倍努力以求其扩大而期于完成。革命的农友们！仲恺先生之死，到现在已足足一个周年了，我们对仲恺先生之死，应该深刻地再加认识其死的意义。我们是要永远不忘仲恺先生之死；我们是要拼命与帝国主义、军阀买办阶级、贪官污吏、劣绅土豪、地主土匪、一切反革命派继续奋斗；我们是要中国国民革命之成功与夫自己本身之完全解放。革命的农友们！团结起来！死的只是仲恺先生的躯体，仲恺先生的精神，奋斗精神还是永远存在！我们须一致继续仲恺先生奋斗精神，奋斗到底！

读宫俊先生国民党和共产党的关系以后 [1]

我在《高潮》第二十三期读了宫俊先生所著的《国民党和共产党的关系》一篇文章以后，就想把我研究所得，跟着加以一谈。只因赶做别项工作未暇，所以延误到今，才得拿出来和宫俊先生和读过宫俊先生的这篇文章的人们谈一谈。

宫俊先生文内所说的意思，大体是对的，不过文内关于共产党方面有些误会。宫俊先生说："共产党，是本着'无政府克鲁泡特金主义'以求社会的永久安宁，人类公共的幸福，满足生活的需要，集合我们无产阶级，组织依据自由契约联合的团体，使到一般民众都有衣穿，有饭吃，有屋住，有老婆娶，共同生产，共同用产的目的，这便是共产党真正的意思。"这是宫俊先生误会了，共产党并不是这样的。共产党是本着马克思科学的共产主义，依据共产主义实现的步骤，以达到共产主义的目的。

共产主义的目的是：实现无私产，无工银，无买卖，无货币，无阶级，无国家的共同生产，共同消费的共产社会。

共产主义实现的步骤是：

一、组织无产阶级，使它有很坚固的团结，能够与资产阶级作激烈的阶级斗争。

二、实行无产阶级革命，推翻资产阶级的统治，夺取政权，没收土地、银行及一切大的生产机关。

三、建立无产阶级专政国家，保障无产阶级革命的胜利，镇压资产阶级的反革命。

四、用国家的力量发展生产力，使全国的工业电气化、社会化，使资本主义的生产制及私有财产逐步减少，至于消灭。

五、全社会工业化、劳动化，废除工银制度、买卖与货币，实现无阶级、

---

[1]《高州民国日报》副刊《高潮》第33期，1926年12月24日。转《黄学增研究史料》，第92—95页。

无国家，只有经济组织，而无政治组织的共产社会。

共产党是无产阶级中间一部分最觉悟、最忠实、最勇敢、最奋斗的组织。他完全是站在无产阶级利益上面，本着马克思科学的共产主义，依据共产主义实现的步骤，努力向前做去。他不是本着无政府克鲁泡特金的主义，无政府主义只有无政府党徒才相信他，他的无政府主义，其目的虽然也是主张做到共产社会，可是，他的主张太"乌托邦"了。他不懂得共产社会只有靠无产阶级依据共产主义实现的步骤，才可以做到的。所以，他便反对阶级斗争，并反对无产阶级专政。他这样的主张，其意思就是以为实行阶级斗争，太过激烈。无产阶级专政，太过压迫资产阶级，不如用道德去感化资产阶级，使其抛弃压迫无产阶级的特权，同趋于平等地位。他这样的主张，如果不瞎眼，谁都可以认（为）他是发梦的。

宫俊先生分析了国民党和共产党的任务以后，继续说："就这样看来，国民党可算得为人民解放的先锋队，共产党为后盾的将领，研究起来，好像一个车儿，我想换一个轮子，就不会行了。"不错，在国民革命运动中，中国国民党是与中国共产党合作的，这个合作，是要坚坚实实，使中国各阶级民众，从帝国主义及其工具军阀压迫底下解放出来的。中国国民党固然是人民解放的先锋队，中国共产党更是为人民解放的先锋队，盖共产党并不是革命的候补者，而是革命的急进者。他根本的主张，虽然是社会革命的，但是在目前的主张，却是国民革命，在国民革命当中，他虽然是特别代表工农阶级的利益而奋斗，同时也不忘记其他各阶级的利益（各阶级共同的利益），所以共产党不但是人民解放后盾的将领，而（且）是人民解放的急先锋，与国民党是一样的前进。

十五·十二·廿三

附

宫俊《国民党和共产党的关系》[1]

国民党是本着"孙先生的主义"解决社会问题的，最要紧的是对外打倒列强，取消不平等条约，对内打倒军阀、划除贪官、污吏、劣绅、土豪，完成三民主义，达到最愉快、最自由、最平等的目的，这便是国民党的实际思想。

共产党是本着"无政府克鲁泡特金的主义"以求社会的永久安宁，人类公共的幸福，满足生活的需要，集合我们无产阶级，组织依据自由契约合约的团体，使到一般民众都有衣穿、有饭吃、有屋住、有老婆娶，共同生产，共同用产的目的，这便是共产党真正的思想。

这样看来，国民党可算得与人民解放的先锋队，共产党为后盾的将领。研究起来，好像一个车儿，我想换一个轮子，就不会行了。

因此，我地同志，农民、工人，同时双方应当参加，以互助合作的精神，从初步造到彻底的工夫吧了。

十五·十二·十

---

[1]《高州民国日报》副刊《高潮》第 23 期，1926 年 12 月 14 日。

中共宝安县委给省委报告——各区暴动斗争情况[1]

一九二八年五月二日

省委：第二次来函早已收到，我们兹有下列情形报告：

（一）关于省委函中所指示各节，我们承认是非常正确。不过在事实上，不得不复为省委说明的是：一、田寮与玉律械斗。二、农民与同志田工忙迫。这两件事的确是影响到前次决定计划而不能及期实行，盖此间同志与农民的封建关系是非常紧要。他们看见同姓同族乡村与别姓别族乡村械斗，即不管你们什么命令只有挺身去帮斗，至于田工——农民与同志亦认为是目前急切赶做的第一件事，到现在，他们仍是许多只顾赶做田工，不听指挥。盖他们认为暴动斗争，究竟得到什么利益尚不知到（道），如果抛弃田工，即眼光光看到了损失利益。至于省委说我们只希望马上做到大斗争，大暴动，忽略了小的斗争与骚动工作，我们也许是有此忽略了，但我们时时想并鼓动同志这样做，不过此间一向都是很少注意这样做，以致令到一般同志不甚愿意这样做，以为这样影响不大。

（二）我们决定计划而不能及期实现，使敌人得从容布置做（造）谣恐吓群众，这是铁的事实，省委来函此说，此间已渐次发现。四月二十六（日），六区迳背、塘头，四区长圳、玉律、新桥（三房）反动派勾结县游击围包迳背，抢劫了农民财物并捕去六区农民唯一领袖我们负责同志钟永恩到县城枪毙。四月二十七（日），四区沙井豪绅地主自动手捕拿陈榜同志，陈耀同志刚从香港回亦几被拿。四月二十八、二十九、三十数日，四、五两区豪绅地主连日在皇松冈、云霖、新桥开会，组织联团联乡，对付我们。我们胆小的同志与农民都恐慌起来了。但同

---

[1]《中共宝安县委给省委报告——各区暴动斗争情况》（1928年5月2日），中央档案馆、广东省档案馆：《广东革命历史文件汇集》（中共广东北江、西江、琼崖等县、市委文件，一九二八～一九三一），1982年12月，《广东革命历史文件汇集》第279—284页。

时我党与农民暴动风声亦震动了全宝安，豪绅地主统治阶级而惶恐不安。我们在丰和圩开了一次农民大会，四、五、六各区豪绅地主已开始震动，皇岗、霖云（云霖）反动武装，不敢安心在当地驻扎，全县最大豪绅领袖曾奕樵（四区新桥人）秘密逃走，四区最大反动之乡村新桥、沙井立刻宣布戒严，搜索住户并过往人，福永农民自动开会与本乡豪绅争公款，吓走本乡最大最反动豪绅潘乃昌，县游击捕拿钟永恩同志到县城枪毙，临刑时钟同志慷慨大骂，并说"我们共产党已号召农民暴动，不久你们反革命派就要跟着我来死"等话，当时吓惊了全城，现在四个城门除南门外，完全关闭，县长不敢在衙门，每晚都潜往南山避宿，城内住户亦有四成搬迁出外。二区西乡演戏有一晚，演到十一点钟时候，观戏群众自己发惊，以为共产党来攻，有一人发声哄说：共产党来了，即全场惊慌逃走，连戏台都要压倒。四月二十九日我们集中百余武装，包围六区迳背反动派，益震动了豪绅地主统治阶级，许多反动乡村如四区之长圳、唐家村，五区周家村之塘尾□（围），均搬迁逃走。三十日四、五两区豪绅地主有数十人在新桥会议，亦因内部冲突哄闹无结果而散。乌石岩、福永、云霖区长巡官均继续自己惊慌逃走，乌石岩、新桥、沙井各处当铺完全闭门，县长及沙井、新桥各乡豪绅地主纷纷告急到省城、虎门、深圳请兵，三区之湖贝、向西各反动亦惊慌，全县大有风声鹤唳之概。

（三）田寮与玉律械斗在四月十九日已开始停息，现在立即加紧全体动员，命令各区党部执行，并在四月二十九日集中各乡武装于三十日晨早即围攻迳背反动派，击毙反动派男女四人，伤二人，焚烧反动屋宇四间，可惜我们队伍尚未有组织完妥，布置又不周到，迳背同志又畏怯不前，入乡后，农民与同志许多又只顾搬取物件，致使反动派完全逃空，武装亦获不到一支，我们最勇敢之四区新桥曾植同志反被牺牲，长圳曾榜同志反被击伤（另有周家村一同志被击伤），这数日来我们决定完全把武装集中组织起来，连续进攻福永、长圳、唐家村、塘尾□等处，乘豪绅地主统治阶级如此惊慌之际，一直猛干下去。可是各乡同志，尤其是负责同志，竟多散动摇起来，不说广州未暴动，即说敌人将派兵来攻，由自己之动摇影响到群众，有些乡村只得数个武装来，有些乡村完全不来，三日来竟集中不及二百武装（统计四、五两区农会乡村有二千武装大半是公家枪），周家村武装几占一半，周家村负责同志看见各乡武装来得少亦表现胆怯而动摇，不过他已经骑上虎背不得不做。昨今二日因一般同志顾虑武装少观望不去攻打反动乡村，令他们领导群众自动手去杀本乡豪绅地主反动派，亦因封建关系而不敢做。今晚计算可增加数十武装来，明早即可进攻福永继续依照前此决定计划做去。

（四）党的组织在四月份以前，一区党员得八人，三区党员得三十四人，四区党员得十七人，五区党员得百一十人，六区党员得八人，全县共计一百九十七人。四月份三区增加十六人，四区增加五人，五区增加三十四人，六区增加二十五人，全县共增八十三人，现在共计全县党员二百八十人。三区、四区、五区均已成立区委，一区与六区均成立独立支部。但均不得健全，一区党员完全不动。六区党亦只在迳背乡经此项事变，党员一半逃走，一半到五区来，在六区亦失作用。三区党员亦不甚活动。四、五区党员比较好些，在群众（中）亦不能起来有多大作用，党的力量仍算是非常薄弱。

（五）陈耀同志已回到，暂指定他在武装指挥（部）工作，□学增同志俟武装集中组织完妥且亲身参加进攻一、二处反动乡村才回省委当面报告。听候调遣。

宝安县委　学增

广东省农民协会檄文[1]

农友们!

时局即刻要有下个大的变化了!夏收的时候,便要是我们全省总暴动的时候!

不要忘记了开耕时无钱(使)的困难,不要忘记了青黄不接时无饭吃的痛苦!几个月,风吹、雨打、太阳晒,辛辛苦苦的望收割的时候!但收割的时候,农友们!你们能得着什么?

交五六成的租,还三四分利息的债,如狼似虎的催收钱粮捐款,清理一切旧欠,除此以外,东家还要在此时辞工调田。收割的时候,一使(贯)不劳动而寄生的官吏、豪绅、地主,都准备向农友敲吸,他们都可以有很多的收入,以维持其高楼大厦、丰衣美食的生活,我们农友呢,仍旧是贫穷,饥饿,痛苦!

贫苦的自耕农,以至于佃农雇农,无业农民,一切有田无田的农友们!从今年起,不交租,不还债,不完税,不纳捐,暴动杀尽一切豪绅地主,重新分配田地,不问男女,十六岁以上得一份,四岁以上得半份。

全省总暴动的胜利,使一切贫苦的农友们有田耕,有饭吃,享太平!

常务委员:彭湃、罗绮园、阮啸仙、黄学增、周其鉴

---

[1]《广东省农民协会檄文》(1928年6月)中央档案馆、广东省档案馆:《广东革命历史文件汇集》苏维埃、工会、农会文件,一九二七~一九三四,1982年12月,第405页。

广东省农民协会紧急传单——为重兴农会事[1]

全广东的农友们！

夏收总暴动是一定要干起来的！全省的工友和兵士亦都已经准备着起来联合我们，夺取城市，建立我们工农兵自己的政权。

这一回我们要杀尽地主豪绅，重分田地（不分男女，十六岁以上得一份，四岁以上得半份）不交租，不还债，永远脱离我们奴隶牛马的穷困饥饿的生活。

我们现在要重兴农会起来，而且农会马上要开始领导各地农友，用自己的力量，与豪绅地主斗争。

重兴农会的办法如下：一、重兴的农会要完全是贫苦农民的农会，中小地主不许加入，不赞成杀地主豪绅重分田地的富农不许加入。二、凡是贫苦农民，不问男女，十六岁以上，经农会一人之介绍，即可加入农会。三、农会会员一律改为按人计算，不按家计算，一家父子夫妇兄弟姐妹均可各自加入农会，以便将来重分田地之时，易于统计。四、在地主的反动乡村内的贫苦农友，亦得一律加入农会，帮助暴动，杀地主豪绅，重分田地。无论何人不许记从前仇恨，以妨害我们的农友的团结。五、农会发展到各乡村去，无论红的白的乡村，都要有我们的农会。每乡有会员三十人以上便可设立农会。六、农会在敌人手下，暂时秘密不挂招牌。七、农会会员一律不收会费，如要办公费用，由会员力量乐捐。八、农会会员均应负责向一般农友宣传地主豪绅的罪恶，全省夏收的总暴动与重新农会各事，在趁圩神会时，须鼓动一般农友对地主豪绅的仇恨，介绍农民加入农会。

  常务委员：彭湃、罗绮园、阮啸仙、黄学增、周其鉴

  中华民国十七年

---

[1]《广东省农民协会紧急传单——为重兴农会事》(1928年)，中央档案馆、广东省档案馆：《广东革命历史文件汇集》苏维埃、工会、农会文件，一九二七～一九三四，1982年12月，第406页。

中共广东省委巡视员黄学增给省委的报告——琼崖特委改选、过去工作错误和红军活动情况[1]

1928 年 7 月 16 日

省委：

我于六月十六日从海口行抵特委，到今已有一月之久。在此一月之中，我已尽了一身精力，依据省委交待给我的职权去干，由乐会而万宁，由万宁而乐会，对内外都做过许多工作。可是琼崖过去工作太坏，一时确难医治的，故我虽如此努力，亦未能取得若何效果。兹将琼崖最近一切情形，分别报告如下。

（一）我未到琼崖之前，特委已于六月五日召集全琼第三次代表大会，改组选举新的特委。这次大会由各县党部要求，各地党部因为看到旧特委太无能力而且权力平日太过集中，一切事情都由一二人包办（指文明、文淹）。他们专是感情用事，各地党部和许多同志提出什么意见都不容纳（一般同志都这样说），以致党内显然分出二个派别，一个是"文派"——文明、（文）淹，一个是"反文派"（在港时□伦同志报告琼崖党是多数派与少数派，其实就是"文派"与"反文派"）。许多同志以（因）为不满意旧特委之故，或负气他往，或消极归家。凡此各种，都使各地党部和许多同志不得不要求召集第三次代表大会来改组。这次改组可以说在于推翻文明与文淹两人，可是到会代表各地来得太少，近地的多数又为所谓"文派"包围，改组结果，虽然亦有许多新分子参加，但文明与文淹两人仍当选为新特委的常委委员，因无人才之故，又以文明照旧当特委书记，于是许多同志仍然失望。我到以后，即召集特委扩大会议，再行改组。我明白指出文明与文淹两人须退出特委，以文明去

---

[1]《中共广东省委巡视员黄学增给省委的报告——琼崖特委改选、过去工作错误和红军活动情况》（1928 年 7 月 16 日），中央档案馆、广东省档案馆：《广东革命历史文件汇集》（一九二八年四），1982 年 11 月，第 156—157 页。

当琼革委主席，文淹调去省委，另由省委分配他的工作（因许多同志不满意文淹，故有此意见）。后文明诸人坚决反对文淹调去，以为他是能做宣传工作，如调他去即无人能负党的宣传工作（未必如此），结果，仍以文淹当宣传书记。特委经此改组之后，各地同志已无怨词，并有同志以私人名义写信给我说："从此以后琼崖的党当有一个新生命。"

特委改组以后，其名单如下（按，原文并无名单）。

（二）特委过去对于琼崖工作之指导，不但是没有斗争经验，并且无斗争勇气。琼崖过去有两个机会，是可以夺取全琼，一个是广州暴动之时，一个是蔡廷锴与叶肇换防之时。此两个时期正是全琼普遍发动暴动，陵水尚未失守，文昌、琼山两县暴动又正是蓬蓬勃勃，特委此时竟将机会轻轻放过，真是可惜！特委根本又是不明瞭土地革命是应该如何去干，陵水割据数月，仅仅成立了一个空洞的S·（苏维埃），那土地并不没收和分配。万宁除了县城以外，所有乡村几乎完全为农民割据，可是S·并不普遍成立，土地亦迟迟才没收分配。有些地方如万一（按，指万宁第一区之意），许多乡村土地已经没收分配了，但S·至今还未组织，乐会全县S·虽已成立，但实属空洞，土地虽已分配，但农民觉得分配不妥当——每个农民分给二个工田；每一工田为五担，所剩土地太多（留做S·公地）——以为所得土地利益过少，S·亦不根本明了，因此农民勇气比较未得土地政权时候降低数倍。琼东已割据两区，县城亦被农民攻破，农民天天希望建立S·，给予他们利益，但乡村S·并不成立一个，土地亦无没收分配。定安、琼山、文昌、澄迈数县暴动已达到将夺取县城（除定安外，实在连县城都容易夺取），但S·并不建立一个，土地亦不没收分配（按，以下原件约有四十余字模糊不清）。此外有S·的地方仍有农会，有赤卫队的地方仍保留农军。不但组织赤卫队、党与S·等机关工作混在一起，党权与军权、党纪与军纪完全分不清，凡此种种，其实乱七八糟！

（三）自中路文昌、琼山及西路澄迈暴动失败，所有红军，均移到定安，再由定安移到东路，因此敌人目标即由中路、西路而移到定安，更由定安而移到东路乐会、万宁。现在各地情形如下：

1. 文昌、琼山自具委溃散到今，两地工作尚未有人去恢复，但文昌尚有县东、县中及十九区一部分基础，同志间尚有个人零碎在内地活动，民团中亦有许多是我们同志，民众虽屈服，但八成还希望我们赶快回去恢复。县中之西山会议派、g·y派，陈炯明派各派民团冲突非常厉害，不时发生缴械。琼山尚有第四、五、六、七数区区委仍存在，县城亦有区委组织，内地情形与文昌同。

2. 澄迈有两连红军到定安，已回去一连，一连尚在定安。澄迈、临高、儋县三县情形如何，因交通断绝，尚未知到（道），派去西路工作同志亦无路去。

3. 定安驻有中路红军二连，西路红军一连，敌人进攻比前和缓些。但红军无饭食，各区斗争均停止，特委派大机同志指导工作，已数星期，仍未报告来。L·y在定海设特委，县委早已成立（文昌、琼山赤［亦］有县委了），他们颇发展，我们党亦有L·y侵入，陈炯明派势力亦颇大，黄强在定安成立了许多民团。西山会议派、L·y派、陈炯明派亦甚冲突，各派民团不时均有缴械事件。

4. 琼东最近因暴动发展，并且每次与敌人打做仗都得胜利，敌军从嘉积派一连去攻我们，被我们打伤、打死、生擒许多，缴得长枪成十杆，子弹千余。敌人注意枪毙两个打败仗排长，倾琼东、文昌、定安三县民团及军队来攻，我们琼东原有一连红军，不能站足，即将驳壳枪放下交县委做红色恐怖，其余尽调来万宁，琼东暴动暂时停止。

此县民团亦分西山、L·y、陈炯明等派，时相冲突。L·y派颇发展，已有县委组织，民团内部有许多是我们同志，刚毅地方曾有七个团兵叛变过来。

5. 嘉积市工作正恢复一个月多，暂有发展，而该处同志何君楹（曾当过红军连长，退伍回家）、何君谟（海口交通）、心策（市委常委）三人即叛变起来，劫去我们卜壳二支，曲尺二尺（支），投到敌军营盘，勾引敌军进攻我们，因此全个嘉积工作完全受摧残。

6. 乐会全县各区均为敌人占领，特委及琼革委所在之乐四（按，指乐会第四区），亦被敌人四面进攻，局面非常严重，但仍未能摇动我们。其县内民团亦分西山、L·y、陈炯明三派，L·y占优势，冲突非常。在我们党内第四区变去一个区委委员及一个赤卫队大队长。第五区变去常委二人，C·y区委书记亦变去，各乡仍有支部负责人叛变，特委叛变去一个交通员。除交通员枪毙外，其余均投到敌人方面当向导，因此我们一举一动敌人都知到（道），敢于深入进攻我们。

7. 万宁敌人已攻入万五、万三、万四各区（按，指万宁第五、三、四区），对我们根据地及交通线之万四（按，指万宁第四区）尤为注意。但万宁农民较好，万四农民确有反攻敌人勇气和决心，所以敌人仍未能摇动我们，不过粮食已非常恐慌。

8. 陵水自县城失守后，所有乡村仍在我们，农民并且自动起来反攻逼近县城。自东路部队到东路来，县委为安置部队起见，尤其是为安置张梦安起见，竟将（东）路部队交梦安去攻陵水，以梦安为攻陵指挥，公开宣传几个礼拜才去陵水。□□陵水敌人已先发制人以一营兵□下陵水（按，以下三十余字模糊不清）被捕杀二百人，枪支亦将（掉）二百支，攻陵部队受此影响，不能下去，折回特委，在太阳（村）被敌人截击，损失四十余人连枪。陵水交通断绝而无法派人去恢复。

总之，敌人虽然有计划要将我们势力扑灭，但他们力量做不到，因为敌人军队至多师人，兵士非常动摇，在敌人剧烈进攻我们之时，仍不断有兵士自动的逃走过来。敌人每次向我们攻，我们稍有抵抗，敌人即退却，并且敌人有攻我们时，必用机关枪作掩护，几乎无机关枪即不能与我们战之概。不过，敌人是很聪明的，不是专靠兵力来攻我们，还要用黄色政策来欺骗农民。敌人不干涉农民之已经没收和分配（过去的不干涉，不甚烧农民屋，捕获农民或我们普通同志均不杀而放之回，特别加以宣传煽动），此外，利用部队四面调动，并派人造谣恐吓，以摇动群众。敌人此种政策，已收绝大效果，农民及同志都已有许多给敌人欺骗去。敌人还有一个策略，就是学我们之游击暴动办法，分排或班下乡骚扰，并劫夺农民粮食。

（四）在客观情形，我们绝对是有办法可以反攻一直至于消灭敌人，特委亦非常有决心要号召广大群众起来反攻敌人。可是，一般同志完全存了失败主义观念，只有垂头丧气灰心消极逃走屈服投降叛变，完全（无）一点勇气，许多负责人亦是动摇，万宁C·P、C·y两县委，以为反攻失了时间性，C·y特委亦有几个常委于反攻策略表示动摇，以为此时琼崖已无反攻希望，只可沉寂去秘密做党及团的工作。红军因衣食不给，一年疲劳，负病甚多，子弹缺乏，对于党的训练太少，遂使红军完全变为无用。在万宁、乐会，敌人每次来攻，红军即是不发枪即行逃走，因此影响农民亦无勇气。如万宁农民集中有成千以上，并每人准备三天伙食，下了最大决心要消灭敌人，可是敌人一来，红军即离开农民而先逃！

在万宁农民原来是非常勇敢，因受红军之影响，亦大半不勇敢起来，在乐会农民一闻枪声即跑上山，与敌人作战的只有少数红军。因此之故，在万宁加壬一役，我们是有能力有计划可以扑灭敌人，可惜负责人闻风先逃，红军亦不发一弹而走，留下农民与敌人对抗。在乐会几次都可以解决敌人，而农民又无一人参加，少数又不勇敢的红军亦不能解决敌人。

（五）党员已不能鼓勇气，红军又根本要不得，农民亦闻枪而逃跑上山，则我们想造成一个大反攻实在是不可能。我们惟（为）使敌人不能稳定，只有四面扩大红色恐怖与游击暴动，继续不断的袭击敌人。别一方面可从（重）新组织红军（现在决定乐会、万宁各组织二连共四连），加紧军械局子弹之制造（卜弹与六八、七九均能制，好过从广州湾买回之子弹，近数日制有二千卜弹）。

再从物质上虽（须）为改良红军生活，使红军真能作用起来，赤卫队亦须从（重）新组织，农民及同志须设法去煽动，各地党部更须根本改造，总要使反攻策略能够实现。其实同志能起作用，红军便得，农民有勇气，食饭问题解决，马上即可消灭敌人，而至夺取全岛。

（六）日前食饭问题真是困难到万分，医院有百余人无药医亦无饭食，各地逃难同志时常百余二百不能分配到各地工作，亦无饭食，军械局工人不得饱食亦不肯做工，其余红军伙食，各机关伙食，真想无法可想要哭起来！然无法之中，仍须设法。

（七）红军现在尚有十连，均有步枪，分驻澄迈、定安、乐会、万宁、陵水等县（张梦安又已带二连至陵水兴隆地方与钟美开［土匪］合作）。省委指示之新编制，因有许多困难，未能实现。取消东、中、西各路钟，一律改为红军第几连，在每一县暂设一营长指挥，各连所有红军，均在军委指挥调动下，不过在各县的，可委托各县苏维埃去指挥调动。

琼崖苏维埃本定期十五日成立，因军事影响未能，至迟在本月内要成立。各县均决定成立苏维埃，一律取消革委。此外许多事情应改良整顿的，即马上去改良整顿。

（八）特委在乐四（乐会第四区）实在是盲目一样，不能指挥全琼工作。特委已决定在最近一个月内移去琼山，先派建初同志去布置。在未移去以前，先将万宁、乐会两县委弄健强起来，琼革委党团亦须能干，使特委转去后，不影响到万宁、乐会及琼革委的工作。

（九）此间党部、军事均须派人负责，除黄雍、符亮马上命他们回来外，仍须找些能做党工作的同志来帮助，至好是能找几个坚决勇敢的工人同志来做各县委书记。党下级干部人材（才）及红军干部人材（才），多派来更妙，但观念不好的不要派来。目前省委派来之军事同志等，因为他们不愿在琼崖工作，或因敌人进攻利害，均要求拼命回去省委，如省委再派类此之人来，真是费事要不得！总之，省委对于琼崖工作，要格外注意，琼崖仍是有最大希望，切不可与前一样等闻（闲）视之。

学增 16/7

五卅运动后广东农民运动的状况[1]

　　五卅运动，是中国一九二五年至一九二七年大革命开始爆发的第一页，所谓第一个革命高潮便从这一运动澎湃鼓荡起来。五卅运动起后，在广东方面，接续便有省港大罢工，广东革命运动在这大罢工领导和影响之下，更加扩展起来。此时广东农民运动受了这一高潮的推动，同时更加得了工人阶级正确的领导而获得极大的发展。距离五卅运动之前一个月～一九二五年五月一日，广东农民运动已经由二十二县、十八万组织人数之第一次全省代表大会，成立全省农民协会。五卅运动以后，全省农民便统一在全省农民协会指挥之下，开始有系统之组织和行动。当时乡村很明显的分出两极大对抗的阶级，一个是豪绅买办地主阶级，他是勾结帝国主义镇压农民的阶级斗争和反帝国主义运动；一个是农民阶级，他是联合工人阶级反对豪绅买办地主阶级和反对帝国主义。这样一来，乡村的阶级斗争和反帝运动同样的互相并进而互相急剧起来。全省农民首先便就赞助省港罢工，由全省农民协会决定各个农友一次过捐款一毫接济罢工工人伙食，凡有罢工纠察队所驻扎地方，农民都很踊跃的普遍的帮助纠察队封锁港口，诚愿甘自牺牲对外输出的利益（输出农产品），断绝内地和香港的关系，甚至因此而和国民党所领导的地方官、驻防军、警察、民团冲突，以致牺牲性命者亦复不少。别（另）一方面，农民的减租斗争、反抗民团斗争，亦正急剧的普遍的发展起来。所谓农潮，在全省各地如东江普宁农民之减租斗争，西江广宁、高要、罗定农民之减租斗争，郁南农民之反抗民团斗争，北江曲江、花县农民之减租斗争，清远农民之反抗民团斗争，中路宝安农民之反抗国民党驻防军队斗争等等，都是这一时期最有名的农潮。

　　全国工农斗争都剧烈了，特别是广东所谓工潮、所谓农潮都互相呼应的不断爆发起来，于此不但恐吓了买办地主阶级，使他不得不极力起

---

[1] 《红旗》周刊第15期，中共广东省委编，1929年5月。转《黄学增研究史料》，第104—107页。

来反对这一斗争，而且恐吓了民族资产阶级，而造成三月二十日之变，公开来镇压这一斗争。三月二十日事变经过六月十五日国民党中央全体会议，一直到国民政府北伐，全省工农运动立即转变到新的形势，特别是农民运动，此时一方面碰着国民党钉子，受了国民党一般所谓忠实党员和豪绅买办地主阶级站在一块共同来对付农民，农民组织农会，豪绅买办地主则组织国民党，他们拿住国民党来反对农会，而所谓"国民党是父亲的，农会是儿子的""国民党是坐轿的，农民是抬轿的""农民只可以加入国民党，不要另外组织农会"等这一类的口号，更毫无客气的打出来。到了北伐，国民党一般忠实党员和其所领导的县长、防军、民团，更借"维持后方治安"这一口号来限制农民斗争，剥削农民集会巡行等自由，再以"接济北伐军饷"为名而向农民勒销公债票和预征钱粮。此时国民党虽然尚未有公开的叛变，实际上老早已是叛变了。特别是在北伐以后，留守在后方的党国要人，更露骨的无所惧忌起来，反对农民运动，所谓驻防东江的胡谦师长，他居然起来收缴农军枪支，捕拿农会负责人；驻防南路的陈济棠师长，他不但是收缴农军枪支，解散农会组织，而且无所顾忌的屠杀农民运动负责人（第一个被屠杀的便是程赓同志）。所谓国民革命军总司令，更是到处通令指斥农民运动的坏处，在南路并且通缉究办了省农会南路办事处的负责人，说是勾结土豪劣绅，压迫农民等语。所谓国民党中央农民部长甘乃光先生所领导的 L·y 此时也已经开始组织了，他们做了"天下无双"的头号农贼，企图在乡村另外进行黄色农会的组织，以分裂农民阶级的统一战线。所谓国民党老号同志陈炯明所领导的致公党，此时也在东江符了当地防军官吏的默助而大发展特发展起来，以进攻农民运动。别一方面，却又使农民看穿了国民党的假面具，减少了他对于国民党的幻想，而真正要靠自己起来奋斗。各地减租斗争，反抗民团防军等反转而更加深入和扩大起来。东江普宁、惠阳之农潮，西江广宁、罗定、高要、郁南之农潮，北江曲江、清远、花县之农潮，南路电白、海康之农潮，又正在剧烈起来。各地农民自动手去杀戮乡村豪绅反动派，一般中农自动手去摧毁收税机关，抗缴苛捐杂税，一般佃农觉得仅仅减租已是不能满足他的要求了，他所要求的委实是土地（特别是海陆丰），农会组织亦因之特别发展，于一九二六年五月一日第二次全省农民代表大会统计全省居然有了四十多个县有农会组织，农会会员有了六十多万。再到一九二七年的三月间的省农会第三（二）次扩大会统计，全省居然又有了六十多县农会的组织，农会会员在一百二十万以上，各地农民协会，事实上都是变成农民第二个政府。此时全省农民运动的形势，确确实实已经进到土地革命阶段。

一九二七"四·一五"事变以后，广东农民运动更加现实的进到土地革命阶段，全省农民普遍的起来反抗李济深及其所领导的国民党、豪绅地主、民团、军队等，普遍的起来抗租、抗税、抗捐等。在中路，在东江，在西江，在南路，在琼崖，都有很大的暴动。不过此时全省农民对于土地革命策略的运用尚未得充分，并且尚在拥护武汉这一影响之下，而未能获得伟大的胜利。到了叶、贺军队在东江失败以后，全省农民更从许多实际教训和经验中来认识此时的革命形势，更加坚决此一土地革命斗争。于是乎海陆丰农民首先起来暴动了，琼崖十一县六十多万的农民群众亦暴动起来了。东江之普宁、紫金、五华、潮安、揭阳，西江之广宁、罗定，北江之仁化、南雄、曲江、乐昌，南路之茂名、信宜，各地农民亦都一样的起来暴动，并且都是一样的在广州暴动领导和影响之下而共同的要求创造苏维埃和没收分配土地。虽然这一暴动，现在已经是被国民党买办地主资产阶级所镇压而失败下去，可是土地革命这一政纲已经更加深入，而为全省农民共同所要求！这一土地革命的胜利，终归要为全省农民的艰苦奋斗所获得！

看呵！全省农民斗争的情绪，又已经渐次的恢复起来，并且渐次的提高起来，特别是在东江与琼崖，于蒋桂军阀战争爆发以后，一般农民的勇气都相当的提高起来，东江农民自动手去收缴民团数百杆枪支，琼崖红军亦在定安杀戮了很多地主豪绅反动派。

附：周恩来引用提到程赓被杀的文章

现时政治斗争中之我们[1]（摘录）

……（一）我们共产党领导工农群众参加国民革命，其目的是在打倒国外帝国主义和国内半封建势力，其要求不能超过民主政治的范围。但当着资本家压迫工人谋生活改善的正当要求，或是地主联合一切旧势力摧残农民谋解放的运动时，共产党必须站在工农群众方面，为解除他们的痛苦奋斗到底。为实现民主政治，共产党站在工农方面，其斗争、其要求亦自较他人为急迫。这并非超过国民革命，而实是推进国民革命。

（二）（三）略。

（四）我们为了上述三种缘故——为工农阶级的利益，为共产党在政治斗争的主张，为对于国民党的希望，均不能不有公开的意见发表。马克思说："共产党最鄙薄隐蔽自己的主义和政见"，所以我们除宣传主义外，还时时有将政见宣布的必要，不过在现在国民党政府的统治下，我们的政见和批评是属于善意的，希望党政府能予以容纳，这与帝国主义、军阀以及一切半封建势力的敌意攻击和破坏宣传根本相反。若国民党同志竟以此善意的批评和帝国主义反动派的造谣离间等量齐观，或竟以批评一些不法官吏军人的谬误设施和批评国民党政府中有些不合宜的处置，便将事实置之不论，而硬说这是污蔑整个国民党，破坏国民政府，均未免近于武断，故陷人罪。譬如近几月来有几件压迫工人摧残农民运动的案件，工农群众的要求，我们的批评，都是希望党政府能惩办这些不法官吏军人，以拥护国民党农工政策。就是在左派同志的《国民周刊》上从前亦曾说过："在党政府下，是不应该有这种不助进农工运动，不能利用政治力量去运动的官吏，在本党内是绝对不容那些摧残农工运动

---

[1]《周恩来选集》上卷1980年，原载《人民周刊》第37期。

或轻视农工运动的党员。党政府应要有铁的纪律去受理。""我们日夕希望民众接近本党,拥护本党,不料这种党员执政权者的一切设施,已使民众退避三舍,这是何等痛恨的事!""……我们正为着本党民众基础着想,我们更是为一般所谓护党派日夕忧虑亡党的着想,在已逐渐觉悟的民众不是能够以革命帽子戴了去盲目的冲动,在已有组织的民众,我们更不能用什么口惠而实不至的假面具去蒙骗他,何况我们在有组织的民众,我们现在急须民众认识的本党,发生这种摧残,不特民众不为我有,那时如你们认为该死的程赓,一定不绝起来收拾民众,我们党只有损失,你们杀也杀不尽,杀也杀不来。那是事实,那是十分可虑的。"(按,此文为《从海康案谈到农运问题》,载《国民周刊》第三期,1926年10月23日)这些严厉的批评持与我们的批评较,我们的岂得谓过?至若摭拾市上的流言,莫须有的事实,以至绝无关系的各种风潮,都硬指为共产党在挑拨,在捣乱,则三年来我们已受尽如此之骂,左派同志亦曾为此受了许多冤枉,我们又何必置辩!只要国民党革命的同志了解我们批评的立场,继续努力,国民革命将终归胜利。

我们最后高呼:

一切革命分子团结起来!

一切被压迫阶级团结起来!

省港罢工时代之广州四郊农民 [1]

一九二五年六月十九日爆发之省港大罢工，对于广东全省农民运动具有很伟大的领导作用。特别是广州四郊农民得了省港罢工的领导，在组织上、在斗争上都有很大的发展，同时，工农反帝国主义、反对封建势力的联合战线，亦从这一省港罢工而建立起强固的基础——这，虽然已经是成为历史的事实，但这一历史的意义，我们永久是不会忘记的。于此，让我回头先说一说省港罢工时代之广州四郊农民状况。

广州四郊农民是很进步、很革命的，因为他们接近省会，有城市无产阶级的领导。然在豪绅地主阶级方面，本领又是很高强，力量又是很大，因为他们接近省会，又接近香港、澳门，一则有城市反动势力（国民党政府、买办商团等）可以勾结，一则有帝国主义势力可以勾结，每一个地方，豪绅地主阶级都有很强固的武装组织——商团联合，而成为商乡联团。这些武装大半都是由帝国主义方面购买。广州四郊在土地关系上还有一个特点，便是除了地主私有土地以外，还有很大部分的公田，这些公田名义上虽然是为大众所有，而实际上其所有权完全操在豪绅手里，因之豪绅占有很大的统治力量。豪绅地主阶级既然有了这样大的本领和力量，所以他们进攻农民运动亦是很厉害。省港罢工以前，我们对于四郊农民运动，已很注意到，但因为豪绅地主阶级反动势力的阻力太大，终未能得着相当的发展。

省港罢工以后，特别是罢工纠察队成立，分防各地实行封锁香港以后，广州四郊农民运动的形势就不同了。此时，四郊农民首先看见的，便是帝国主义的直接行动——武装屠杀。因为接着"六•一九"的省港罢工，便有"六•二三"的沙基大惨杀，再接着又有英国海军在长堤之示威、劫船、劫货、劫人等事。和在中山、顺德、江门等处之行凶肆恶等罪恶；四郊农民首先看见的又便是豪绅地主、买办阶级和国民党统治下的防军

---

[1]《红旗》周刊第 16 期，中共广东省委编，1929 年 6 月。转《黄学增研究史料》，第 108—110 页。

官吏如何与帝国主义勾结以破坏省港罢工，不惜劫杀拥护罢工的纠察队和农军；接着看见的又便是国民党整个的如何出卖省港罢工、投降帝国主义——三月二十日之变和火烧东园，以及最后之解散罢工工人饭堂。四郊农民从长时期的经验，认清了帝国主义、豪绅、地主、买办阶级、国民党这一反动势力联盟的危险，认清了只有工农联合彻底反对这一反动势力的联盟，才能够保证革命斗争的完全胜利，并且认清了只有扩大自己阶级的组织，和深入反豪绅地主的阶级斗争，才能够更有力的去反对帝国主义。于是，他们大胆得多了，毫无疑义的积极起来拥护省港罢工，参加一切反帝国主义斗争，特点是站在罢工纠察队这一方面，以武装帮助纠察队实行封锁港口，以抵抗一切破坏罢工的反动势力，不惜牺牲了许多英勇的农民同志，又毫无疑义的积极的起来加紧对豪绅地主阶级的斗争。因此，反民团、反苛捐杂税、要求夺取乡村公款和乡村政权等运动，很普遍的、接续不断地在各地发生。当廖案（廖仲恺被杀）发生，他们更帮助国民政府肃清反侧——驱逐胡汉民、许崇智，扣留梁鸿楷、熊克武，消灭一切反动军队势力。国民政府之北伐，他们更有很大的推动与帮助；而农民协会和农军的组织，此时更扩大了。"四·一五"以后，一直到广州暴动，在这一时期，他们更做了很多的英勇斗争，特别是广州暴动，他们在广州无产阶级领导之下，直接参加了这——血的斗争。

广州暴动以后，广州四郊农民特别受了国民党反动统治的屠杀和摧残，农民的情绪和斗争的勇气，虽然比较消沉，但他们在这一长期的奋斗，已经获得很丰富的经验，再加以反动统治无情的剥削和压迫，以及反动国民党所制造出来的军阀战争所直接给予他们的灾祸和痛苦，他们总是要坚决地起来反对的。四郊农民是第二次广州暴动最有力量的帮助者，他们将要更进一步接受广州无产阶级的领导，以获取革命高潮来时武装暴动的最后胜利。于今我们回忆到省港罢工时代的广州四郊农民，此后我们只有更加注意到广州四郊的农民运动。广州无产阶级的天职，更是应当努力征（争）取这一广大的同盟军。

盲动呢？不动呢？公开呢？秘密呢？[1]

现在，有一个严重的问题摆在我们大家同志的面前，需要我们大家同志正确来解答的，便是：党内有两种不同的倾向。第一种倾向，便是不顾群众斗争的情绪，不顾群众觉悟的程度，不顾群众组织的力量，什么总是要动，一支枪也动，一个炸弹也动，一杆尖串也动，几个党员也动，再则，群众不愿动，恐怕动，而我们便硬轰轰的以命令主义去强迫群众起来动，甚至以恐怖主义去恐吓群众起来动。这样动法，我在西江之时，在中路之时，以及这一年来之在琼崖，不但是亲自看过了，而且有的还是亲自参加过。

同一样的，过去什么是总是要公开，不但党的机关公开了，连到党员个人也公开了，如在琼崖方面，特委机关在哪里？县委机关、区委机关，一直到支部机关在哪里？一般群众都知道了；那个是特委书记、县委书记、区委书记、支部书记，或者那个是特委委员、县委委员、区委委员、支部干事，一般群众也都知道了；这样以（一）来，好像不公开就不能表现我们共产党的利害，不公开更不能表现我们共产党员的异乎常人。

第二种倾向，便是完全抹杀了革命努力，夸大了反革命势力，以为革命已经是失败了，反革命的统治已经是稳定了，群众的组织十分之八九都是没有了，群众大多数都是怕斗争，怕组织，怕我们同志去接近而连累了他们。再则，党的力量也削弱了很多；于是乎，大家便垂头丧气，灰心消极，以为革命已经没有希望了，有也是很远，于是乎大家便静悄悄地动也不敢动，同志不敢再去与群众说话，整个党不能再去与群众见面，什么去宣传群众、组织群众，什么去发动与领导群众的斗争，那更是不查不理，不问不闻！党的领导机关受了一般党员失败观念的反映而给一般党员领导去了，整个党受了群众失败观念的反映而给群众领导去

---

[1]《学习》半月刊第 4 期，中共广东省委编，1929 年 6 月 13 日出版。转《黄学增研究史料》，第 111—116 页。

了。有时群众忍不住反动统治的压迫剥削而起来反抗——自发斗争，我们反退避三舍，避之唯恐不及！此外，有些同志以为斗争或暴动失败之后，党与群众所受伤痕正在深钜，此时只可灰色的、和平的，把党与群众的组织慢慢恢复与发展起来（和平发展），一切斗争千祈都咪过制（按，千祈都咪过制是粤语词汇，即千万不要干）。或者我们看见群众被反动统治的压迫与剥削太厉害了，群众是必要起来反抗的，但以斗争为方式是将要更加触犯反动统治的法典，不如去做些合法运动——请愿！（请愿国民党部、县长、防军民团局等）尚可希望求得一个顺利。又有些同志他们以为第一个革命高潮已经过去，第二个革命高潮快要到来，党的主要是在革命高潮来时，才总的暴动的，于是乎，他们便要坐以等待，等到革命高潮来时才开始去工作。

　　同一样的，大家同志都是以为我们过去太公平了，现在是在要求秘密，于是乎什么又都秘密起来，党部借口秘密之故，而秘密到不敢对外宣传，文字宣传没有了，口头宣传也没有了，他们说，宣传起来将不（必）引起敌人注意而破坏了党。同志借口秘密之故，而秘密到不敢对外活动，甚至不敢招呼自己同志，上级党部派去指导工作的同志他们那更是不招呼了。他们说，活动起来或招呼起来，亦必将引起敌人注意破坏了党，妨害了他。其实什么是秘密工作，他们一点也不懂，并且一点也不注意。这种现象全省也许都是一样，不过我是在琼崖所写的，事实大半是属于琼崖方面罢了。

　　前一个倾向，毫无疑义的是盲动主义与公开主义的倾向；后一个倾向，毫无疑义的是不动主义与秘密主义的倾向。这些不动主义与秘密主义，毫无疑义的是正在复活的一切机会主义的总汇。事实是如此，当此之时，我们工作的路线究竟应该是怎样？盲动呢？不动呢？公开呢？秘密呢？事实又是如此，旧的革命高潮已经过去，新的革命高潮还是没有到来，就是说，在现在全国范围内还是未有一个革命高潮，即在现在新的军阀混战已经是开始爆发了，虽然一方面表现着反动统治之日趋于动摇，一方面更加引起群众对于革命之更高一步的要求，别一方面可以给予我们工作的一个很好的机会。但反动统治亦更因其统治动摇而要维持与巩固其统治，所以更加厉害对我们党与群众进攻。在普宁第四区赤坡乡周围，于蒋桂战争爆发以后，反动的白色恐怖比较以前更加厉害，十岁以上的劳动童子团都被杀了百余人，这些又是告诉我们工作的困难并不因军阀战争而减少，我们周围的敌人还是多得很呵！什么蒋系，什么桂系，什么第三党，什么汪陈派、什么西山派，什么陈炯明派，什么L·y都正在争向群众散布其各样各式的改良欺骗宣传。此时，我们设使还是一样的不顾群众斗争的情绪，不顾群众觉悟的程度，不顾群众组织的力量，不去说服群众，夺取群众，轻视敌人的力量，或者夸大自己的力量，随随便便的乱动起来，结果还是一样的，只有自己摧毁了党与群众的组织，并且把群众驱逐到十万八千里之外，使群众诚惶诚恐的怕做革命，怕接近我们共产党，这样无目的盲动是千个万个要不得的。我们必须站在党的正确路线之下，起来反对。虽然斗争或暴动以后，盲动倾向已经被不动倾向所征服，但盲动的情绪留在党内还未有完全肃清，在东江、在琼崖都有这种盲动的情绪暴露出来，所以我们还须要更加坚决的起来肃清这些残余的盲动情绪！

我们不要盲动了，但我们应该不动吗？不动自然有一切右倾的机会主义者所赞同。机会主义的遗毒，浸染在党内非常之深，虽然在盲动主义当令时期，一切机会主义都受了极大的打击，可是党的路线转变了，全党决定反对盲动主义，而一切机会主义便又从此复活起来，其比重，并且超过盲动主义百分之八十以上（？）。机会主义者所借口的是反革命势力强大，革命势力削弱，群众的力量抵抗不住反革命的白色进攻……这是事实，可是，他太忽视了革命势力，工厂工人怎样的仇恨资本家、工贼、括（国）民党政府，农村里农民怎样的仇恨豪绅地主、民团、保甲、国民党及其政府，军营里兵怎样仇恨反动官长，城市贫民怎样的仇恨国民党及其政府，并且一般群众怎样的起来反对……深切的了解，这事实便是革命势力已经开始向前发展，同时革命统治的矛盾与冲突，又正是与时俱进。此时我们设使还是一样的静悄悄的动也不敢动，结果不但是广大群众争取不来，反使群众离开我们，把群众断送给敌人，不但新的革命高潮推进不来，而革命先已是由我们自己去埋葬了！这样静悄悄的不动，更是千万个不该，我们更必须站在党的正确路线之下，坚决起来反对。"我们要以百分之七十五力量反对右倾的不动倾向，以百分之二十五力量反对'左倾'的盲动倾向"，这是非常正确的。如在琼崖方面，我以为要百分之八十五力量反对不动倾向，以百分之十五力量反对盲动倾向。

　　公开呢？像过去那样的公开，我以为是应该反对的；但像现在一般同志这样的不敢公开，我以为更应该反对！秘密呢？像过去那样的不注意秘密，我认为是应该反对的；但像现在一般同志这样的太过秘密，我认为更应该反对！我们过去固然是因为太过公开，以致一切同志都为人家所认识，以致敌人一进攻到来，一切同志都站脚不住，一切组织都因之倒眉！可是，如果把党的政治主张都不敢对群众公开了，什么总是要求灰色，什么总是恐怕引起敌人注意，如此群众便只有看见反革命党，甚至给反革命党引导到反革命方面去，而再不看见有共产党了，这是等于自己断送自己党的政治生命！如果我们再不小心随时随地去注意秘密工作，则我们不但不能建立起巩固的基础而去战胜敌人的白色恐怖，而整个党都将为敌人所扑灭！我们正确的路线应该是绝无所畏惧的公开的在群众面前勇敢提出我们党的政治主张，打击敌党的反革命宣传（我们一切口头、文字宣传，只有极力要求技术改良而已），如此才能把广大群众夺取过来，才能把党在广大群众中间树立起巩固的基础，才能促使革命高潮地更快的到来；再则，我们在行动上、工作上随时随地都必须十分注意到秘密技术，如此才能把党的组织真正秘密起来，才能在敌人四面八方包围之中进行一切困难艰苦的工作，再进一步说，我们只有一点一滴的去扩大我党在群众中的政治影响，只有在我党广大的政治影响之下，才能建立起真正的秘密基础，同一样的，只有真正的秘密基础，才能巩固我们的公开工作，所以公开与秘密，是紧紧互相联系的一件事。

阅了农民问题决议案以后 [1]

我阅了六次全国大会土地问题决议案与农民问题决议案以及省委第二次扩大大会农村工作决议案以后，觉得非常爽快而有兴趣。因为这几个决议案关于土地问题、农民问题分析得非常详细、具体正确，真正可以给予全党一个关于土地斗争的正确路线。我除完全接受与拥护整个决议案以外，尚有下列几点意见。

一、关于土地问题　大会分析中国的土地关系，指出中国农民受封建式的、资产阶级式的两种混合方式的剥削，一方面土地集中到金钱资本家手里去，别方面农民（佃农）替地主做劳役的制度还是存在，再则农民受地主的束缚甚至丧失身体自由要卖男鬻女……这个分析是非常正确的，但其中有两点缺点：

第一，关于农奴制度未曾说及，这种农奴制度虽然不是十分广泛，但专就广东方面说，西江之高要、新兴，中路之新会、台山、开平，南路之信宜，琼崖之文昌等县，都有这种制度保存。农奴制度之产生，就是因为农民被地主剥削太厉害了，不单止丧失身体自由要卖男鬻女，并且丧失身体自由要将自己本身卖给地主做奴隶——就是所谓农奴。农民变成地主奴隶时，便无家庭可讲，农奴终身要住在地主家，生了儿子（据说是地主替他讨老婆）住在地主乡村，一代一代的，还是一样要做地主奴隶，长期受着地主束缚。农奴，在广东境内通常称为"二分二"（下贱之意），他们被地主之束缚，甚至住屋不得建筑在地主及其亲族住屋之前面，屋宇高度也不得超过地主和其亲族的屋宇以上。他们不单只（按，粤语：不仅）要做地主的劳役，而且要做地主亲族的劳役。地主方面如有人讨老婆，就要他们去抬红轿、招呼人客，如有人丧葬，就要他们去抬棺材，打理丧葬；而他们方面有人讨老婆，则男子不得穿袜子，女子不得坐红轿，八音更不得行奏。在文昌，

---

[1]《学习》半月刊第 5 期，中共广东省委编，1929 年 7 月 10 日。转《黄学增研究史料》，第 117—123 页。

农奴子弟经常要向地主拜跪，捧槟榔，出入也不得穿袜子，这是一定的规例，稍一违背就要驱逐出村。在高要，农奴除向地主交纳田租以外，而又有所谓"打禾尾"者，"打禾尾"是地主和他同姓兄弟（失业农民）勾结向农奴榨取禾谷的一种苛例，当收割之时，农奴所晒之禾谷，要经过他们最后一次打取，取得农奴之谷，地主又和他的同姓兄弟平分。这种剥削方式，在土地关系上确算是种奇特。省委扩大会议在分析广东土地关系上，虽然也曾说及农奴制度，但仍嫌说得太简略。

第二，关于包农制度，大会也未曾说及，这种制度在广东范围施行非常广泛，这是二路地主和地主勾结对农民加重剥削的另一方式。

其次，大会指出，军阀实际是最大地主，因为军阀用收捐收税派款等的办法直接榨取农民的地租……这也是非常正确的。但在全国范围，许多军阀本身就是大地主，东三省土地很多集中在张作霖、吴俊口（升）几个军阀手里，（按，吴俊升与张作霖、冯德麟、马龙潭被称为奉天的四大军事重要人物）何健是湖南一个大地主，李福林是广东一个大地主，这都是很明显的例证。大会不说及这些关系，也是一个缺点，省委扩大会分析广东土地关系，关于地主之怎样凭借土地制度以剥削农民，以及豪绅之怎样凭借公田制度以剥削农民等等，那是十分正确。但广东的地主豪绅不单止专靠地租以剥削农民便够了，他们还企图分裂农民阶级，利用农民自己内部的冲突以维持和巩固他对于剥削农民的封建制度，所以除地主豪绅领导很大部分械斗以外，在顺德更有所谓"乾捞湿"之言，在番禺更有所谓"砖屋与茅屋"之分，在农奴区域更有所谓"反奴为主"之非议。所谓"干捞湿"者，盖是顺德土著农民（与当地地主豪绅比较有关系的）大半住在干地，外来农民大半住在湿地，农民大家捞埋（共同）组织农会，一般地主豪绅便煽动干地农民不要与湿地农民合作，说干捞湿是很可耻的等。番禺的比较富裕的土著农民大半住砖屋，外来农民大半住茅屋，一般地主豪绅经常煽动土著农民与外来农民分出砖屋与茅屋界限，他们也是这样说：砖屋与茅屋捞理是可耻的事。在农奴区域，农奴组织农会起来，一般地主豪绅非议这些农奴为"反奴为主"，其主要意思也是煽动一级农民起来反二级农民（西江称普通农民为一级农民，称农奴为二级农民）。这些都是地主豪绅从土地关系上剥削农民的比较聪明的另一方式，扩大会对这些关系也并未说及，也是一个缺点。

又其次，大会分析帝国主义与中国土地的关系，指出帝国主义维护中国军阀封建式的割据，利用官僚的搜刮及政府的苛捐杂税的掠夺，外国商品便可以排斥国货……；帝国主义的侵入中国，不但使商业流转日益扩大，金钱作用一天天地大起来，而且因为帝国主义采买原料，农村之中……发展了所谓"商业的农业"，于是得着二个结果：一是资本家多来购买田地，开办垦牧公司或种棉种桑……二是中国农产市场受着世界农产市场的监督……，这也是非常正确的。但帝国主义是怎样帮助枪支给乡村豪绅地主组织民团，镇压乡村斗争，以维持和巩固豪绅地主在乡村的封建统治（在广东中路各县看得很清楚），大会并未说及。帝国主义的纸币银币在乡村怎样直接榨取农民的剩余利润，大会也不明显指出。至于农村资本主义的企业，在全国范围可以说是非常之少，在广东范围又可以说是不少。中路之林桑、果园、鱼塘等事业，琼崖之森木（树胶、椰子、槟榔、咖啡、哈咕等）已有很大资本家经营，顺德、南海、三水之糖业，南海、番禺、澄海之织布业，西江、潮汕之火柴业，潮汕、琼崖之罐头业，也都有很大规模的发展。在沿海各地——特别是琼崖的盐场，已都多用资本主义的经营。再则，在这些企业中的工场组织非常严密，其待遇工人的手段非常厉害，并且东家有武装组织。他们在生产上也可以说是法西斯蒂式的强迫工人生产。省委扩大会对这些农村资本主义的企业的分析，仍嫌分析得不十分详细。

二，关于农民问题 如农村的阶级分化，农村过去工作的教训，党对农民运动的策略等，大会及省委扩大会都有很正确的审查、估量与决定，尤其是明白确定土地革命的特性是在"消灭地主阶级"，所以改正"没收一切土地"口号为"没收一切地主阶级土地"口号，以及明白确定对于富农的策略，这都是关系非常重要。但省委扩大会对于过去农村的教训的审查中，还漏了两点很重要的部分。第一，不能完全站在阶级观点，正确的去发动农民的阶级斗争，以致造成红色乡村与白色乡村互相对抗的形势，而在斗争的行动上，这是一种乡村械斗的方式；第二，不能利用乡村械斗，变豪绅地主所领导的乡村械斗为农民反豪绅地主的阶级斗争，以致妨碍了农民阶级斗争的发展。再则在军事投机这一缺点内，忘却指出各地不单只依靠单纯的军事行动可以取得斗争的胜利，还有倚靠绝不可靠的土匪以为发动斗争的力量，并且幻想土匪行动可以取得斗争的胜利，"四·一五"以后西江、南路的斗争，完全是犯着这一倾向。

其次，省委扩大会对于游击战争的策略，也是非常实际而正确，但在游击战争整个工作的布置上，还未有明白指出党和群众在进行游击战争以前，首先必须建立起很巩固的秘密基础，就是党和群众的组织必须划分清楚，并且必须十分严密。党的干部在斗争时，一部分可以隐在群众中间，不得显露其面目，即在群众方面也应当准备一部分灰色干部代替红色干部，以免游击战争或者受挫折而敌人白色恐怖来时，有所破坏我们在乡村工作中的基础。

此外，目前我在□□训练班讲农民问题，有几个同志还很怀疑"没收一切地主阶级土地"的办法与对富农的策略。同时万宁有几个老做乡村工作的同志，和他们谈农民问题时，也很怀疑"没收一切地主阶级土地"的办法。他们怀疑"没收一切地主阶级土地"的办法，其要点便是说大会对于大、中、小地主并无明白说明占有若干土地为大地主、中地主、小地主，如果一切地主阶级土地都一律没收，然则乡村有很多只有三头几亩土地的地主，他因无有人力可以自己耕种，才把土地租给农民耕种，这种困苦的地主，如果把他的土地都没收去，则他又从何去找饭吃？至于怀疑对富农的策略，其主要点便是说，富农在反军阀豪绅、反苛捐杂税的条件上，虽然还有革命的要求，但他终归是怕土地革命的，如果我们宣传土地革命起来，他们便很快地来反对我们，结果，富农是拉拢不来。这些观念我以为是不正确的。第一，我们应当首先明白什么是地主，凡不亲身从事耕种，而专靠土地关系以剥削农民的地租的便是地主。凡是地主，不管他的土地多少——就是不管他是大地主也好，中地主也好，小地主也好，总是要把他们消灭，因为他们是同一样的剥削农民。我们所看见的只有整个地主阶级，我们所要求消灭的也只有整个地主阶级，并且只有彻底消灭整个地主阶级，没收一切地主阶级土地分给农民，才能够把农民从现在封建地主私有制度底下完全解放出来。因此，我们绝对不应当问谁是大地主、谁是小地主、更不应当对小地主存有姑息的观念。如果我们姑息了小地主，便是出卖了农民的利益！自然，乡村是有很多这种三头几亩地的小地主，他们也许是无人力可以自己耕种，才把土地租给农民，专靠地租以维持饮食的，但土地革命斗争起来，这些地主土地自然是在被农民没收之例，并且这些问题完全是由群众行动的意识来改（解）决。如果到那时，群众以为这些小地主是很可怜的，没收了他的土地以后，应当随农民自己去解决，我们绝对不应当替他担心。第二，富农，他一半是农民，一半又是地主、雇主、债主，他的利益自然要和佃农、雇农相冲突的，在斗争中并且已经证明他是表示动摇甚至叛变，做了敌人的奸细，但我们确实要承认他还有革命斗争的要求——反军阀、反豪绅、反苛捐杂税，在这些条件之下，只看（要）我们策略运用得正确，自可把他拉拢到整个乡村斗争中来。自然，富农在斗争中往往是表示动摇，但这也是因为我们过去策略运用的错误，在"没收一切土地"的口号和行动之下，不单是富农表示动摇，即比较富裕的中农也表示充分的消极，那又有什么可以怀疑？

写于 1929 年 7 月 1 日晚灯下

附录（二）
回忆文章

此部分回忆没有特殊注明者皆转自《黄学增研究史料》，第171—216页。

访问黄学思记录

1979 年 5 月 26 日

我家世居遂溪县乐民敦文村。我的父亲叫黄英如，母亲姓什么记不清了。我有四兄弟，学颜、学曾、学思、学孟，我是老三，学曾是老二，还有 1 位姐姐，是最大的。学曾生于庚子年闰 8 月 21 日。那时我家共有 7 口人，有水田 4 亩，旱坡地 3 亩，除了耕种水田旱地外，父亲平时还替人宰猪，担鱼花（鱼苗）到北海、广州湾，也做做"道公佬"找点零用。一般年景，家里不用借债。有茅屋 1 座，前后各 3 间，左右各 1 间，这茅屋在 1927 年秋天被国民党清党队来烧掉了。大哥学颜也替人担鱼花，有一次因为热天中暑，死去了。四弟学孟也死得早，死时才 23 岁。母亲死时 46 岁。1929 年，学曾在海南岛牺牲，父亲知道了这个消息，很痛苦，想念儿子，加上清党队追查得紧，发了病，在旧历年底前去世了。学曾爱人叫苏莲，没有生子女，丈夫死了，家公死了，这时我家只有我一个男人，又受清党队的压迫，她就在这一年的年底改嫁了，嫁给附近一位贫穷的人，也一直没有生养孩子。新中国成立前，她的那位后夫也死了。新中国成立后，大约是 1962 年左右，人民政府接她到烈属养老院（在界炮镇）养起来，一直到 1976 年春节过后，病死了。学曾小名叫妃贵，肯做工，十几岁才读书。我没有保存学曾的什么东西，当时茅屋被烧，什么也没有了。学曾自从离开家庭外出搞革命，也很少回来。新中国成立以后，有人来敦文村收集了一些农会会员证。在大革命时期，河头、乐民、敦文有许多人加入农会，经常开大会、游行。有个戴异从，同学曾很要好，住在乐民墟，他可能记得一些情况。

回忆黄学增同志点滴

李进明

1963 年 11 月

1. 黄学增同志所主持的机关部门——广东省农民协会（南路）办事处，是和中国国民党广东省党部南路特别委员会（主持人林丛郁，信宜［注：应为阳春］人，别无其他职员）设在一起的。办事处于 1926 年 2 月中（注：应为 3 月 7 日）在梅菉市旧府帅衙成立。7 月中移驻高州城下街旧议院的右邻。办事处领导的地方范围，有高州六属（茂名、电白、信宜、吴川、化县、廉江等县），雷州三属（海康、遂溪、徐闻等县），钦州二属（钦县、防城）、廉州二属（合浦、灵山），两阳（阳江、阳春），2 个市（北海、梅菉），共 15 个县和二个市。

2. 广东省农民协会南路办事处的职员，在当时有主任黄学增（遂溪敦文村人）、书记韩盈（遂溪城南门圩人）、委员梁本荣（信宜人）、易经（吴川人）、黄广渊（遂溪人）、吴运瑞（海康人）等，文牍杨枝水（海康人）、事务黄明勉（遂溪海山村人）和担任录事的我。

3. 学增同志的哥哥叫学颜。他原名叫学曾，父亲命名的，原来颜子和曾子是孔子的贤徒，父亲是想他们兄弟学做大贤的，后来学增同志觉得这名字太过迂旧，没有意义，才改作学增。（按：这是同事黄明勉说的）。

4. 我初次和学增同志会面，是在 1925 年旧历的除夕（我是由韩盈书记介绍参加工作的）。他穿的是旧的唐装衣服，踏的是快要破的皮鞋，蓬松的头发下面衬着一对近视的眼镜，表面上绝对没有流露出半点锋芒。和他接近起来，他那种诚挚坦白的态度，简直要把自己的心肠都揭露出来了。我想，任你是最骄傲嚣张的人，也要驯服下来吧。

5. 从化县到梅菉市（当时我们到办事处去的途径，是打从廉江城、化州城过的）由于汽车路不通，我们一行人（共五人）只好步行，目的是达到（到达）某个小市集后，才雇蓬（篷）船到梅菉去。为了充当临时响（向）导和装运些少行李，事务员特雇了一乘山轿给主任乘坐，可是学增同志仍然步行，坚决让给步行较累的我乘坐（那时我正是病后）。到梅菉后，他曾三四次带我在晨风凛冽中穿街过巷去医寓就诊。

6. 学增同志很重视鼓舞同事们，他常说："'少年望浅'是古（老）人的经验语，但到今日已经不中用了。现在应改为'少年阅历，望者更深'，我们只要大胆细心地前进，革命事业的成功，终究属于我们青年人。"

7. 在国民党卵翼下的梅菉缉私队，常恐吓农民，掠夺三鸟。学增同志给缉私队起个绰号叫"牛王队"，串联市内、市郊的农民数百人，手执纸旗，高呼口号：打倒牛王队！打倒土豪劣绅！取缔苛捐杂税！打倒帝国主义！列队向市政府请愿，先后凡三四次，结果市政府在广大群众监视下缔除了很多项苛税，而缉私队也敛凶锋（多）了。

8.《犁头旬刊》是学增同志主办出版的，内容以简浅的文字，写载农民的生活、力量、希望……在《犁头旬刊》的创刊词中，我只记得"呵！昨日的枪头，今日的犁头"两句。

9. 大概是1926年的5月份吧，办事处住满了多达300（名）的农民，他们是从各个县区的农会派送当代表而来的，他们大半扛着犁、耙、锄、镰等农具，一宿后，才由黄学增同志带动到省农会开会去。

10. 1926年8月中，我的脑病剧发，想回家休养，得学增同志准假后，便离开办事处了。临行时学增同志向我安慰，鼓励许多话，并送给我许多书本：马克思主义ABC、共产主义ABC、犁头旬刊……可惜1927年3月中蒋匪暴行清党，我只得把这批书本都烧去了，所留下的只有一本——《各国革命史略》。

11. 在蒋匪清党的凶氛下，学增同志避到海口某旅店，被匪警侦悉了，威迫店主，要他交出学增同志。店主人私和学增同志商量，叫他逾墙而逃，黄学增同志拒绝了他的设计，说波累及你，绝不是共产党员干的，随即开门，大呼黄学增在此！并高呼革命口号，自投凶网，终于从容就义了。（这段是过后我从一个曾参加过省农会开会的当时农民代表名叫梁芬的口述。至于学增同志被捕就义的年月，连这农友也没有清楚）。

回忆广东的五四运动与共产主义小组的建立（节录）

谭天度

……

1919年下半年迅猛发展起来的（"五四"）运动，牵动到社会各个阶层，震撼了帝国主义和封建军阀的统治势力，影响是很远大的。……经过这段运动风浪，锻炼了广大群众，也锻炼出许多坚强的骨干和领袖人物，如彭湃、阮啸仙、刘尔崧、周其鉴、张善铭、杨匏安、黄学增等同志。这些同志在反动军阀的高压下，以不屈不挠的革命精神，始终不懈地深入到群众中去，发展各种群众社团组织，出版书刊，热情地宣传革命思想。

……陈独秀来到广州后，就找到谭平山、谭植棠、陈公博等人。

……他们会面后，即商谈有关建立党组织的问题。经过一段时间的酝酿后，大约在1920年底，在陈独秀的倡议下，便组成了广东的第一个马克思主义组织——广东共产主义小组。这个小组开始时只有谭平山、谭植棠、陈公博3人，后来到1921年党的"一大"前后，逐步吸收运动中涌现出来的群众领袖和积极分子，如彭湃、阮啸仙、周其鉴、刘尔崧、张善铭、黄学增、杨殷、杨匏安、王寒烬、梁复燃等，组织逐渐扩大。我本人自从谭平山回到广东后，就积极参与他们的活动，后来也常同他们一起到陈独秀家里（泰康路附近的回龙里九曲巷十一号——"看云楼"）座谈。他们组成共产主义小组时，我虽未（被）正式吸收为小组成员，但是小组在学习和研究问题时都经常叫我参加，好像后来的预备党员一样。到1922年春，我就由谭平山介绍，正式参加党的组织，在他们那个小组正式过组织生活了。（下略）

（节录自《广东文史资料》第24辑，1979年出版）

访问谭天度记录

1980年9月19日

我是1922年参加中国共产党的。在入党前后,我认识了黄学增。

1920年,陈独秀来广东,担任教育委员会委员长。陈来广东任职,有建党的意图。陈的名气很大,到广东后,广州的一些进步青年、学生如阮啸仙、刘尔崧、周其鉴、黄学增等人,常常来找陈独秀。我当时在广州市区教书,年纪比他们大几岁,但因我与谭平山、谭植棠关系密切,故有机会看到他们在陈的住处同陈讨论问题。阮、黄等人都是步行从市郊来的,很可能同是甲工学生(甲工校址在市郊增埗,离市区十余里)。他们受陈的影响,思想倾向革命,接受马克思主义,因此他们加入中国社会主义青年团(1925年改名为中国共产主义青年团)的时间较早;至于黄学增在什么时候参加中国共产党,我认为大概和我入党的时间大致相同(我在1922年入党)。我们不在一个小组,只识其人,没有共同过组织生活,不能具体知道他入党的日期。我写过回忆录,说过黄学增等在"一大"前后入党(当时入党仪式并不那么严格,有个介绍人口头谈谈情况,大家说可以,就是入了党。如果说一定要两位介绍人、要举行宣誓仪式,不符合当时实际情况)。但我不可能具体知道黄学增的入党时间、地点,我只是根据他当时活动表现,根据同他来往密切的人的情况推断他加入过共产主义小组、新学生社、入团入党时间较早,我自己同阮、黄等几位比较,接触陈独秀不如他们密切,各项活动不如他们广泛,而我在1922年入党,因此我认为黄学增等几人在"一大"前后加入共产主义小组、加入共产党是意料中事。

1924年,中共两广区委建立各个工作部门,搞农民运动的同志主要有彭湃、罗绮园、阮啸仙、周其鉴、黄学增。1927年"4·15"后,省委迁去香港,黄学增坚持在内地、在白区,按时到香港向省委汇报工作。黄学增在白区工作期间,表现很勇敢,听说后来在海南被捕牺牲了。

大革命时期的广州青年组织"民权社"(节录)

阮退之

(上略)1925年国民革命军南征,准备收复广东南路之高雷罗阳钦廉琼崖八属。邓本殷、申葆藩盘踞30余县之前数月,民权社联合新学生社两方面之南路同志,组织广东高雷罗阳钦廉琼崖八属旅省革命团体联合会。南征之日,并推由民权社之林熙盛等,新学生社之黄学增、王文明等,组织革命青年队伍,随军出发。军行所至,收复之县,党务工作,国民党广东省党部多派这批随军青年负责办理。(下略)

(节录自《广东文史资料》第24辑,1979年出版)

访问林丛郁（林增华）记录（节录）

1980 年 9 月 16 日

  1925 年 10 月，国民革命军第四军出兵南路，攻打邓本殷。这次南征，吸收东征打东江陈炯明的经验，边打边建立地方政权和群众组织，并成立中国国民党广东省党部南路特别委员会，又成立南路行政委员会。广东省南路行政委员会主任是甘乃光。省党部南路特别委员会（简称"南特"），本来由黄学增负责，但大军出发时黄学增在广宁未回。当时我在广东大学读书，兼在广东海员会筹备国民党特别党部，新任第四军政治部主任张善铭（原政治部主任罗汉，在东江未回）找我当秘书，省党部就派我临时兼管"南特"工作。"南特"成员由各部派出，如：农民部黄学增，组织部潘兆銮，青年部朱曼等。黄学增未到，我又兼了农运工作。

  我们随军出发，沿途开展一些工作，委派各县党部负责人，组织群众团体。1925 年底到了海康，准备渡海打琼崖，潘、朱不愿渡海，要回广州。我们开了个会，讨论各人的去留问题。苏联派驻第四军的马马也夫主张我留下，因为工作需要，南路缺人，而且我是阳春人，对当地情况较为熟悉。于是我自己一人留在南路，在海康、遂溪走了一趟，返回梅菉。梅菉是特区（省辖特别市），区长是陈铭枢的弟弟，我就住在他家，平时到各县去看看（徐闻土匪猖獗，不能去），并且委派了梅菉、北海、廉江等市、县的党部负责人。

  1926 年 3 月间，黄学增回到南路梅菉，同来的还有韩盈、钟竹筠、杨枝水、梁本荣等人。我和黄分工，黄学增负责中共南路党组织工作（不是书记，是特派员）、省农协南路办事处工作（主任）、国民党南路特别委员会委员，一身三职；我主要是负责"南特"的对外工作；他主要搞农民运动和内部事务。

  1922 年我就认识黄学增，当时大家都加入广州新学生社。在南路，我们共事一段时间。黄学增像个教书先生，大近视，戴眼镜，讲话斯文，对人关心，是个忠诚老实的共产党人。他贯彻党的指示很坚决，在农民运动中斗争很勇敢。他从1924年就开始搞农运，有经验，凡发生土豪劣绅压迫农民、破坏农会的事，他都坚决处理，维护农民利益。电白土豪民团镇压农会，北海绅士搞反革命活动，都是黄学增负责处理，提到省农会去。他在高要县搞农运时，防军逮捕农会会员，把农会包围，学增爬城墙脱险，到了广利农会。有一天，有个会员看见西江边来了三船防军，知道是来包围农会的，立刻报告，学增迅即离开，再次脱险。

  我在南昌起义失败后返广州，1928年中秋过后，到香港教书。大约在1929年初，我在香港见到黄学增，由他联系，帮助我与党接上关系。后来听说他在海南被捕牺牲，具体情况我不了解。

访问陈信材同志的记录稿（节录）

1964年2月29日—3月10日

我叫陈信材，又名陈柱、陈福廷。1925年，我在国民革命军第三军（军长朱培德）第一师第三团第三连任连长兼代理营长，驻防于广宁县。当时，黄学增、周其鉴等在此地开展农民运动，组织农民进行减租斗争。当地土豪劣绅勾结土匪及反动的保卫团摧残农民运动，农民自卫军与之展开武装斗争。在距离宁城三四十里的军屯（按似应为江屯）一带发生冲突。县长陆英光说，他代表县农协和保卫团两个组织，请求我们调动军队去镇压，调处两方纠纷。我出发前，保卫团头子请我饮酒，企图拉拢我镇压农民，并说农民交租是合理的。稍后，县农协也请我谈话。黄学增（遂溪人）向我讲述了农民所受地主所压迫的痛苦。我也是农民家庭出身，深表同情农民疾苦。以后，我率领军队到军屯，要两方停火。不久，保安团一个姓冯的中队长先下令部下开枪打农军，被农军捕捉了几个保安团员。冯愤怒，要农军交还人。我们从中劝双方不要打，但这天晚上又打起来，也是冯部先开火。于是我们包围冯部，缴其全部武器40支枪，并逮捕冯至县城。这时，当地农会会员人人高兴，燃炮竹庆祝。县长土豪劣绅则惊恐万分，立刻打报告到省城第三军军部，说我们违法。师部打电下令我们释放被押犯人及交回枪支与保卫团，但我们有省农协支持（因事发后，县农协也向省农协报告），省农协赞扬我们这种做法，当时国民党中央农民部部长廖仲恺也写信给我们，表扬我们做得好，处理适当。我们继续支持农民运动并经常到古水等农村开展宣传农运。由此，我与黄学增有了认识，并听黄说了许多革命道理，我开始对农民运动发生兴趣。

大革命时期南路人民革命斗争情况（节录）

陈信材

由于宣传工作不够深入普遍，农民对农协组织认识不足，所以15县的农民协会的发展是不平衡的。比较有基础的是遂溪、海康（徐闻）、吴川、阳江、信宜、化县、茂名（当时对合浦不大了解）。据1926年冬第一次南路农民代表会议发布会员人数，各县（15个县）共有40多万人，占整个南路人口约十分之一。……会员与会员之间则十分团结，不分县界，凡是农会会员都是兄弟。比方吴川灾荒（1926年冬），团局和商人用县署名义用财委资金向海康购谷，运回吴川，但当时各地正闹饥荒，一般情况各县都不准粮食出口，因此吴川所购粮谷被海康农民扣留。后经吴川县农会筹备处出面商量，海康农会不但放行，而且还派船护送到黄坡。其他信宜各县也有这种情况。这种情况出现后，倒使地方官吏绅士明白农会团结力量的伟大……各县组织农民自卫军，组织形式分为大中小分队，还有常备队和预备队之分，大多数是不脱产的。常备队经常配合县兵在沿海一带清乡剿匪，支援省港罢工纠察队封锁港口，当时封锁据点有黄坡、芷 、石门、企坎、麻章、新埠、城月、沈塘、徐闻、海口，在沿海一带也进行封锁。当时遂溪、吴川、廉江、茂名、海康就设有常备队，其余各县都是预备队，这是后来武装斗争的基本力量。

大革命时期海康农民运动草录（节录）

纪继尧

　　1926年4月召开县农民代表大会，选举县农会委员，正式成立海康农协会，县的被选人物为黄杰、陈玉英、陈凤鸣、梁德生、李宗程、邓森、黄光业。农会的标志有犁旗，圆形木质大印，农会会员有圆形钢质证章。成立农会时，党政军都来参加讲话，南路领导人黄学增在讲话时口似（若）悬河，农民各界倾听都很感动……在这时间内，也组织成立工会，工会是分各种行业来组织，如百货工会、京果工会等，总工会负责人是陈炳森（东海人），他是国民党人员，大约也（是）随军南下干部，联络各农运颇好。（总工会附设于宾兴祠）……取消民团，成立农民自卫军，掌握地方政权，维持治安。各区农会就执行收缴民团的武装枪支弹药、公款、公物、市面税收等，也陆续追缴地主恶霸的私藏手枪。在取消民团后，正式成立起来海康各区农民自卫军，全县数百人之多。军衣是青蓝色的童子军（服），队长长裤，队员短裤，每队员又有蓝布白字的挂白带（印写"海康县农民自卫军"）。每队也有番犁头旗，出发时如正式军队一样，很有威严。各区成立该队后，县农会通知各队拉上雷城，县农会检阅。党政军都派代表来参加和讲话，南路领导人黄学增也亲到检阅，并讲许多话鼓励农民自卫军。检阅后，由各级领导人员指导开队巡行示威，高呼口号，声势轰轰烈烈，农民热情特为高涨。未参加农会的农民都羡慕，地头企踵来（按，此为广东口语，指有一定地位的人前来的意思）争取入会。

梅菉市一九二六年大革命材料（节录）

何养和

梅菉市1926年（即民国15年）大革命时，广东省南路特派员黄学增、林松毓（丛郁）、杨枝水等来梅，同时李猷存同志由省归家担任宣传，遂会同搞共产党工作。分配陈时、龙少涛、李光镛、杨宗尧、邓次良、何养和、简寿祺同志等开展工作。

（一）成立（国民党）梅菉市党部，委员李光镛、陈时、龙少涛、陈湘文绅士、林炳燊学生，秘书杨宗尧。

（二）组织梅菉市青年同志社，吸收社员1000余人，由李猷存、陈时、龙少涛、李光镛、杨宗尧、邓次良、何养和、曾敬恒、孙文英、曾植轩、李仲云等负责工作，尚有许多人，忘记姓名了。该社同时设立梅菉市青年同志社平民学校，由李猷存、何养和2人办理成立，后交由曾敬恒、何养和负责。

（三）组织工会，吸收工人700余名，由简寿祺、邱次乾负责。

（四）组织农会，吸收农民3000名，但组织不健全，无主要人负责，系黄学增、杨枝水同志直接领导。

（五）陈时、龙少涛等负责向土劣林敦叔作无情的斗争，取回大山江塘，兴办梅菉市中学。

（六）组织"血痕"剧社，唤起群众的爱国运动，工作由陈时、龙少涛、沈雄等负责办理，尚有许多人，已忘记其姓名。

黄学增二三事（节录）

周兆林

一、对平均地权的浅释

1926年，我在高州茂中念书，参加了中国共产主义青年团组织。那时正是国共第一次合作，革命形势迅猛发展，工人、农民运动深入高涨，各地党组织陆续建立，共青团也不断发展壮大。

当时黄学增同志以中共南路特派员身份，领导粤南地区革命，跟他一起初次在茂中大礼堂与师生见面的，有韩盈、杨枝水、钟竹筠、朱也赤等10多人，都是20多岁的青年人。他们的精力主要是集中于搞农运，青年学生工作由团书记梁文炎、黄克欧同志负责。黄学增同志偶然也给青年团员作一些有针对性的讲话，给我留下印象最深的是他对"平均地权"的浅解。

他讲话的态度很亲切和蔼，平易近人，声音洪亮，词锋锐利，深入浅出，很有吸引力。针对当时青年学生年纪较大，多数念过一些孔孟之道的旧书，不少人的家庭又跟地主阶级沾亲带故，对二五减租、耕者有其田的道理不甚了了，甚至抱怀疑态度的思想实际，他选讲平均地权是很有必要的。

他说：孙中山学说中的平均地权，节制资本，是民生主义的主要内容之一。就平均地权来说，就是要实行耕者有其田，亦即是要全国农民大众所耕的田地是自己所有的，而不是任何地主的租耕仔，土地上生产的东西尽归农民所有。这就是耕者有其田的简要内容，其目的是为了解决农民温饱的问题。

他反问道：要是土地大量集中在地主手里，地主任意加租，坐享收成，那又会出现什么局面呢？

他引用孟子的说话："有恒产者有恒心，无恒产者无恒心，苟无恒心，则放辟邪侈，无不为己"。然后他浅释说：所谓"恒产"，就是自己占有一块可耕地，亦即劳动的基地，才能活得下去，要是没有，就难于有守法的恒心。当人无地可种，陷于无衣无食境地的时候就会"放辟邪侈""犯上作乱"了。秦汉以来历次的农民起义，莫不是因为受不了重重压迫剥削，无法生活下去而引起的。

　　他继续说：孟子还说过"不患贫，患不均"，不均的由来就是土地大量被地主阶级巧取豪夺，霸占去了。远的不说，如茂名梁殷展，占有田地就有8000亩，信宜梁漫云占有土地10000亩，以3口1家耕田3亩计，这两家大地主就占有6000人家的土地。其他占有千亩、百亩的中小地主，到处都有，这一来，地主们霸占了大量土地，广大农民就只有沦为无地或少地的雇农、贫（佃）农了。这样就富者田连阡陌，贫者地无立锥，形成贫富不均，农民和地主处于尖锐对立的局面。广大受压迫、剥削的农民群众，必然要揭竿而起，推翻剥削阶级，重新均田地，分财富了。

　　孟子提出恒产、恒心、均田主张的目的，无非是要统治阶级施点仁政，发点慈心，作为一种手段，用以缓和阶级矛盾，巩固他们的统治。所以，孟子的主张实质是为地主阶级服务的。我们今天提出平均地权，则是为了老百姓，将来组织农会，发动农民群众，跟地主阶级斗争，从他们手里夺回土地所有权，同时也夺回政治上当家作主的权利，土地所有制问题就得到合理解决了。

　　（下略）

（载《湛江文史资料》第2辑，1984年12月出版）

对过去南路斗争的总结（节录）

……当时党的工作才在南路开始建立，那时负责领导党的工作是黄学增同志（后来在琼崖牺牲了）。他公开的岗位是 K 党（国民党）省党部南路特派员，省农会南路办事处主任。当时党的工作与群众组织工作差不多混为一体，如凡农会执委与农民干部完全是我党同志，甚至 K 党部的执委也大部分是我们的同志，因而党的组织也就变成半公开性的了。横的关系固然不限制，在群众面前，每每公开党员的面目，如在群众大会叫口号，公式地叫"国民党万岁"之后，我们的同志一定自己补充一句"共产党万岁"的口号。在这样不严密的组织工作下，不但反动派对党的面目认识，甚至连加入农民协会的农民，也自己误会是加入了共产党了。当时南路的党并没有什么明确的政策指示，大家对工作的方向，都是跟着阶级斗争的原则去做，所谓"统战政策"固然未曾尝试，而"左倾"幼稚病的确犯得很深重，如打倒"着鞋阶级""打倒知识分子""无绅不劣，无土不豪"等等刺激各阶层反感的口号。但当时吸收党员的对象又以知识青年为主体，在 K 党清党之前，党员的成分学生占三分之二以上，可是到清党之后，又无限制地吸收农民，凡加入农会的差不多都有做党员的资格，所以到处都听到"同志，同志"的称呼。

大革命时期广宁农民运动后期几个实况（节录）

孔令鉴

一、关于黄学增同志和广宁农民运动关系的几点回忆

1927年，国民党反动派在广宁发动了"四·一六"反革命叛变后，（中共广宁县委与省委联系中断）当时县委决定派我到香港找上级组织。我立即出发，穿山越岭，绕道水南到禄步，转乘梧州至香港途经禄步的"港梧渡"前往香港，经过几天联系，终于找到了上级组织的联系人。一天，我依约到达接头地点，接谈后，和我联系的人自我介绍：他是省委派来的，姓名叫黄学增。我向他汇报情况后，黄学增与我再约定下次会面的时间、地点和接头暗号。第二次约会时，他传达了省委对广宁县委的指示，指示广宁县委关于向群众揭露蒋介石背叛革命的罪行，发动群众武装反抗国民党反动派屠杀政策。黄学增同志在这次接头时，还交给我200元港币，带回广宁去作为革命活动经费。我从香港返回广宁石涧后，立即向县委作了传达。接着，大约8月中旬，省委又直接派员由香港到达广宁。在石涧召开县委会议，会上传达了省委对当时广宁形势的估计和下一步工作方向的指示。这一年11月，省委再派杜纯纲、何南、何端、孙炳文等同志先后来到石涧，再秘密转到广宁各地，协助各地搞政治工作和发展武装，进行斗争。当年12月底左右，螺江起义的农民赤卫队经江美、石涧两次战斗后，然后渡过绥江，潜伏于罗海（？）尾、花石涧一带。大约在螺岗起义前这段时间，黄学增同志秘密到广宁，在荷木、江美、石涧、罗没（？海）等地视察工作，并传达了省委对广宁斗争的指示。他这次来广宁期间大约住了约10天（多数住在石涧），然后离开广宁。

二、（下略）

访问孔令鉴谈话记录（节录）

黄学增是你们遂溪人，以前我不知道，新中国成立后才知。他在大革命时期经常来广宁。我和黄学增有过接触，但不多，因为我当时还未参加县委，很多内情是不知道的。现在所讲，有些是听别人说的，有些是我参加县委后（和他）直接发生关系后知道的。

记得黄学增来广宁县1924年12月。当时地主武装非常顽固，特别是谭土布区的地主非常嚣张，镇压农民运动。在这种情况下，省委派了黄学增、越子善（赵自选）、彭湃、予少先（阮啸仙）等领导同志来广宁视察工作。当时我们还听说省委派周士第带队（铁甲车队）来广宁支援农民武装反击地主武装，使我们的革命信心受到很大鼓舞。黄学增这次来广宁住了很长时间才回广州。

1925年2月下旬，铁甲车队协助广宁农军打垮地主武装后，弹药消耗将尽，黄学增又从广州带来大批弹药支援，当时广宁有传闻说，黄特派员向省委汇报了广宁农运情况，周恩来同志表扬了广宁农军的斗争精神，表示要尽最大的努力给广宁农军补充弹药。

1927年4月12日，蒋介石叛变革命，广州于"四·一五"开始大屠杀共产党人，广宁于"四·一六"开始大屠杀。大革命失败后，广宁县委机关秘密迁到石涧圩。当时已与省委失去联系，县委书记叶浩秀还未回，县委由谭洪祥、谭鸿基、罗国杰3人主持。当时谭鸿基提议，叫我和黄作枝一起参加县委。为了取得同省委的联系，县委于五六月间（总之是热天）派我到香港寻找地下省委，向黄学增同志当面汇报过广宁农军坚持地下武装斗争情况。大概是1927年10月左近（将割禾时候），黄学增化装为柴杉商人，从香港回到广州，转搭梧州轮船到达三水，上岸步行回到广宁石涧，住在祥盛笋铺（当时这间铺号是外来同志接头地点，黄作枝明是店主——他还有一个名字叫黄德球，暗是石涧地区地下党的负责人）。黄学增与黄作枝接头之后，便由黄作枝带他来滨坑，找到我们地下县委几个头头，传达省委指示。当时是革命低潮，传达的内容是叫我们转入地下活动，积累力量，待机而动（大概如此），叫我们有可能时就集中优势开展武装斗争。我们根据黄学增同志的指示，把河东区的农民武装开过群山密集的河西区，集结在罗汶、带洞、白花一带山区开展斗争。这个时候，高要县的农军也撤退到这一带，两县农军汇合在一起，还有一些经济土匪也来同我们合伙（经济土匪是穷人上山当土匪）共同组成一支800多人的武装力量，经常出来绥江石基口、带洞口、庆兰庙一带袭击敌人，遇到国民党的武装就打，遇到船只就抢，这叫作非法斗争。这种斗争形式就是黄学增同志布置的，因为不是这样，就无法筹集给养。我们运用这种斗争形式，一直坚持到1928年7-8月间。到了后期，我们遇到的困难越来越大，因为高要县的农军受骗上当，向挂着国民革命军招牌的张发奎军投靠去了。我们广宁农军因对张发奎不够了解，不肯贸然投靠。地下省委知道这些情况后，派何南、何端、杜新江3人到广宁了解情况，当时广宁县委处于散伙状态，县委谭鸿基偷偷走了，只剩下谭鸿祥和我、黄作枝等人支撑。何端等回香港向地下省委汇报了情况，大概1928年6-7月间（即快将割禾的时候。按：应为6月上旬），黄学增在何南、何端的陪同下，黑夜步行到广宁曲水住下，经过很多周折，找着留在石涧搞接应工作的黄作枝同志，通知我们县委几个头头到曲水村开会。黄学增同志给我们传达了省委指示，大概内容是：地下县委领导不健全，政工人员太少，农军中的土匪武装大于我们，恐怕尾大不掉，我们的武装也会给土匪吃掉，所以要停止非法斗争，尽量化整为零，共产党员要找地方隐蔽，避免损失，留得革命种子在，就是胜利。这就是黄学增最后一次到广宁的指示。

广宁县各个革命时期斗争历史（节录）

广宁县人民委员会 1958 年 3 月

（上略）

（二）第二次国内革命战争时期

第一次国内革命战争失败后，（广宁）全县革命转入低潮，但革命自然继续坚持斗争。党的领导叶浩章同志在石涧成立中共广宁县委党的领导机构，将坚持的农民自卫军 200 多人改编成游击队，分散在上林、江美、荷木、螺岗、石涧、黄田等地，坚持发动群众继续对敌斗争。1927 年 4 月，国民党反动派带队向白庙攻打我模范队。因当时敌强我弱而退回江美一带 28 个村庄活动，把衣服枪械埋藏在陈太光山厂下，领导同志潘芬、江田即退回广州，由党员黄学增、罗国杰为主要领导，坚持斗争。模范队只有 60 多人，并发动江美、荷木、富溪农民骨干 50 多人组织民兵武装，一共扩大至 110 多人，在江美石苟仔山厂编为 3 个队，由邓苟、欧竣、陈太光各带一队，在江美、荷木等 28 个村庄为游击基地，其他原有农会地区进行隐蔽活动，与敌人一直坚持斗争到 1928 年 6 月。

（下略）

螺岗暴动前后回忆[1]

陈家善

一九二六年十一月，广宁县建立了农军模范队，成员是从各区农军骨干选派出来的。模范队成立后，曾在白庙举办了两期训练班，（第一期的训练班期限为三个半月，第二期原定六个月，后因一九二七年"四·一二"反革命事变发生，故而未结业就散班了。）训练的内容有政治和军事两方面。军事方面，主要是学习战斗动作，教官是从黄埔军校派来的，有蓝扩夫、江田、何楠、谭任之；在政治方面，主要是讲述关于帝国主义的侵略性和剥削阶级的残暴性，以及农民在剥削阶级压迫下的苦难生活，还有怎样才能使受苦农民在苦难中解放出来等问题。讲授政治课的教师有周其鉴、叶浩秀、邓拔奇等人。训练班学员毕业后，由县农会根据各地的需要进行分配，分配到各地的学员都是当教练和兼任队长的，其任务在于帮助各地训练农民自卫军。

这些经过训练的农军和模范队，后来绝大部分都参加了螺岗暴动。

一九二七年"四·一二"反革命事变后，广宁县农军模范队遭到敌人的镇压，经过几次战斗，因为敌我力量悬殊，农军模范队分散到各区乡活动，农军也分别隐蔽在江美水古坑、螺岗竹园坪、上林狮村等地。我因是模范队第一期学员，被分配在狮村、蒙坑、坑口一带做农军教练。螺岗暴动前，我在野猪坑住，又返回江美坪，然后入螺岗，开暴动会时，我没有参加，因为我要担任警戒。

螺岗起义前夕，县委在石润一间祠堂里召开了全县农民代表大会，到会的有农民代表七十余人，其中多为基层的农会干部和农军干部，也有县的和省派来的干部，会议主要是研究解决如何恢复农军组织，把农军重新集结起来，以及准备举行螺岗暴动的问题。会议主持人是叶浩秀

---

[1] 陈家善：《螺岗暴动前后回忆》，中共广宁县委党史办公室：《广宁县苏维埃政府》，1988年2月，第52—54页。

（应为黄学增——编者），大会开了三天，选举了叶浩秀（应为黄学增——编者）为总领导，罗国杰为苏维埃政府主席。

螺岗暴动的时间，由于日子长了，具体时间记不起了。只记得暴动时是将近旧历年。

螺岗暴动时，我是农民赤卫队分队长，是农协会常委兼农民赤卫队大队长欧蛟宣布我当分队长的。螺岗暴动第一天，欧蛟找见我对我说，螺岗暴动成功了，为了安全起见，你带个分队到石竭凹守卫，警戒县城敌人来犯。我立即带了一个二十余人的分队去了石竭凹。那时我的分队每人都有一支单响长枪，我用的是叫"密十"的双筒枪。我的分队在石竭凹守卫了两夜，因当时县城没有很多的敌人，所以没有发生战事。到了第三晚，我接到县委通知，说县委书记黄学增通知我到石涧塘仔角开会，我当晚把分队的责任交给丘九，由他带着这支分队坚持石竭凹的警戒。

第四天我落到石涧塘仔角，见到县委书记黄学增。黄学增对我说：现在你和我到香港，向党组织汇报。这样我就与黄学增去到香港，我们向李立三汇报了广宁暴动情况。汇报地点是在一间豆腐铺内。在场的有七八个人。汇报三两天，李立三要我们返广宁再搞暴动。于是我与黄学增返回了广宁。因为动身回广宁时李立三指示要再搞暴动，而我们回来后又没法再搞起来，所以过了一晚，我又与黄学增去香港向李立三汇报。见到李立三后，说明广宁因暴动后力量分散了，跟着又要举行暴动，条件还不成熟。李立三指示说：你们返去再搞，无论如何也要把暴动搞好。第二天，恽代英在客栈见到我，他说，你返去的主要工作要按省委指示去做，把暴动再搞起来，不管怎么样也要搞。后又有一个长须老者对我说：恽代英已告诉你，李立三同志与你开过会，你返去后把意见向同志们讲清楚，大家要努力去做。讲完后，他们走了，这样，我又与黄学增再返回广宁。我在古水坑住，把去香港后的情况向高玉山、李晚、高纪等同志传达了，黄学增没有到江美，他仍在石涧。不久，他通知我到石涧开会。我到石涧后见到狮村、黄田、宾亨、螺岗、江屯、石涧等各地都有人参加会议，约有三十多人，罗国杰这时也在场。黄学增讲，省开党代会，大家选代表参加，结果选到我和黄学增共两人。就这样我和黄学增第三次到了香港。

　　这次会议是周恩来同志主持召开的，不见李立三在场了。开始时是在一幢楼的二楼开，共有三十多人参加。周恩来在会上作了关于国内革命形势及如何深入群众转入地下斗争的报告，会议一方面总结了广州暴动及全省乡村暴动失败的经验教训，另方面认为今后要做深入细致的发展工作。后因会议被印度籍警察发现，便转到湾仔一个地方开。会议期间，我协助警戒。大约五六天。会议开完后，我与黄学增又从香港回广宁。回时，我们带有许多文件，这些文件在上船前交给了梧州港客轮的餐厅船工——我们的联络员带下轮船。因为当时上落船都搜查得很严。船到马房后，我们转船到四会，后来我们走路去石狗。找不到联络员，又再行至黄田，也找不到联络员，这种情形使我们感到情况不妙。当时，黄学增坚持再上，上到石涧也找不到自己人联络，再上到横迳仍不见一个可以联系的人。面对如此恶劣环境，我与黄学增只好回头走，一直从山路走，经四会到了广州。在广州我与黄学增分手了，他去香港，我去了市桥。

（黎家齐、梁瑞麟，罗达明整理）

谢森回忆黄学增（节录）

1927年7月16日至19日，（高要）岭村300农军同六七千匪敌激战4日4夜。农军顽强作战打败敌人多次进攻，给敌人重大杀伤后安全转移。当时参加指挥的有党员黄学增。黄自始至终参加指挥与投入战斗。但当时公开出面领导农民的领袖是周其鉴等人，他们在村中公开演说，讲故事。黄没有公开演说的。

花县农民斗争纪实（节录）

卢克文

……1924年10月19日正式宣告成立花县农民协会，会址设于九湖显永堂……农会成立之日，全体会员6000多人参加，大门口贴着"坚忍卓绝为吾人本色，牺牲奋斗是我辈精神"的对联。

在花县农会未成立之前，中共广东区委为了加强党的领导，曾以广东省农会筹备处或农民部名义，先后派有彭湃、周其鉴、黄学增、阮啸仙、高恬波（女）、何友邀、韦启瑞、郑介之、罗绮园和德国人法郎克（译音）等同志来花县指导工作，花县农民协会在党的领导下，更进一步地走上有领导、有组织、有计划、有步骤的方向，而村农会和农民自卫军的组织亦日趋于巩固和发展。……

广东花县九湖乡革命史（节录）

……

大革命时，本乡群众选派代表王福三、王社芬到广州参加开会。会后，廖部长（廖承志，曾任中国国民党中央农民部部长）派阮啸仙同志、彭湃同志来到九湖乡，号召群众开座谈会。

彭湃同志演讲一番，我们群众个个赞成，今后有政府来帮助，我们誓死奋斗到底。彭湃同志见我们积极拥护，可能做得革命根据地。数日后，再派多数位特派员，黄学增同志、何友逖同志一齐来到九湖乡农民协会。……大地主见我们发展，佢又设立一个叫田主维持会来破坏我们办事。到民国13年10月中旬，发动卢永隆系商团长、江锦业系大恶霸，齐集100余武装包围县农会……县农会立即迁往鱼豹庄照常办公，到同年12月25日，王福三同特派员黄学增同志继续往各乡工作；来到中途，被卢永隆发现，走去推广鸣锣发动卢辉、江锦堂，齐集数百土匪，包围打死王福三。黄学增脱险走到元田村，有农军来救护。大地主勾联攻之，乘机四处鸣锣齐集有1000余土匪民团来攻打鱼豹庄，佢话鱼豹庄系共产党树头一样，今日要扫平鱼豹庄……我们农军齐集应战有数小时之久，打死敌人，伤者不知多少。（下略）

访问郭儒灏记录

1980年10月6日

1928年，我在琼崖特委任宣传部长。这一年9月初，黄学增到海南，改组特委。先是，广东省委根据海南去香港汇报工作的同志的反映，认为原特委书记王文明思想右倾，给海南的武装暴动造成挫折，因此派黄学增来任特委书记，改组特委。黄学增来到海南传达省委指示，强调要把武装力量集中起来进攻城市，以扭转不利局面；把王文明调任琼崖苏维埃主席；同时改组团特委。当时特委机关和红军武装力量总部都在乐会第四区，还有万宁第四区、澄安第七区（母瑞山）和西面的澄迈，都是我们的根据地。蔡廷锴部队驻在海南，敌强我弱，敌搞"三光"政策，我们无法挽回败局，环境很恶劣。

根据在海口搞工运、兵运、学运的同志反映，说海口、府城局面较为安定，有利于开展工作。黄学增决定把特委机关搬去海口，组织一个特委临时机构留在乐会坚持，由何毅负责领导工作（何是农讲所学员），又派王文明、梁秉枢（广州起义时曾任团长）带领红军进入母瑞山开展工作。特委搬去海口的时间，是1928年12月，黄学增带去的特委机关同志表面上都是比较"灰色"的，有黄朝麟、陈大基、官天民，我当时虽然是特委宣传部长、兼红军政治部主任，但因作战负伤，留在母瑞山区休养，没有和黄学增等人去海口。特委迁至海口后，开展兵运、工运、学运，工作确实较为顺利。黄学增还经常回母瑞山指导工作，还到各县去，指导县委开展工作。但从全局看，被动局面仍不能扭转。

1929年夏天，特委机关在海口府城被破坏，黄学增、官天民（万宁人）、黄朝麟（文昌人）、陈大基（文昌人）都先后被捕牺牲。特委机关被破坏和黄学增被捕的原因，有两种讲法。一说有个在海南国民党驻军里当军官的湛江人，去福音医院看病认出了黄学增。一说是特委秘密开兵运会议时被敌人发现（有人说是被兵运对象的人告密）。工、兵、学各系统都是先后被破坏，被捕者先后达50人以上，损失很大。我在1929年春天奉调广东省委宣传部工作，以上情况是一位女同志林才兴在南京告诉我的；她的爱人在特委机关工作，她本人当时也被捕了，其姐夫（一位国民党军官）把她保释出来，离开革命；1937年我在南京被捕出狱后，她见到我时，把上述情况告诉了我。当时被捕牺牲的还有琼崖红军的司令员冯平，报纸登了他被杀的消息和照片。黄学增被害的消息和照片报纸有没有登？我没有看见过，可以查一查。

关于特委是否搬去海口的问题。现在有的海南同志说，黄学增并没有把特委机关搬去海口，只是个人带领几位同志去开展工作的。我当时在特委，王文明和我都不同意把机关搬去海口，王叫我向黄学增提出，他说搬出去好，靠近省委（香港），联系和请示较方便，开展工、兵、学运也较容易，为了发展，要搬到城市去，至于他个人的安全问题，他在海南没有什么熟人，一般人不认识他，况且又化了装，戴眼镜，估计不易被敌人认出来。后来被破坏，海南特委组织同省委、各县委有一段时间完全失去联系。这都证明当时特委机关是搬到海口了的，被破坏的正是特委机关。不能说这仅仅是黄学增的个人活动。撤出特委，我可作证。

1928年初，王文明领导的琼崖武装起义失败的原因是什么？是犯了右倾错误，还是敌强我弱不免失败？可以研究。黄学增到海南后，在乐会白水泉山召开会议改组特委时，说王文明右倾。当时大家讨论这个问题，《特委通讯》登了不少文章，我也写过文章参加讨论，是同意黄学增的分析的。现在应该怎么看，可研究。

对于黄学增在海南的活动应该怎样评价，我认为要客观，实事求是。当时中央有一条立三"左"倾路线，黄学增的活动是贯彻了"左"的做法的，但不应太着重于追究个人责任。另一方面，黄学增的斗争性很强，坚定勇敢，被捕后不屈，光荣牺牲。我们看问题时要全面，不要片面。

听说1929年5月省委有个文件，派黄学增为琼崖巡视员，派官天民为琼崖特委书记。可能是黄学增在1929年春夏间去省委汇报工作后，省委作出这个新的决定，因为我这时已离开，情况不清楚，但黄学增初到海南时，是特委书记，这一点可以肯定。

黄学增被害的地点，可能是在海口——府城之间的荒地上，那里是枪毙"犯人"的地方。

蔡廷锴部队大约在1928年底撤离海南，由陈策的海军陆战队接防，是谁主持杀害了黄学增，可以问一问国民党60军军长林伟俦（现在在省政协）和蒋廷锴的秘书林一元（在省政协），他们可能会提供一些情况。

我写过一篇回忆录《太阳照亮海南岛——海南革命根据地建立发展情况回忆》，已交给省政协、省委党史研究委员会，里面谈到的一些事实，可能对你们了解黄学增在海南的情况有参考。

访问黄国栋记录

1980 年 9 月 19 日

1920—1921年间，黄学增在广州读书时参加了马克思主义小组（1921年这个时间是没有问题的，也有人说是1920年），"一大"后，参加了中国共产党。

1926年初，国民革命军第四军第十二师党代表王文明随军来到海南，开展革命活动。和王文明来的大多是进步的知识分子、学生，很快把海南革命搞起来。1926年3月，中共琼崖地方委员会成立，书记是王文明；各县未有县委，只有一个支部。1927年4月21日，海南出现白色恐怖，琼东县在"4·23"开展大屠杀。党发动武装起义反抗国民党反动派屠杀政策。到1927年7月，各县先后成立县委，组织红军（当时叫做工农红军，有的叫做讨逆军），农村里的农会有农军（农民自卫军）。这时候，省委派杨善集为琼崖特派员，回海南搞武装起义，组织了三路部队——东路、中路、西路，红军的总指挥是冯平。

后来，起义受到蔡廷锴部队的镇压而失败。1928年2月，起义力量主力退入琼安县的母瑞山，成立苏维埃政府，在白色恐怖下继续坚持斗争，当时琼崖特委也在母瑞山区。

1928年夏天，省委派黄学增在革命低潮时期到达海南，改组琼崖特委，由黄学增任书记。当时，李立三的路线对海南也有影响，黄学增认为琼崖前段的做法"右"，说革命队伍里工人少，要搞城市工作，搞兵运工作，搞兵变，决定把特委机关搬去海口；同时成立琼崖"临委"（特委办事处性质），由何毅领导，留在母瑞山区坚持；黄学增自己带领特委机关出海口。对于这个问题，当时有两种意见，一种认为特委机关仍留母瑞山，一种意见认为要迁到城市才能更好地开展工作，结果黄学增的主张占主导，他带了特委成员黄朝麟（一说是黄朝连）、官天民、陈大基，把机关搬到府城，把工作重点放在海口搞兵变（当时国民党有5

个连在海口，2个连在澄迈）。但特委机关搬到府城（秘密的）和搞兵变这两个问题，事前未得到省委批准，所以黄学增在1929年春、夏间去香港请示省委。过了一段时间，特委在海口的三位同志先后被捕，机关联络点被破坏。原因是兵运对象里面有两个人叛变了（特委机关联络点在府城，由一位女同志守"家"，特委领导同志分住各处，所以是先后被捕）。黄学增从香港回来时，找不到三位同志，发现联络点被破坏，情况危急，于是化装入海口福音医院假装看病留医进行掩蔽。听说是被敌人认出来，被捕了。牺牲的时间，有人说在1929年秋天，也有人说被捕后几个月才被害。被害的地点，可能是在府城。黄学增被捕后，革命意志坚强，未暴露任何情况，是壮烈牺牲的。这一次损失很大，特委机关被破坏，主要负责同志被捕牺牲，兵运也搞不成。特委机关被破坏后，"临委"仍然在母瑞山，后来召开县委联席会议，推选冯白驹（澄迈县委书记）为特委书记，并经省委批准。

1928年底，蔡廷锴的部队好像已经撤走。1929年夏秋间，驻海南的军队是海军陆战队的一个团（？），团长是陈策。杀害黄学增的，可能是这个队伍的人。有人说黄强杀害黄学增，但我未听说黄强在海南当过专员，是否由他主持杀害黄学增，我不清楚。

访问韩托夫记录

1980 年 10 月 6 日

1926 年时，我在中山大学读书。1927 年底广州起义时，我在香港市团委工作。1928 年 2 月，省委派我回海南，任团特委常委。

1928 年 10 月以后，省委派黄学增来海南，改组琼崖特委，同来的有符标（上海某大学学生）。改组后的特委：书记黄学增，常委符标、王文明、何毅、石玉玺（还有什么人记不清），还有工人代表、农民代表、妇女代表（杨善集的爱人）；王文明主持苏维埃；红军琼崖独立团司令员是梁秉枢，队伍约三百人。

1928 年 10 月底或 11 月初，在乐会第四区六连岭召开特委扩大会议，决定特委机关搬去海口，以开展工作；乐会、琼东、万宁、陵水等县党组织成立临时特委主持后方工作，由何毅负责（临特书记，我是团特常委）。黄学增和符标、官天民（团特委书记）等人于 1928 年 11 月左右去了海口，临特与省委无联系，海口与省委有联系。

1929 年 3 月间，临特决定我离开乐会，找地方隐蔽。我到海口见了符标，他对我说：黄学增和官天民去香港汇报工作了，你可以返家休息，等黄学增他们回来后再通知你出来。

1929 年旧历六月底，我仍未接通知，就主动到海口找符标。他告诉我说：黄学增、官天民二人已经被捕牺牲了，特委机关也被破坏了。被捕的原因有几种讲法：①黄、官从香港回来发现特委机关已破坏，便化装住入福音医院隐蔽，时间长了，被人怀疑，认出。②特委与省委的联络点里面有个交通叛变，因而特委机关被破坏，黄、官后来也被捕。还有人说，黄学增被捕时敌人并不认识他，把他关在府城监狱，因为蔡廷锴部队里有个军官是南路人，认出了黄学增，劝黄学增投降，黄坚决不肯，终于被害。此人叫什么名字，我不清楚。

海南革命斗争亲历记（节录）

冯安全

（上略）

1928年下半年，琼崖特委仅带一些部队转移到定安县母瑞山，总结失败教训，继续坚持领导工作。同年秋，省委为加强海南的领导，派黄学增同志来琼任琼崖特委书记，至冬季，特委和琼山县委搬入海口市办公。

1929年上半年，文昌县委是谢冠洲（改名木森）、云龙等同志，他们经常在琼、文交界地方的溪尾乡、马灵沟乡的竹堆、竹坑坡、山竹村、后坡、龙头山、南洋村一带活动，和我们联系行动，开展组织工作。1929年红五月的时候，黄学增同志来文昌县委，和谢冠洲、云龙等同志在竹堆村开会，讨论布置化装深入到锦山市消灭该市民团局。根据黄学增同志指示，由我带一路短枪班从左边冲入敌人兵房，但由于敌人设有两层岗哨，严密监视，不能进去。所以我另外想办法，叫一位女同志冯月华和我装扮成两夫妻走进去，后被敌人发现，拖入团局办理。我们即借这机会，一直冲进去杀伤敌人，部分敌人惊慌失措，举手投降当了俘虏，我们缴获长短枪30余支，子弹4000多发，并没收反动商店二三间，取得了胜利。回来后，文昌县委发给各人2丈布料，暂时解决了部队的衣服困难。但是，正在这个时候，我们住在海口市美国福音医院的特委，因为企图争取敌军兵暴夺取政权，被敌人发现，文昌县委黄朝连同志（住在海口）突然被捕，琼山县委陈大基也动摇叛变，特委领导机关被敌人破坏，黄学增同志被捕牺牲。当时澄迈县委冯白驹同志得知后，主动和各县联系，在定安县召开各县联席会议，推选冯白驹为特委书记。（下略）

（载《广东文史资料》第30辑）

参考文献

一、馆藏档案类

1. 高州市档案馆馆藏民国档案。
2. 雷州市档案馆馆藏民国档案。
3. 遂溪县档案馆馆藏民国档案。
4. 湛江市档案馆馆藏民国档案。
5. 中国社会科学院近代史所藏"中国国民党汉口档案"。
6. 中国社会科学院近代史所藏"中国国民党五部档案"。

二、档案、文件及民国报纸期刊汇编类

1. 《第一次国内革命战争时期的农民运动资料》，人民出版社，1983年。
2. 《工人之路》，湘潭大学出版社《红藏·进步期刊》系列影印本，2014年。
3. 《广州民国日报》（1923—1926年）。
4. 《犁头》，湘潭大学出版社《红藏·进步期刊》系列影印本，2014年。
5. 《阮啸仙文集》编辑组编：《阮啸仙文集》，广东人民出版社，1984年。
6. 《向导》，湘潭大学出版社《红藏·进步期刊》系列影印本，2014年。
7. 《杨匏安文集》编辑组编：《杨匏安文集》，广东人民出版社，1986年。
8. 《中国国民党广东省党部党务月报》。
9. 《中国农民》，湘潭大学出版社《红藏·进步期刊》系列影印本，2014年。
10. 广东省档案馆、广东青运史研究委员会办公室：《新学生社史料》，1983年。

11. 广东省档案馆、中共广东省委党史研究委员会办公室：《广东区党、团研究史料（1921—1926）》，广东人民出版社，1983年。

12. 广东省档案馆：《民国时期广东省政府档案史料选编》（1），1987年。

13. 广东省立中山图书馆、广州市社会科学院、中山大学图书馆编：《黄埔军校史料汇编》第1辑第二册，广东教育出版社，2012年。

14. 广东省社会科学院历史研究室、中国社会科学院近代史研究所中华民国史研究室、中山大学历史系孙中山研究室合编：《孙中山全集》，中华书局，2006年。

15. 广州农民运动讲习所旧址纪念馆编：《广州农民运动讲习所资料选编》，人民出版社，1987年。

16. 荣孟源主编：《中国国民党历次代表大会及中央全会资料》（上），光明日报出版社，1985年。

17. 中共广东省海南行政区委员会党史办公室、广东省海南行政区档案馆编：《琼崖土地革命战争史料选编》，1987年8月。

18. 中共广东省委组织部、中共广东省委党史研究室、广东省档案馆：《中国共产党广东省组织史资料》（上册），中共党史出版社，1994年。

19. 中共海口市委党史研究室、中共琼崖一大旧址管理处编：《中共琼崖一大研究资料选编》，2009年。

20. 中共湛江市委党史研究室编：《南路农民运动史料》，广东人民出版社，1997年。

21. 中共湛江市委组织部、中共湛江市委党史研究室、湛江市档案馆：《中国共产党广东省湛江市组织史资料（1925—1949）》，1991年7月。

22. 中共中央党史研究室、中央档案馆编：《中国共产党第四次全国代表大会档案文献选编》，中共党史出版社，2014年。

23. 中共中央党史研究室第一研究部编：《共产国际、联共（布）与中国革命文献资料选辑（1917—1925）》，北京图书馆出版社，1997年。

24. 中共中央组织部、中共中央党史研究室、中央档案馆：《中国共产党组织史资料》第一卷（党的创建和大革命时期）（1921.7—

1997.7），中共党史出版社，2000年。

25. 中国人民解放军历史资料丛书编审委员会编：《土地革命战争时期各地武装起义·广东地区》，解放军出版社，1999年。

26. 中国人民解放军历史资料丛书编审委员会编：《中国人民解放军历史资料丛书·土地革命战争时期各地武装起义·广东琼崖地区》，解放军出版社1996年。

27. 中央档案馆、广东省档案馆：《广东革命历史文件汇集》系列。中央档案馆：《中共中央文件选集》第一册（一九二一～一九二五），中共中央党校出版社，1982年。

三、著作与文史类

1. 《广东文史资料》系列。
2. 《湛江文史》系列。
3. 陈其明著：《阮啸仙年谱》，中共党史出版社，2018年。
4. 费虹寰主编:《周恩来与中共党史重大事件》,中央文献出版社,2001年。
5. 刘林松主编：《阮啸仙研究》，广东人民出版社，1985年。
6. 刘路红、廖金龙编著：《阮啸仙传》，中共党史出版社，2014年。
7. 深圳市史志办公室编：《深圳党史资料新编》，海天出版社，2007年。
8. 杨绍练、余炎光：《广东农民运动》，广东人民出版社，1988年。
9. 湛江地方志编纂委员会编：《湛江市地名志》，广东省地图出版社，1989年。
10. 中共广东省委党史研究室编：《中共广东党史大事记》（新民主主义革命时期），中共党史出版社，1993年。
11. 中共广东省委党史研究委员会办公室、广东省档案馆编《"一大"前后的广东党组织》，1981年。
12. 中共海南省委党史研究室著：《中国共产党海南历史》，中共党史出版社，2007年。

13. 中共海南省委党史研究室著：《中国共产党海南历史》，中共党史出版社，2007年。

14. 中共遂溪县委党史研究室：《中国共产党遂溪地方史》第一卷，中共党史出版社，2004年。

15. 中共湛江市委党史研究室编：《广东南路农民运动史略》中共党史出版社，2012年。

16. 中共湛江市委党史研究室编：《黄学增研究史料》，广东人民出版社，1997年。

17. 中共湛江市委党史研究室编《中共南路党史大事记》，广东人民出版社，1996年。

18. 中共中央党史研究室著：《中国共产党历史》第一卷上册，中共党史出版社，2002年。

19. 中共中央党史和文献研究院编：《刘少奇年谱》（第一卷，1898—1942），增订本，中央文献出版社，2018年。

20. 中共中央文献研究室编：《毛泽东年谱（一八九三～一九四九）》上卷，中央文献出版社，2013年。

21. 中共中央文献研究室编:《周恩来年谱:1898—1949》,中央文献出版社，2020年。

22. 中共中央文献研究室编:《周恩来传》(一),中央文献出版社,2015年。

后　记

　　1950年，作家巍巍在朝鲜采访志愿军后，写下了著名的报告文学《谁是最可爱的人》："在朝鲜的每一天，我都被一些东西感动着；我的思想感情的潮水，在放纵奔流着；我想把一切东西都告诉给我祖国的朋友们。但我最急于告诉你们的，是我思想感情的一段重要经历，这就是：我越来越深刻地感觉到谁是我们最可爱的人！"

　　弹指一挥间，半个多世纪过去了，时间来到21世纪，为了收集史料写《黄学增年谱》，我们除了查档案、访博物馆、钻旧书报摊之外，近年来，还沿着黄学增当年战斗过的地方一一走访。同样地，在追寻黄学增足迹的每一天，他的英勇事迹和革命精神同样深深地感动着我们，我们思想感情的潮水依然在不断地奔流着，灵魂深处受到了前所未有的震撼，我们确实想把黄学增当年的革命历程以及今天人们对他的敬仰告诉我的朋友们。所以，经过这些年的努力，我们只有报告没有文学，并严格按史学的标准，原生态记录黄学增出生、成长以及对党忠诚、为国捐躯这29年生命中的点点滴滴。

　　黄学增的革命足迹遍及南粤大地，广东许多地县、市党史都有把他放在重要的位置，对他的研究比较多，但系统的较少。我们不但注重档案资料，也注重实地调查研究，我们的足迹遍及南粤大地，收集的资料来自全国各地，因为深入挖掘大革命时期及黄学增的史料是我们义不容辞的责任。

　　毫无疑问，对中共党史人物的研究，需要利用史料作一个整体的、系统的、详细的发掘和研究，提要勾玄，匡误正谬，对历史人物的历史进行寻根溯源。中国共产党的历史，概括说就是不懈奋斗史、理论探索史、践行初心使命史、政治锻造史、自身建设史。年谱偏重于"记"，本书客观记录了黄学增的生平、活动、思想、业绩，全面展示了他的思想发展轨迹和特点，体现了他的思想方法和思想作风、工作作风。本书还收录了黄学增的文稿、讲话、谈话、批示、书信和其他史料。本书在中国共产党建党 100 周年的时候出版，可以给广大党员了解和研究中国共产党的历史，提供我们身边活生生的素材，为当地党史学习教育提供资源。

年谱类的书籍写作是枯燥的，同时也要多方支持才可以成形，本书在写作过程中得到各界人士的帮助。近年来，中共深圳市宝安区对该区中共一大的历史研究比较深入。2020 年，中共深圳市宝安区委党校的系列丛书出版，《黄学增评传》是黄学增牺牲近百年后第一本传记；2020 年 5 月至 2021 年 5 月，历时一年，又拍摄了《黄学增》和《中共深圳地区党组织创始人黄学增》两部专题片，这些，都是以翔实可靠的历史文献和档案材料为依据的。我们有幸加入此团队，特别感谢深圳市宝安委区政府的信任、指导和帮助。同时在采访过程中，我们沿着黄学增革命足迹跑遍了广东及广西部分地区，得到不少单位及个人的鼎力支持。例如，广州农讲所纪念馆得知我们撰写《黄学增年谱》时十分支持，提供了不少图片资料。同时还要感谢：抗日战争与近代中日关系文献数据平台，中共海南省委党史研究室，中共深圳市委党史研究室，深圳市宝安区史志办，广州农讲所纪念馆，中共湛江市委党史研究室，中共海南省万宁市委党史研究室，中共肇庆市委党史研究室，中共肇庆市高要区委党史研究室，中共深圳市宝安区燕罗街道工作委员会，湛江市坡头区乾塘镇委镇政府，遂溪县黄学增烈士纪念亭，茂名市高州南路农民运动办事处纪念馆，海南省陵水县苏维埃政府纪念馆，（海南）官天民故居等。特别感谢全国党史部门党史研究领军人物、中共广东省委党史研究室原巡视员陈弘君老师为我们作序。作为广东党史研究的前辈，他是入选"全国党史部门党史研究领军人物"的 14 人之一。他从事党史研究近 40 年，在党史研究、宣传方面取得令人瞩目的系列成果，对我们研究黄学增各项工作的支持不遗余力，我们深感敬意。

对支持和帮助本书编写与出版的领导、单位和还没点名的学者及朋友们表示衷心的感谢,由于我们水平及能搜集到的史料有限,书中可能存在错漏之处,敬请读者和研究者给以批评指正。

历史、现实、未来是相通的。我们在资料收集与写作的过程中,就是与黄学增的又一次足迹的追寻和对话,他对党忠诚,不怕牺牲,不畏艰难、敢于担当,他崇高的理想信念和坚定的革命斗志激励了我们,希望也会激励正在阅读的您。

是为记。

陈国威　许冰
2021 年 4 月